权威 · 前沿 · 原创

皮书系列为
"十二五""十三五"国家重点图书出版规划项目

中葡经贸合作蓝皮书

BLUE BOOK OF
ECONOMIC AND TRADE COOPERATION BETWEEN CHINA
AND PORTUGUESE-SPEAKING COUNTRIES

中国与葡语国家经贸合作
发展报告（2017~2018）

RELATÓRIO DE EVOLUÇÃO DA COOPERAÇÃO ECONÓMICA
E COMERCIAL ENTRE A CHINA E OS PAÍSES DE LÍNGUA
PORTUGUESA (2017-2018)

商务部国际贸易经济合作研究院
澳门科技大学社会和文化研究所

主　编／顾学明　林志军　林广志
副主编／张　威　刘炜华　刘　轶

社会科学文献出版社
SOCIAL SCIENCES ACADEMIC PRESS（CHINA）

图书在版编目（CIP）数据

中国与葡语国家经贸合作发展报告. 2017－2018／顾学明，林志军，林广志主编. －－北京：社会科学文献出版社，2018.9

（中葡经贸合作蓝皮书）

ISBN 978－7－5201－3296－1

Ⅰ．①中…　Ⅱ．①顾…②林…③林…　Ⅲ．①中外关系－对外经贸合作－研究报告－2017－2018　Ⅳ.①F125.4

中国版本图书馆 CIP 数据核字（2018）第 185986 号

中葡经贸合作蓝皮书

中国与葡语国家经贸合作发展报告（2017～2018）

主　　编／顾学明　林志军　林广志

出 版 人／谢寿光
项目统筹／祝得彬
责任编辑／张苏琴　张　萍

出　　版／社会科学文献出版社·当代世界出版分社（010）59367004
　　　　　　地址：北京市北三环中路甲29号院华龙大厦　邮编：100029
　　　　　　网址：www.ssap.com.cn
发　　行／市场营销中心（010）59367081　59367018
印　　装／三河市龙林印务有限公司

规　　格／开　本：787mm×1092mm　1/16
　　　　　　印　张：22　字　数：333千字
版　　次／2018年9月第1版　2018年9月第1次印刷
书　　号／ISBN 978－7－5201－3296－1
定　　价／98.00元

皮书序列号／PSN B－2018－740－1/1

本书如有印装质量问题，请与读者服务中心（010－59367028）联系

主编简介

顾学明　全国政协委员，国家高端智库商务部国际贸易经济合作研究院首席专家、党委书记、院长、研究员、博士生导师，战略性新兴产业发展专家咨询委员会成员，国家创新驱动发展战略顶层设计专家组成员，中国军控与裁军协会理事。研究领域涉及开放发展战略、多双边经贸关系、国际贸易、国际投资、产业发展战略、区域经济、内贸流通和品牌战略等。近年来，主持完成 50 余项国家级和省部级科研项目，发表多篇学术论文，多次获得全国商务研究领域各类奖项。主持课题包括《国际经济合作竞争新优势》、《战略性新兴产业国际化发展战略》、《我国海关特殊监管区域发展战略研究》、《中国的对外援助》（白皮书）、《新形势下商业领域对外开放研究》等；主持参与陕西、河南、浙江、北京等多地自贸试验区及服务业扩大开放综合试点总体方案的研究工作。

林志军　澳门科技大学副校长兼商学院院长、教授、博士生导师。1982 年和 1985 年在厦门大学获得经济学硕士和经济学博士学位（中国第一位经济学和会计学博士），之后还取得加拿大 Saskatchewan 大学工商管理硕士学位。先后执教于厦门大学、加拿大 Lethbridge 大学管理学院、香港大学和香港浸会大学商学院（曾任会计及法律系系主任），同时兼任英国 Cardiff 大学中国会计金融和管理研究中心顾问、厦门大学财务与会计学院客座教授，曾经在政府部门和四大国际会计师事务所工作以及在美国斯坦福大学和伊利诺大学任访问学者。现为澳大利亚注册管理会计师协会全球（中国）事务副主席、中国会计学会海外学术交流委员会副主任委员，是多个国际性或区域性会计学术团体的成员。在国际性或区域性学术期刊发表 70 余篇论文，出版 16 部著作及教材，还担任多家国际性或区域性学术期刊的编辑部成员或审稿者。

　　林广志　澳门科技大学社会和文化研究所所长、教授、博士生导师。先后于华南师范大学、暨南大学获得文学硕士、历史学博士学位，历任暨南大学古籍研究所助理研究员、广州珠江物业酒店管理公司副总经理、广州珠江管理专修学院院长、广州华侨房屋开发公司总经理、广州白云国际会议中心有限公司副总裁、中国社会科学院经济研究所理论经济学博士后研究员、澳门大学澳门研究中心访问学者及《澳门研究》执行主编。主要从事澳门经济社会史及相关公共政策研究，发表相关论文 30 余篇，出版（主编）中国高等教育自学考试物业管理（专科）系列教材（7 种，1997 年）、《澳门之魂——晚清澳门华商与华人社会研究》、《卢九家族研究》、《澳门蓝皮书》、《澳门绿皮书》、《澳门回归大事编年（2010～2014）》、《澳门劳动力需求与供给研究》等，主持或参与澳门特区政府多项政策研究课题。获第二届、第三届和第四届澳门人文社会科学研究优秀成果奖论文类一等奖（2009 年、2012 年）、著作类优异奖（2015 年）。

摘　要

　　《中国与葡语国家经贸合作发展报告（2017～2018）》（《中葡经贸合作蓝皮书》）是商务部国际贸易经济合作研究院、澳门科技大学社会和文化研究所共同策划编撰的我国第一部中国与葡语国家经贸关系的专题性研究报告。《中葡经贸合作蓝皮书》由总报告、专题篇、澳门篇、案例篇四部分共21篇报告组成，最后附有《中国与葡语国家经贸合作数据（2016～2017）》和《中国与葡语国家经贸合作大事记（2017）》，综合分析和评价中国与葡语国家经贸合作的发展状况与存在问题，以及澳门特区作为"中国与葡语国家商贸合作服务平台"的功能与作用，预测中国与葡语国家经贸合作的发展趋势。

　　葡语国家包括巴西、葡萄牙、安哥拉、莫桑比克、佛得角、几内亚比绍、东帝汶、圣多美和普林西比等，分布在亚、非、欧、美四大洲，拥有丰富的自然资源和市场潜力，与中国经济有巨大的互补合作空间。目前，中国与葡语国家经贸合作的总体态势是：机制完善，领域广泛，发展迅速，成绩显著，前景广阔；无论是进出口贸易，还是相互投资，中国和葡语国家的合作已经成为我国国际经贸合作的重要组成部分。2017年，中国与葡语国家进出口商品总值1175.88亿美元，同比增长29.40%。其中，中国从葡语国家进口810.08亿美元，同比增长32.18%；向葡语国家出口365.80亿美元，同比增长23.62%。其中，广东作为中国外贸大省，与葡语国家的贸易尤其是出口贸易占据中国与葡语国家贸易的重要地位。2017年1～10月，广东与8个葡语国家的进出口总额为93.40亿美元，已超过上年全年进出口规模。电子商务已成为国际贸易的新动能，在全球跨境电子商务飞速发展的背景下，葡语国家正逐步发展为电商产业的新兴市场，中国与葡语国家基于良

好的经贸合作关系，电子商务将全面助推其经贸合作深入发展。

中国与葡语国家之间的双向投资总体呈上升趋势，以中国对葡语国家投资为主，巴西、安哥拉和莫桑比克为主要资金流入国，主要用于基础设施、金融、制造业等领域；2016 年，巴西、安哥拉和莫桑比克吸收中国投资流量为 3.34 亿美元，占葡语国家吸收中国投资流量总额的 83.20%；吸收中国投资存量为 53.78 亿美元，占中国对葡语国家投资存量总额的 94.37%。此外，中国对东帝汶投资流量近年来有所上升，2016 年投资流量达到 0.55 亿美元，已超过该年度中国对莫桑比克投资流量，但投资存量仍然较低，仅有 1.47 亿美元。中国交建、国家电网、中国中铁、中国银行等大型央企投资巴西、葡萄牙、安哥拉等国的基础设施建设，成效显著，为东道国经济社会发展做出了重要贡献。

"中国与葡语国家商贸合作服务平台"是国家赋予澳门的发展定位之一。中国－葡语国家经贸合作论坛（澳门）成立 15 年来，在促进中国与葡语国家之间的经贸合作，尤其是机制建设方面取得了重大成效，成为中国与葡语国家经贸合作、澳门与葡语国家及内地省市经贸往来和合作的重要平台。在国家的支持下，澳门依托中葡论坛，积极加强对葡语国家以及葡语国家与内地相关省市的经贸文化联络，在推进中国和葡语国家经贸合作方面也有了长足的进步。尽管中国与葡语国家的经贸合作仍然存在贸易结构有待升级、法律风险意识有待加强等问题，澳门的平台作用还有待进一步加强，但在"一带一路"倡议以及粤港澳大湾区建设进程中，中国与葡语国家的经贸合作将面临新的发展机遇，澳门亦将在其中发挥更加重要的作用。

关键词：中国　葡语国家　经贸合作　相互投资　澳门平台

目　录

III 澳门篇

IV 案例篇

Ⅴ 附 录

皮书数据库阅读**使用指南**

总 报 告

General Report

B.1
"一带一路"视野下的中国与
葡语国家经贸合作

林广志　张胜磊*

摘　要： 2018 年是中国－葡语国家经贸合作论坛（澳门）成立 15 周
年。经过多年的努力，目前中国与葡语国家经贸合作（简称
中葡经贸合作）的总体态势是机制完善、领域广泛、发展迅
速、成绩显著、前景广阔；无论是进出口贸易，还是相互投
资乃至文化交流，中国和葡语国家的合作已经成为我国国际
交流合作的重要组成部分。在国家的支持下，澳门依托中葡
论坛，积极加强对葡语国家以及葡语国家与内地相关省市的
经贸文化联络，在推进中国和葡语国家经贸合作方面做出了

---

* 林广志，历史学博士，澳门科技大学社会和文化研究所所长、教授、博士生导师；张胜磊，
澳门科技大学社会和文化研究所国际关系专业博士研究生。

重要贡献。尽管中葡经贸合作仍然存在贸易结构有待升级、法律风险意识有待加强等问题，澳门平台建设也有待进一步加强，但在"一带一路"倡议以及粤港澳大湾区建设进程中，中国与葡语国家经贸合作将迎来新的发展机遇，澳门亦将在其中发挥更加重要的作用。

关键词： 中国　葡语国家　经贸合作　澳门

　　葡语国家分布于亚、非、欧、美大陆，拥有丰富的自然资源和市场潜力，与我国经济有巨大的互补合作空间。目前，中国同葡语国家贸易往来日益密切，经贸合作不断取得新的成就。2017 年 10 月 13 日，澳门中联办经济部副部长陈星在"中葡合作发展基金推介会"上回顾和展望中国与葡语国家经贸合作时指出，中国与葡语国家拥有全球 17% 的经济总量和 22% 的人口，在新形势下双方共同利益在增加，经济交往和合作将不断扩大。① 经贸合作是促进中国与葡语国家发展的主要动力之一。随着中国全面推进"一带一路"倡议和"走出去"战略实施，中国与葡语国家经贸合作将迈入新的发展阶段。

一　中国与葡语国家经贸合作形势分析

　　进入 21 世纪以来，中国与葡语国家在贸易往来、企业投资、经济合作和文化交流等诸多方面交往频繁，贸易额、投资额成倍增长。2017 年，中国与葡语国家经贸合作进入快速增长阶段，资源、市场、资金和技术互通互联，远超世界经贸发展的平均增速。

---

① 《中葡发展基金落户首推介》，http://www.mofcom.gov.cn/article/i/jyjl/j/201710/20171002 659208.shtml，最后访问日期：2018 年 4 月 25 日。

（一）中葡经贸合作快速发展

2004 年至 2014 年 11 年间，中国与葡语国家进出口总值平均增幅 28.4%，大大高于同期我国对外贸易的增长率。即使 2015 年国际大宗商品价格大幅下跌，中国与葡语国家贸易额仍达到 984.75 亿美元，与 2003 年相比增长近 8 倍[①]（见图 1）。2017 年，中国与葡语国家进出口商品总值 1175.88 亿美元，同比增长 29.40%。其中，中国从葡语国家进口 810.08 亿美元，同比增长 32.18%；向葡语国家出口 365.80 亿美元，同比增长 23.62%。[②] 而中国与安哥拉、巴西的双边贸易增长速度较快，中巴双边贸易额 875.34 亿美元（占中国与葡语国家双边贸易总额的 74.44%），同比增长 29.55%；中安双边贸易额 223.45 亿美元（占中国与葡语国家双边贸易总额的 19.00%），同比增长 43.42%。[③]

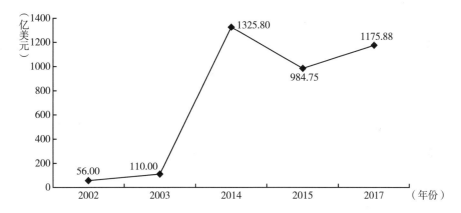

图 1　2002 ~ 2017 年部分年份中国与葡语国家经贸概况

资料来源：作者根据商务部数据统计制图。

---

① 王成安：《中国－葡语国家经贸合作论坛成效显著　呈现五大亮点》，新华网，http：//www. xinhuanet. com/fortune/2016 – 09/18/c_ 129285826. htm，最后访问日期：2018 年 5 月 18 日。

② 《2017 年中国与葡语国家进出口总额 1175. 88 亿美元》，http：//www. forumchinaplp. org. mo/ trade-between-china-portuguese-speaking-countries-nearly-us117 – 6 – bln-in – 2017/？ lang = zh，最后访问日期：2018 年 4 月 25 日。

③ 《2017 年中国与葡语国家经贸合作情况综述》，http：//www. forumchinaplp. org. mo/trade- between-china-portuguese-speaking-countries-nearly-us117 – 6 – bln-in – 2017/？ lang = zh，最后 访问日期：2018 年 4 月 25 日。

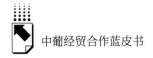

（二）中葡双向投资稳中有进

2017 年，随着中葡经贸合作的不断深入，中葡双向投资领域不断扩大，中国对葡语国家投资呈现出企业多、领域广、金额大、增长快的特点。2004 年前，中国对葡语国家直接投资存量为 5610 多万美元。2015 年底，这一数据刷新为 63 亿美元，从 2004 年到 2015 年，13 年间剧增 111 倍。从 2015 年至 2016 年 10 月，不到 2 年时间，直接刷新为 500 亿美元，中国对葡语国家直接投资存量剧增近 8 倍（在 2015 年投资数据的基础上核算）。[①] 华为、徐工集团、格力电器、中国中车、奇瑞汽车等企业陆续在葡语国家投资建厂，三峡集团、复星国际、中国交建、中国石油、国家电网等企业在葡语国家开展投资与并购。中国企业在葡语国家承包工程合同额超过 900 亿美元；同时，葡语国家在中国设立了近千家企业。除了能源、制造行业，中葡在农业、运输、通信、金融、环保等领域的合作成果显著。从投资流向来看，巴西、安哥拉和莫桑比克三国吸收了大部分中国投资，而对中国直接投资的葡语国家主要为巴西、葡萄牙、安哥拉；从投资领域来看，中国对葡语国家投资主要流入基础设施、金融、制造业等领域，而葡语国家对中国投资主要流入制造业；从总体趋势来看，中国对葡语国家直接投资增幅较大，而葡语国家对中国投资也平稳上升。[②] 值得一提的是，10 亿美元的"中葡合作发展基金"已于 2013 年投入运作。

（三）中葡经贸合作机制不断完善

中国－葡语国家经贸合作论坛（澳门）（以下简称中葡论坛）成立 15 年来，在推动中葡经贸合作方面成效显著。该论坛分别于 2003 年 10 月、2006 年 9 月、2010 年 11 月、2013 年 11 月和 2016 年 10 月在澳门成功举办五届"部长级会议"，与会国部长签署了五个《经贸合作行动纲领》，确定

---

① 作者根据相关数据整理。
② 参见本书第 8 篇报告《中国与葡语国家双向投资的现状、特征与趋势》。

了在政府间合作、贸易、投资、企业、产能、农业、林业、渔业、畜牧业、基础设施建设、能源、自然资源、教育、人力资源、金融、发展合作、旅游、运输、通信、文化、广播影视与体育、卫生、海洋,以及省市间合作及澳门平台作用等诸多领域的合作目标、内容和机制。

第一届部长级会议通过的《经贸合作行动纲领》明确建立论坛后续机制,通过在澳门设立常设秘书处,保障所需后勤和资金支持以及必要的联络,以落实拟实施的计划和方案。截至目前,已建立三年一届的部长级会议、三年一次的高官会,制定了《经贸合作行动纲领》和一年一次的年度计划,常设机构包括在澳门设立的常设秘书处、在澳门特区政府设立的中葡论坛辅助办公室、在中国商务部设立的中葡论坛行政办公室和葡语国家驻中葡论坛代表组成的联络办公室,此外还有葡语国家驻中葡论坛代表、中葡论坛投资小组、中葡论坛培训中心、中国与葡语国家企业经贸合作洽谈会、中葡论坛中方后续行动委员会、中国与葡语国家企业家联合会等诸多有效合作机制。[①] 2016 年,第五届部长级会议签署的《中葡论坛关于推进产能合作的谅解备忘录》,开启了中国和葡语国家经贸合作机制建设、合作发展的新模式;同时,此次会议宣布今后三年将围绕产能合作、发展合作、人文合作、海洋合作及深化澳门平台作用实施 18 项新举措,为中国与葡语国家的合作发展注入了新动力。

二 中国与葡语国家经贸合作的基本特征和主要问题

中国与葡语国家基本处于战略合作关系,与部分葡语国家升级为战略伙伴关系。2005 年,中国与葡萄牙建立全面战略伙伴关系;2010 年,中国与安哥拉建立战略伙伴关系;2012 年,中国同巴西提升为全面战略伙伴关系;2014 年,中国与东帝汶建立全面合作伙伴关系。当前,中国与葡语国家战

---

① 对外经济贸易大学区域国别研究所葡语国家研究中心:《中国 – 葡语国家经贸合作论坛(澳门)10 年报告》,中国商务出版社,2013,第 29 页。

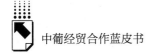

略合作关系稳定，双边合作领域拓宽，投资规模扩大，合作成果显著，发展态势良好。

中国与葡语国家经贸联系更加紧密。在全球国际贸易面临严峻形势的背景下，经过中国与相关葡语国家的共同努力，中国与葡语国家的商贸关系、文化交往越来越密切，贸易合作保持了较快速度的增长。中国连续七年成为巴西的最大贸易伙伴，是葡萄牙、佛得角等国家在亚洲的最大贸易伙伴。① 尤其是2003年中葡论坛成立以来，中国与葡语国家贸易投资往来更加活跃，中国与葡语国家政府间互动增加，合作领域扩大，合作层次提升，显示了良好的发展前景。

中葡投资合作快速增长。数据显示，2016年中国对外直接投资流量增长最快的国家是巴西、安哥拉、东帝汶，直接投资流量分别增长297%、85%、63.6%。巴西仍然是中国投资增长最快的国家；中国已取代阿联酋和南非，成为莫桑比克最大的外资投资国。② 据不完全统计，截至2016年底，中国企业对葡萄牙的投资已超过68亿欧元，涵盖能源、金融、保险、通信、民航、水务、工程设计、建材、健康医疗、餐饮等领域，为当地提供了超过3.6万个就业岗位。③

葡语国家成为中国企业"走出去"的重要方向。近年来，一大批中国企业已进入巴西、葡萄牙、安哥拉等国投资，主要投资方式为并购和绿地投资，主要投资领域包括金融、能源、农业、基础设施及制造业等。葡语国家凭借丰富的能源品种、持续增加的资源储量、迫切的资金技术需求以及广阔的市场潜力，不断加深与中国的能源战略合作，巴西、安哥拉、莫桑比克和葡萄

---

① 王晨曦、刘畅、杨懿：《中国与葡语国家经贸交流中的"澳门角色"》，新华社，http://www.xinhuanet.com/2016-10/08/c_1119676114.htm，最后访问日期：2018年4月25日。

② 《2017年中国与葡语国家经贸合作情况综述》，http://www.forumchinaplp.org.mo/trade-between-china-portuguese-speaking-countries-nearly-us117-6-bln-in-2017/? lang=zh，最后访问日期：2018年4月25日。

③ 章亚东：《中葡经贸合作成果丰硕 前景可期》，新华社，http://www.xinhuanet.com/overseas/2017-07/11/c_1121302060.htm，最后访问日期：2018年4月30日。

牙成为中国主要的能源合作方。[①] 巴西与中国双向投资最为密切。截至 2016 年底，在巴西的中资企业已达 200 多家。其中，石油领域有中石油、中石化、中海油、中国化工等；在金融领域，工商银行、建设银行、中国银行、交通银行均在巴西设立了子行，农业银行和国家开发银行也在巴西设有代表处；水电基础设施领域有国家电网、国家电投、葛洲坝集团、中国电建、三峡公司、国家核电和东方电气等；制造业有格力电器、徐工、三一、柳工、比亚迪、奇瑞等；建筑工程有中交、中铁、中铁建等；航空服务业有海南航空；农业领域有丰原、中粮、重粮、大康等；信息技术领域有华为、中兴、奇虎、百度等。[②] 中国企业的投资促进了东道国经济发展和居民就业，社会效应不断提升。

尽管中葡经贸发展势头良好，但在经贸合作过程中也存在贸易发展不平衡、商贸摩擦和利益纠纷等问题。

第一，中葡经贸发展不平衡。一方面，由于经济社会发展不平衡，葡语国家对华贸易逆差不断增加。中国与葡语国家经贸格局以"制成品和初级产品"为主，中国多向葡语国家出口制成品，进口商品则多为初级产品，形成以制成品换初级产品的贸易模式。中国从巴西进口的商品多为初级产品，向巴西出口的商品则以制成品为主；从葡萄牙进口纸、软木、矿物和矿石等原材料或低技术含量的产品，以及一些电气材料等，而对其出口产品主要是家用电器、计算机及相关产品、化学制品、金属以及纺织品；自安哥拉进口全部为初级产品，其中以石油、石油产品及有关原料为主，对其出口则以机械及运输设备等制成品为主。另一方面，就国别而言，中国与不同葡语国家的贸易不平衡；就地域而言，葡语国家与中国沿海发达地区经贸往来相对频繁，而与中国中西部地区的合作明显不足。

第二，欧盟政策对中葡经贸的影响。欧盟对外政策中有一项"绿色贸易壁垒"，主要指进口国政府以保护生态环境、自然资源和人类健康为由直接或间接地限制贸易。进出口国通常会设置各种保护措施或法规、标准，并

---

① 参见本书第 9 篇报告《葡语国家在中国全球能源战略格局中的地位与作用》。

② 参见本书第 8 篇报告《中国与葡语国家双向投资的现状、特征与趋势》。

对产品技术进行严格限制，通过设立烦琐的检验认证、审批制度和环境进口税为进口产品设置贸易障碍。为满足其环境标准，中国企业向葡萄牙出口产品从生产、加工、储藏、运输、销售、使用、报废到外观、检验等流程和标准都将做大幅调整，产品成本大为增加，进而削弱中国向葡萄牙出口产品的国际竞争力。对中小企业来说，由于价格竞争上处于不利地位，有可能被迫退出葡萄牙市场。

第三，中葡经贸合作中的知识产权纠纷。伴随科学技术和国际经贸的快速发展，在中葡经贸合作中由知识产权引发的贸易纠纷不断涌现，成为双边贸易摩擦的主要问题。2018 年 5 月生效的欧盟《资料保护总规章》加强了跨国规管，提升了合规要求和处罚金额，对中葡相互投资带来了新的挑战。[1] 随着我国产品大量进入葡语国家市场，其他葡语国家也愈加重视知识产权保护，并以此为由限制中国产品进入。为此，我国企业应注意尊重国外知识产权，防止陷入知识产权纠纷中。同时，也要努力提高知识产权意识，熟知葡语国家相关法律，维护中国在葡语国家的知识产权权益。

三　澳门在中国与葡语国家经贸合作发展中的作用

"中国与葡语国家商贸合作服务平台"（简称"一个平台"）是国家赋予澳门的战略定位之一。在推动中国与葡语国家经贸合作发展过程中，澳门以其历史文化渊源，架起沟通桥梁，搭建合作平台，积极发挥作用。李克强总理在中葡论坛第五届部长级会议开幕式上的主旨演讲中指出，澳门以语言文化为纽带、以经贸合作为主题、以共同发展为目标，对推动中国与葡语国家加强联系已经并将继续发挥重要作用。[2] 10 多年来，澳门作为中国与葡语

---

[1]　参见本书第 11 篇报告《欧盟〈资料保护总规章〉对中国和葡萄牙相互投资带来的机遇与挑战》。

[2]　《李克强在中国 – 葡语国家经贸合作论坛第五届部长级会议开幕式上的主旨演讲》，http：//cpc. people. com. cn/n1/2016/1012/c64094 – 28770437. html，最后访问日期：2018 年 4 月 25 日。

国家经贸合作的平台，其作用日益凸显，为中国和葡语国家在贸易、投资、会展、文化等合作领域提供了重要支持。

（一）澳门是中葡文化交流的桥梁

澳门既保有中国文化传统，也有葡萄牙文化的印记，中西文化在澳门得以完美交汇。在中葡双语文化环境方面，澳门利用葡文报刊、电视台等媒体积极推广葡语文化，同时也是面向亚洲的葡语人才培训基地。澳门的多数企业家都对中国内地和葡语国家的文化、习俗、社会和消费市场有较深了解，长期致力于推动中国内地与葡语国家之间的经贸往来，增进中国与葡语国家在政治、经济、文化等方面的相互了解和融合发展。

民间的密切往来也促进了政府之间的交流合作。[1] 目前，葡萄牙、安哥拉、莫桑比克等国家在澳门设立了总领事馆。2014 年 10 月，莫桑比克共和国驻澳门总领事馆正式设立。莫桑比克驻中国特命全权大使安东尼奥表示，在澳门设立总领事除了面向在澳门的莫桑比克社群及友人外，还期望加强中莫的合作，维系和保持与高层次级别的中央机构交流，推动贸易及投资活动，促进彼此的文化交流。[2] 上述总领事馆的设立，反映了葡语国家和中国之间的关系日益密切，以及葡语国家对澳门作为连接中葡文化交流桥梁角色的认同及期望。

目前，澳门作为中葡商贸合作服务平台得到从政府到民间的高度认同，正在以与内地及葡语国家联系密切的优势，为中国与葡语国家并通过葡语国家深入欧洲、南美、非洲其他国家市场开展经贸文化活动发挥桥梁作用，澳门的平台地位不断强化。

（二）澳门是中葡经贸合作的纽带

澳门与世界各国有着广泛的经贸联系，与 120 多个国家和地区保持贸易

---

① 参见本书第 13 篇报告《中国与葡语国家商贸合作服务平台建设：澳门的人文基础与民间交往》。
② 《莫桑比克借澳门加强对中外交》，《澳门日报》2014 年 10 月 25 日。

往来，同时也是世界贸易组织（WTO）的正式成员。在知识产权、信息技术、经贸合作、动植物检疫、通信服务、市场进入、补贴和反倾销政策等方面，已与世界贸易组织的100多个成员达成合作协议，享有20多个国家的贸易优惠，在世贸组织中还享有独立关税区地位。一方面，澳门长期实行自由港政策，吸引许多国际金融机构在澳门设立分支机构和办事处，为澳门成为连接中葡经贸的合作纽带起到了金融保障作用；另一方面，澳门拥有完善的市场体制和良好的商业环境，在澳门投资不仅能够有效避免政治、法律等风险，也使企业的营商成本大大降低。2003年，内地与澳门签署《关于建立更紧密经贸关系的安排》（CEPA），不少葡语国家企业看重"澳门制造"产品进入中国内地享受零关税的优势。广东、江苏、福建等内地省份及相关企业也积极利用澳门的平台优势，与葡语国家开展多种形式的经贸合作及文化交流。2017年10月，澳门与中山市谋划共同拓展葡语系国家市场，来自葡语国家以及澳门的40多家企业参加了中山－澳门贸易投资推介会，推介会涵盖食品、金融、电子商贸、物流、进出口贸易等行业。① 中交集团长期深耕澳门，并从澳门走向安哥拉、葡萄牙及巴西等国家。

（三）澳门是中葡经贸合作发展的推动器

中葡平台建设既是中央赋予澳门在国家整体发展战略中的重要定位，也是澳门发挥优势、服务国家的最佳选择。在推动建设中葡论坛的基础上，2016年2月，澳门特区政府成立"中国与葡语国家商贸合作服务发展委员会"，由行政长官崔世安担任主席。2017年10月，特区政府调整经济局组织架构，贸促局新增促进澳门特区作为中国与葡语国家商贸合作服务平台作用的职能。目前，澳门已建立"中葡双语人才、企业合作与交流互动的信息共享平台""中葡中小企业商贸服务中心""葡语国家食品集散中心""中葡经贸合作会展中心"，已启动建设中国与葡语国家金融服务平台、中

---

① 杨懿、刘畅、王晨曦：《访中葡论坛常设秘书处秘书长徐迎真》，http：//www.huaxia.com/xw/gaxw/2016/10/5036219.html。

葡商贸合作平台综合体、中葡双语人才教育培养基地等功能性载体。

澳门每年举办"国际基础设施投资与建设高峰论坛""中国与葡语国家基础设施高层对话会""中国与葡语国家青年企业家论坛""葡语国家与澳门企业对话会"等相关会展活动;澳门企业积极开展相关法律、咨询、中介、翻译等专业服务,涉及农业、渔业、自然资源、教育培训、银行、保险、工程、医疗、物流、通信、广播电视等诸多领域,促成多个内地、澳门与葡语国家农业和能源合作项目;澳门高等院校积极发展中葡双语教学,培养中葡经贸双语人才;① 澳门贸促局与中国贸促会每年联合组织内地及澳门企业在不同的葡语国家进行推介活动;每年举办的"澳门国际贸易投资展览会"积极为葡语系国家与内地省份牵线搭桥。② 上述工作和进展,进一步凸显了澳门作为中国与葡语国家商贸合作服务平台的地位和作用,其影响和效益不断扩大。

四 中国与葡语国家经贸合作发展的前景与策略

近年来,中国与葡语国家经贸合作迎来新的发展机遇。一方面,在"一带一路"倡议下,扎实推动新型国际关系建设,构建人类命运共同体取得重大进展。虽然大部分葡语国家不在"一带一路"沿线上,但"一带一路"倡议在制度设计和发展理念上具有开放性,"一带一路"倡议应该包括葡语国家在内的相关国家和地区。另一方面,粤港澳大湾区的规划与建设,是保持港澳繁荣稳定、丰富"一国两制"实践的新思维,是促进港澳融入国家发展大局、推动"一带一路"的新动力,是加大改革力度、实现粤港澳协同发展的新举措。毫无疑问,粤港澳大湾区建设将给包括葡语国家在内的中国对外开放与合作发展带来深远的影响。

第一,深化中葡论坛的内涵与功能。中葡论坛的创办和发展推动了中国

---

① 参见本书第 17 篇报告《中国(澳门)高等院校葡语人才培养的现状与特征》。
② 参见本书第 3 篇报告《中国–葡语国家经贸合作论坛的成效、问题与展望》。

与葡语国家的共商合作、共建平台、共享发展，高度呼应了"一带一路"倡议的"共商、共建、共享"理念，促进了双边交流合作的不断深入，也为未来中国与葡语国家经贸合作发展奠定了基础。当然，中葡论坛也存在个别国家参与度不高、服务内涵有待提升等问题。面向未来，一是要加强功能建设，包括参照 G20 智库论坛和上合组织智库联盟做法，加强智库建设，为中葡论坛以及经贸行动纲领的制定和落实提供智力支持；二是扩展服务内涵，建立中葡经贸合作数据库，及时向葡语国家和中国内地发布中国与葡语国家经贸合作的数据、信息与指南，提升论坛在中国与葡语国家商贸界、产业界的权威性与影响力；三是丰富活动形式，举办产业、产品等专题性会议和展览，积极牵线搭桥，发挥企业主体作用，形成中小企业与国有大企业优势互补、协同发展的市场基础与参与维度。[①]

第二，着力解决贸易不平衡问题，协助葡语国家开拓中国市场。目前，中国已经进入消费规模持续扩大的新阶段，消费需求和进口贸易增长空间巨大。未来五年，中国将进口超过 10 万亿美元的商品和服务，为世界各国企业进入中国大市场提供历史性机遇。为此，中国将采取大幅度放宽市场准入、创造更有吸引力的投资环境、加强知识产权保护、主动扩大进口等重大举措。中葡论坛参与各方应加强对新时代中国进出口贸易发展形势的认识，抓住中国消费和进口发展的新机遇，积极协助葡语国家相关企业参加将于 2018 年 11 月在上海举办的首届中国国际进口博览会，提升葡语国家产品的进口规模和质量；中葡论坛秘书处、澳门特区有关部门可在中西部地区组织如中国与葡语国家企业家大会之类的专题性论坛或会议，促进相关业界的交流、对接与合作，提高我国中西部地区与葡语国家经贸合作的参与度。此外，探索创建"平台＋"模式，利用粤港澳大湾区广阔腹地及金融、制造、商贸、科技、物流的产业优势，在湾区内选址建设"中国与葡语国家经贸合作园区"，辅以自贸区相关政策，实现中国与葡语国家经贸合作的"园区化"。同时，充分发挥中国电子商务及跨境物流发达的优势，积极发展中葡

---

① 参见本书第 3 篇报告《中国－葡语国家经贸合作论坛的成效、问题与展望》。

跨境电子商务，实现中国与葡语国家间商品的网上无障碍流通，形成中葡经贸发展的增长点，造福于中国与葡语国家人民。①

第三，优化双向投资结构与规模。葡语国家是中国企业海外投资布局的重要区域之一。当前，世界经济虽然有所回暖，但金融市场不确定风险仍然存在，大宗商品价格不稳，贸易发展不平衡，葡语国家的经济受到打击，但是，世界经济低迷、保护主义抬头等因素也为中国企业对葡语国家实行"走出去"战略提供了新的契机。未来，中国与葡语国家的投资结构和规模应不断优化。一方面，提高欠发达葡语国家的参与度，协助其经济社会能力建设，提升经贸合作的互助性和互惠性；另一方面，对巴西、葡萄牙、安哥拉等主要投资国，在经济效益与社会效益相结合的基础上，进一步提升投资效益，扩大投资领域。此外，应积极引导巴西、葡萄牙、安哥拉等国具有投资能力的企业参与中国新一轮的改革开放进程，尤其加强对中国中西部地区的贸易与投资。

第四，夯实"一个平台"，发挥澳门作用。澳门应通过助力中国与葡语国家经贸合作，主动对接"一带一路"倡议的新节点、新空间，增强澳门平台在葡语国家、中国相关省市的可见度和功能性，丰富"一个平台"的内涵，提升服务能力和水平：推动澳门以单独关税区身份与葡语国家签订自贸协议，提高内地企业向葡语国家"走出去"时借道澳门的积极性；对在澳门注册成立的为中葡经贸合作提供法律、会计、会展、设计、咨询、开户注册、航运、投资、仲裁、保险等专业服务的企业，出台税务减免、适当补贴等优惠政策，尽快形成此类服务型企业的集聚区。目前来看，CEPA 相关条款不利于内地省市企业借道澳门开展中葡经贸活动。特区政府可与国家部委开展专题研究，适当放松 CEPA 原产地规则及服务提供商的认定标准，释放澳门"平台"的作用与潜能；中央政府已在澳门设立葡语国家人民币清算中心、中葡发展基金总部等，特区政府应出台配套政策，把发挥金融产业优势作为发力点，建立葡语国家"一站式"商贸金融服务机制，将澳门发

---

① 参见本书第10篇报告《电子商务：互联网视野下的中国与葡语国家经贸合作》。

展成为葡语国家的融资平台和人民币清算平台;[①] 发挥葡语人才教育的基础优势,做好中葡双语人才教育的统筹规划工作,尤其是加强葡语与相关专业教育的结合,加强与内地高校的合作,推广较为成熟的葡语教学体系与经验,为中国企业"走出去"、葡语国家企业"走进来"培养语言、法律、商务等专业人才。

结 语

中国与葡语国家的经贸关系是一种互惠互利的合作关系,符合各方的利益诉求和政策目标。从国际关系的发展和演变历程来看,中国与葡语国家没有根本性的战略分歧和发展矛盾,在国际事务和国际组织中有着共同的利益和相同的目标,其关系呈现出历史厚重、现状乐观、未来美好的发展态势。15年来,中国与葡语国家经贸合作发展不仅使中国的资源需求得到了保障,而且扩大了中国工业制成品在葡语国家的市场份额。与此同时,中国对原材料的巨大需求也使葡语国家的经济社会有了较大发展,为其宏观经济的稳定创造了有利条件。当然,与中国和葡语国家间的政治关系及合作交往相比,中国与葡语国家的经贸合作也有其复杂性:贸易及投资发展不平衡,贸易结构有待升级,贸易摩擦亟须化解等,均是中国与葡语国家经贸发展中存在的问题,应引起有关方面的重视。

值得注意的是,针对多数葡语国家及中国企业无须通过澳门平台来发展贸易关系,澳门与葡语国家的经贸规模比较小等现象,坊间甚至学界有诸如"澳门平台"作用不大、澳门已经没什么优势等声音或议论。其实,"一个平台"是国家为发展与葡语国家的经贸及外交关系而赋予澳门的战略定位和目标,中国所有与葡语国家的经贸、外交合作发展都应与澳门"一个平台"有关,都应成为澳门"一个平台"服务的范畴和努力的目标,而不仅仅看内地企业是否通过澳门与葡语国家达成贸易或澳门与葡语国家有多少贸

---

① 参见盛力在2018年6月7日澳门的"'一带一路'与澳门发展国际研讨会"上的演讲。

易额度。此外，"一个平台"也是澳门特别行政区发挥与葡语国家之间的深厚历史文化和经贸合作传统优势，以"澳门所长，国家所需"服务国家，参与"一带一路"倡议的重要抓手，而且在建设"一个平台"的过程中，澳门也能收获参与国家建设和国际合作、推进经济适度多元、促进社会和谐发展多方面的成果。可以说，"一个平台"是澳门在"一带一路"倡议背景下兼具国家使命、国际合作和自身发展之意义和价值的"重大工程"，特区政府及社会各界应提高认识，总结经验，创新思维，精心谋划，加大力度推进"一个平台"的建设和发展。

专题篇
Special Topics

B.2
中国与葡语国家经贸合作研究的现状、问题与趋势

于会春*

摘　要： 自 2003 年中国–葡语国家经贸合作论坛（澳门）成立以来，学界对中国与葡语国家经贸合作研究逐渐增多。在取得广泛成果的同时，现有研究中仍存在专门研究机构不足、区域关注失衡、定量研究不足和理论建设滞后等问题。为进一步完善中葡经贸合作研究，未来可加强智库建设，建立有关经贸合作的文献和数据中心，关注大型国企在葡语国家的经贸实践，同时继续加强澳门平台研究。学术研究应结合局势变化、政策走向和企业实践，力求为经贸活动的开展提供更为科学和有效的指导。

* 于会春，澳门科技大学社会和文化研究所国际关系专业博士研究生。

关键词: 中葡经贸合作 研究现状 存在问题 未来方向

中国与葡语国家跨区域经贸活动的繁荣发展吸引了学界的广泛关注。根据研究范围的不同,中葡经贸合作研究大致可分为综合研究、双边研究(中国和单个葡语国家双边经贸往来)和澳门的"平台作用"三个范畴。据不完全统计,2003~2018 年出版主要综合著作 6 部,发表相关论文约 30篇;出版双边研究著作约 15 部,发表相关论文 200 余篇;出版有关澳门"平台"作用的专著约 3 部,发表相关论文 20 余篇。以下就研究机构建设和三个范畴内中葡经贸合作的开展做简要概述。

一 研究机构及研究概况

截至 2018 年,现有涉及中葡经贸合作研究的机构 20 余所,其中专门研究机构 2 所,数量较少,但有另外 1 所正在计划和筹备中(见表 1)。

表 1 现有中葡经贸合作主要研究机构

专门研究机构	对外经济贸易大学葡语国家研究中心 澳门城市大学葡语国家研究院 北京国发长城智能科技研究院葡语国家合作中心(GPCC)(筹建中)
相关研究机构	中华人民共和国商务部国际经济贸易研究院 中国国际问题研究院 中国现代国际关系研究院 中国社会科学院 中国宏观经济研究院 中国国际经济交流中心 上海国际问题研究院 国际关系学院 北京大学南南合作与发展学院 澳门科技大学社会和文化研究所 澳门国际研究所 澳门基金会

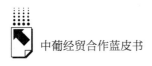

续表

相关研究机构	AISA(Africa Institute of South Africa) IBECAP(巴西中国亚太研究所) IGEF-PALOP Institute ISCSP(Instituto Superior De Ciências Sociais e Políticas) SAIIA(The South African Institute of International Affairs) The Tropical Research Institute CEsA(Center for African, Asian and Latin American Studies)

注: 此表只涵盖综合研究机构, 针对具体国家的研究中心, 如湖北大学巴西研究中心等并未统计在列。

资料来源: 作者自行整理。

上述研究机构通过召开学术研讨会的方式为学者提供交流平台。2017年召开的主要学术会议包括"葡语国家联合研究年会 2017"、"中国与葡语国家智库高峰会"、"中国与葡语国家商贸合作服务平台建设"学术研讨会、第八届国际基础设施投资与建设高峰论坛之"中国 – 葡语国家产能及金融合作研讨会"、"葡语国家人民币业务研讨会"等。会议内容涵盖深化中葡多边贸易和投资、中葡学术和智库交流、中葡在金融和基础设施领域合作、澳门"一个平台"建设和中葡人民币网络搭建等不同方面。

除召开学术会议外, 各研究所与其他机构如澳门贸易投资促进局等联合支持研究项目, 促进有关中葡经贸合作的专著出版和文章发表。早在 2003年中葡论坛建立之初, 澳门贸易投资促进局和中国商务部国际经济贸易研究院联合课题组便提出中国内地、澳门和葡语国家可进行三方经贸合作, 中方可充分利用葡语国家自然资源, 推进对其投资。[①] 自此, 将葡语国家作为整体研究的成果相继涌现。

2006 年, 李保平、陆庭恩出版的著作[②]收录了有关 6 个葡语国家[③]经济、政治、外交等领域的 15 篇文章。2009 年, Delta Edições 出版《澳门与中国 –

---

① 澳门贸易投资促进局、中国商务部国家贸易研究院联合课题组:《联手开发——中国内地、澳门与葡语国家三方经贸合作发展构想》,《国际贸易》2003 年第 10 期。
② 李保平、陆庭恩:《亚非葡语国家发展研究》, 世界知识出版社, 2006。
③ 东帝汶、安哥拉、莫桑比克、佛得角、几内亚比绍、圣多美和普林西比。

葡语国家的经贸关系：十年成长历程》，介绍了中国与葡语国家的贸易和大型项目概况。魏建国、施建军①从经济技术合作、贸易、投资、合作潜力等方面回顾了中葡双边经贸关系的发展。针对葡语国家的营商环境，澳门城市大学采用 SWOT 分析方法对 8 个葡语国家进行了对比分析。② 丁浩和丁来涛采用 RCA、ESI 和 TCI 指数研究中国与葡语国家商品贸易的竞争性与互补性，并指出中国在资源密集型产品贸易中不具比较优势，但在劳动密集型、资本和技术密集型产品贸易中具有较强的比较优势，与葡语国家互补性较强。③

更为综合地研究葡语国家的著作始于王成安主编的《葡语国家研究（2013）》。随后，王成安与张敏、刘金兰连续出版了《葡语国家发展报告（2014～2015）》和《葡语国家发展报告（2015～2016)》，阐述葡语国家年度发展动态，从全球视角研究中葡在贸易、投资、教育、能源、基础设施、产能等不同领域的合作。王成安认为，虽然近两年葡语国家自身经济发展不容乐观，但是葡语国家采取各种措施，应对挑战，在中葡双方领导人互访的政治引领作用和"一带一路"倡议下，中葡合作前景广阔。④

与综合研究中葡经贸合作相比，国外研究机构和学者更多关注中国与非洲各国（含非洲葡语国家）的经贸合作，如 Chris Alden⑤、Deborah Bräutigam⑥、Ana Cristina Alves⑦、José Carlos Matias⑧、Tukumbi Lumumba K-

---

① 对外经济贸易大学区域国别研究所葡语国家研究中心：《中国－葡语国家经贸合作论坛（澳门）10 年报告（2003～2013 年）》，中国商务出版社，2013。
② 澳门城市大学：《八个葡语国家商务咨询组合（概述）研究报告》，澳门，2014。
③ 丁浩、丁来涛：《中国与葡语国家商品贸易的竞争与互补性研究》，《国际商务研究》2017 年第 4 期。
④ 王成安：《2015～2016 年葡语国家发展综述》，载王成安、张敏、刘金兰主编《葡语国家发展报告（2015～2016)》，社会科学文献出版社，2017，第 1～32 页。
⑤ Alden, C. , "China and Africa", *Survival* 47（2003）：147–164.
⑥ Bräutigam, Deborah, *The Dragon's Gift：The Real Story of China in Africa*（Oxford：Oxford Press, 2009）.
⑦ Ana Cristina Alves, "China's Economic Statecraft in Africa：The Resilience of Development Financing from Mao to Xi", in Li Mingjing（ed.）, *China's Economic Statecraft：cooptation, Cooperation and Coercion*（Singapore：World Scientific Publishing Co. , 2017）.
⑧ Matias, José Carlos, "Macau, China and Portuguese-speaking Countries", in Yu W. Y. and Chan Ming K.（eds.）, *China's Macau Transformed*（City University of Hong Kong Press, 2014）.

asongo① 和 Erica S. Downs② 等学者的研究。Alves 在总结中葡贸易现状的基础上分别针对中国、澳门论坛、非洲葡语国家、巴西、葡萄牙和东帝汶提出政策建议③。Alden 和 Alves 认为自然资源并非中国在非洲活动的根本战略目标④，Alves 更认为中国在非洲（如安哥拉、莫桑比克等国）以基础设施建设贷款换取资源的政策是一个双赢的经济合作模式⑤。Horta 等同样认为在中葡经贸合作中，能源并非唯一驱动力，像佛得角这样天然能源储量并不丰富的国家，中国仍与之建立良好关系，原因在于中国要为不断增长的经济寻找市场、限制美国在葡语国家的影响力，同时提升中国的国际威望和软实力。⑥

二 双边研究

据海关总署统计，2017 年中国与葡语国家进出口总额 1175.88 亿美元，其中巴西、安哥拉、葡萄牙、莫桑比克分列前四，吸引了众多学者的关注。

（一）中国与巴西经贸合作研究

2017 年中国和巴西进出口总额为 875.34 亿美元⑦，巴西仍是中国在葡

① Lumumba-Kasongo, Tukumbi, "China-African Relations: A Neo-Imperialism or a New Neo-Colonialism? A Reflection", *African and Asian Studies* 10 (2011): 234 – 266.

② Downs, Erica S., "The Fact and Fiction of Sino-African Energy Relations", *China Security* 3 (2007): 42 – 68.

③ Alves, Anna, "China's Lusophone Connection", The South Institute of International Affairs, 2008.

④ Alden and Alves, "Global and Local Challenges and Opportunities: Reflections on China and the Governance of African Natural Resources", in Grant, Compaoré, Mitchell (eds.), *New Approaches to the Governance of Natural Resources* (International Political Economy Series, Palgrave Macmillan, 2015).

⑤ Alves, Anna Cristina, "China's 'Win-win' Cooperation: Unpacking the Impact of Infrastructure-for-resources Deals in Africa", *South African Journal of International Affairs* 20 (2013): 207 – 226.

⑥ Horta, Maubere and Loro, Sae Da Silva, *China's Relations with Portuguese-speaking Countries: A Growing but Unnoticed Relations* (MA Thesis, Naval Postgraduate School, 2012), pp. 3 – 4.

⑦ 中国海关总署统计数据。

语国家中最大的贸易伙伴，其中巴西对中国出口额 583.11 亿美元①，中国是巴西第一大出口目的地。不同历史时期中巴两国呈现不同的贸易状态，对此，谌华侨详细考察了中巴贸易发展双边关系框架②。刘国枝聚焦 2015～2016 年巴西发展情况，从政治、经济、外交、中巴关系等不同领域展开讨论③。在投资和中巴贸易摩擦方面，张曙光针对中、巴两国在 2014 年经贸关系变化，对非对称的中巴直接投资和中巴贸易解决机制做了深入探讨④。宋雅楠和 Richie 主编的论文集则涵盖中巴经贸合作与竞争、中巴发展模式比较、澳门与中巴关系等不同议题⑤。总体而言，中、巴经贸现状可概括为贸易先行、金融推进、互补性强⑥，但同时存在着贸易摩擦，不对称贸易和贸易争端政治倾向化的问题⑦。

近两年，巴西经济发展不景气，2016 年，巴西政治出现危机，罗塞夫总统被弹劾。新任领导人特梅尔上台后，强化与发达国家的经贸合作可能成为巴西外交的重要增量，受此影响，中国参与巴西经济合作的成本可能会上升⑧。

（二）中国与安哥拉经贸合作研究

葡语国家中，中国的第二大贸易伙伴是安哥拉，2017 年双方进出口总额为 223.5 亿美元⑨。双方合作始于"石油换贷款"，在后期发展中逐渐体现独特性，即以"石油换贷款"促进安石油工业体系建设为先导，以双方

---

① 中国海关总署统计数据。
② 谌华侨：《经济视角下的中国与巴西关系研究》，时事出版社，2017。
③ 刘国枝主编《巴西发展报告（2016）》，社会科学文献出版社，2017。
④ 张曙光主编《中国与葡语国家关系发展报告·巴西（2014）》，社会科学文献出版社，2016。
⑤ Song Yanan, Richie, *China-Lusophone Relations: China and Brasil* (Beijing: Social Sciences Academic Press, 2015).
⑥ 王飞、吴缙嘉：《中国和巴西经贸关系的现状》，《国际论坛》2014 年第 4 期。
⑦ 发展中巴经贸合作对策建议课题组：《进一步加强中国和巴西经贸合作的对策建议》，《拉丁美洲研究》2007 年第 2 期。
⑧ 周志伟：《巴西联邦共和国》，载王成安、张敏、刘金兰主编《葡语国家发展报告（2015～2016）》，社会科学文献出版社，2017，第 208～218 页。
⑨ 中国海关总署统计数据。

的国家和国际战略为支撑，以基础设施建设为重点合作形式，最终实现互利共赢。① 汪峰将中安合作称为"安哥拉模式"，即"资源－信贷－项目"的一揽子合作。② 中安合作亦存在不利因素，如安国内的"荷兰病"现象、中国企业的自身压力，以及西方国家对于中安合作的诋毁等。③ Alves 对比了中国在巴西和安哥拉实行的"石油外交政策"的异同之处，认为安、巴两国石油工业的结构性差异导致了中国在两国采取不同的政策。④

2002 年安哥拉内战结束，中国一些大型企业积极"走出去"，参与了安哥拉的战后重建，除石油外，在建筑、矿业、电信和农业等多个领域推动中安经济合作。未来中安合作将继续加深，中资企业如中国葛洲坝集团、中国路桥、中铁二十局等在近三年都在安哥拉获得了基础设施、房屋类工程项目⑤。

（三）中国与葡萄牙经贸合作研究

葡萄牙是中国开拓欧盟市场的桥梁，2017 年与中国进出贸易总额为 56.08 亿美元⑥，双方贸易主要以电机电气设备、机械器具、服装、钢铁等商品为主⑦。随着 2010 年新能源计划（ENE 2020）的推出，葡萄牙在清洁能源的发展上有了较大进展，吸引了中国长江三峡集团、中国电网等大型企业的投资。

（四）中国与莫桑比克经贸合作研究

莫桑比克作为海上丝绸之路的重要节点国家，2017 年与中国的进出口贸

---

① 刘青建、李源正：《中国与安哥拉经济合作特点探析》，《现代国家关系》2011 年第 7 期。
② 汪峰：《中国在安哥拉投资开发石油资源的现状及发展策略》，《战略决策研究》2015 年第 1 期。
③ 汪峰：《中国在安哥拉投资开发石油资源的现状及发展策略》，《战略决策研究》2015 年第 1 期。
④ Alves, Ana, "China's Economic Statecraft: A Comparative Study of China's Oil-backed Loans in Angola and Brazil", *Journal of Current Chinese Affairs* 1 (2013): 99 – 130.
⑤ 尚金格：《2015～2016 年安哥拉经济发展现状与中安经济合作》，载王成安、张敏、刘金兰主编《葡语国家发展报告（2015～2016）》，社会科学文献出版社，2017，第 70～82 页。
⑥ 中国海关总署统计数据。
⑦ 徐沛：《葡萄牙与中国贸易新契机》，《商业文化》2016 年第 3 期。

易额在葡语国家名列第四。① 稳定的政治环境为莫桑比克经济快速增长提供了保障,莫政府预测 2018 年莫经济增长率将达 5.3%。② 韩燕认为,莫桑比克资源趋于优化配置,外国直接投资带动了莫国内优势产业发展,从中长期看,潜力较大。③ Ilhéu 以莫桑比克为例,分析了中国在非洲葡语国家的对外直接投资(OFDI)和政府开发援助(ODA)。④ 安春英认为,中国在莫桑比克的投资主要集中在工矿业、建筑业、服务业、农业和农产品加工等领域,农业、能源产业和制造业可成为中莫产能合作的主要领域与路径。⑤ Paulo ElichaTembe 使用乌普萨拉模型,具体分析了中国企业在莫桑比克投资活动的可持续性。⑥

(五)中国与其他葡语国家经贸合作研究

在中国与东帝汶、佛得角、几内亚比绍、圣多美和普林西比的双边关系研究中,有关经贸合作的学术专著阙如,现有文献多以文章形式散落于中葡整体研究中,且以单方面介绍各国发展状况为主,着重研究中葡双边经贸往来的文章较少。围绕中国和东帝汶、几内亚比绍的研究相对集中在中国参与东帝汶维和行动以及中国对东帝汶援助两个方面。⑦ 索尼娅回顾了中、佛两国贸易历史,总结双方投资和贸易现状,并以此为切入点研究中国与葡语国家的经贸往来总体情况。⑧ 由于中国与圣多美和

---

① 中国海关总署统计数据为 18.54 亿美元。
② 参见中华人民共和国商务部网站,http://mz.mofcom.gov.cn/article/jmxw/201709/20170902
650419.shtml,最后访问日期:2018 年 5 月 10 日。
③ 韩燕:《莫桑比克对外经济合作:现状及特点》,《国际经济合作》2011 年第 7 期。
④ Ilhéu, Fernanda, *The Role of China in the Portuguese-speaking African Countries: The Case of Mozambique* (CEsA Documentos de Trabalho, Lisboa, 2010).
⑤ 安春英:《"一带一路"视角下的中国与莫桑比克产能合作》,载王成安、张敏、刘金兰主编《葡语国家发展报告(2015~2016)》,社会科学文献出版社,2017,第 110~123 页。
⑥ ElichaTembe, Paulo, *Sustainability of Chinese Outward Direct Investment in Mozambique: The Role of Uppsala Theory in the Country's Development* (Ph.D. diss., Southeast University, 2016).
⑦ 如 Martins, João Evangelista Tilman, *Chinese Foreign Aid and Its Effects towards Southeast Asia Development: A Case of Sino-East Timor Relations* (2002) (MA Thesis, Jilin University, 2010)。
⑧ 索尼娅:《从佛得角与中国经贸合作(历程)看中国与葡语国家经贸合作发展》,对外经济贸易大学硕士学位论文,2013。

普林西比于 2016 年 12 月才恢复双边外交关系，中圣两国的经贸往来研究同样刚刚起步。

三　澳门的"平台作用"研究

有关"中国与葡语国家商贸合作服务平台"（简称澳门平台）建设的研究近年来不断发展深入，澳门作为中葡经贸合作服务平台的优势，以及澳门平台取得的成果、存在的问题和进一步推进澳门平台发展的建议等课题均得到深入探讨。

（一）澳门平台的优势

叶桂平认为，澳门以其中西交融的历史文化、得天独厚的地理位置、自由开放的经济体系和"一国两制"的政治制度，在充当中葡经贸合作服务平台的作用上优势明显。[1] 在谈到澳门平台的具体作用时，王成安认为，澳门在语言交流、政府支持、商贸促进、历史人脉、金融服务、CEPA 安排和会展产业等领域均可发挥平台作用。[2] 徐劲飞用回归分析方法讨论了中国对葡语国家经济战略中澳门的平台作用。[3]

（二）澳门平台的成果

2003 年澳门的平台地位得以确立，至今历经 15 年的发展，平台建设取得较大成果。柳智毅认为，澳门平台促进了中葡经贸合作，在贸易方面，虽然巴西仍是中国在葡语国家中最大的贸易伙伴，但其所占比重明显下降，其他葡语国家如安哥拉、莫桑比克与中国的贸易额增长迅速，中葡贸易越来越多元化。[4] 在

[1]　叶桂平：《中国与非洲葡语国家的商贸合作——澳门平台》，《西亚非洲》2006 年第 4 期。
[2]　王成安：《澳门特别行政区在中国内地与拉丁美洲经贸合作中的平台作用》，载王成安、张敏主编《葡语国家发展报告（2014～2015）》，社会科学文献出版社，2015，第 139～143 页。
[3]　徐劲飞：《中国对葡语系国家经济战略中澳门平台研究》，澳门科技大学博士学位论文，2015。
[4]　柳智毅：《澳门作为中国与葡语国家商贸合作服务平台的发展策略研究》，澳门经济学会，2016。

投资领域，中国对葡语国家的直接投资和葡语国家对中国的直接投资均快速增长，同时，合作机制日益完善，论坛常设秘书处的工作机制有力保障了论坛日常工作的有序进行，总规模达 10 亿美元的中葡合作发展基金为中葡经贸合作提供了资金支持。① 中葡合作领域不断拓宽，中葡论坛框架下的合作领域现已增至 17 个。②

澳门平台建设也有利于澳门自身经济适度多元化发展，例如，澳门"一个平台、三个中心"的定位能够为澳门中小企业发展创造机会，葡语国家人民币清算平台能够促进澳门特色金融发展等。③

（三）澳门平台存在的问题

Mendes 曾指出，葡语国家由于自身发展情况不同，对中葡（澳门）论坛重视程度不一，如巴西作为葡语国家中的大国对论坛的重视程度低于其他相对弱小的葡语国家；中国与葡语国家的双边经贸活动可以绕过澳门展开，澳门平台作用需要再加强。④ 汤碧认为澳门属于微型经济体，结构相对单一且对外依赖度强。⑤ 澳门与葡语国家直接经济合作水平较低，传统联系有待制度化，作为平台的发展战略有待具体化。⑥

（四）推进澳门平台发展的建议

针对上述问题，郭永中认为，可在澳门建立中国和葡语国家金融服务中

---

① 叶桂平：《中国 - 葡语国家经贸合作论坛（澳门）11 年经验》，载王成安、张敏主编《葡语国家发展报告（2014~2015）》，社会科学文献出版社，2015，第 106~120 页。
② 《中国 - 葡语国家经贸合作论坛（澳门）第五届部长级会议经贸合作行动纲领（2017~2019）》，中国 - 葡语国家经贸合作论坛（澳门）常设秘书处官方网站，http：//www.forumchinaplp. org. mo/？ lang = tw，最后访问日期：2018 年 2 月 1 日。
③ 叶桂平：《"中葡平台"在推进澳门特区经济适度多元中的作用》，载王成安、张敏、刘金兰主编《葡语国家发展报告（2015~2016）》，社会科学文献出版社，2017。
④ Mendes, Carmen Amado, "Macau in China's Relations with the Lusophone World", *Revista Brasileira de PoliticaInternacional* 57（2014）：225–242.
⑤ 汤碧：《澳门：中国与巴西经贸合作的中介与平台》，《国际经济合作》2005 年第 7 期。
⑥ 李炳康、江时学：《澳门平台发展战略》，中国社会科学出版社，2006。

心，对大中华区企业家及葡语国家企业家分别执行"走出去、引进来"策略。① 叶桂林则重点介绍了促进中国与葡语国家省市层次合作的模式，认为未来澳门应加大对这一模式的推广力度，继续深耕已展开的合作领域以便使其恒长化及制度化②。在"一带一路"倡议的机遇下，可以推动澳门以单独关税区身份与葡语国家签订自贸协议，并为中葡间的货物贸易提供专属的服务配套。③ 同时，澳门特区应把握 CEPA 和泛珠三角合作的政策优惠，加强对平台的顶层设计和对葡语国家的调研，拓展新领域的合作。④

四　存在的主要问题及未来研究趋势

从前述总结不难看出，现有文献表明中葡经贸研究呈现跨学科交叉研究、案例和理论结合的趋势，取得了一定进展。然而，中葡经贸合作研究起步较晚，发展历程较短，专门聚焦中国与葡语国家经贸合作的研究仍显不足，同时存在以下问题。

第一，研究机构缺乏，人才培养不足。目前国内只有 2 所专门研究机构致力于研究中国与葡语国家关系，与中葡经贸合作相关的研究大多散落在其他高校和研究所里。研究机构的稀缺造成研究人员分布零散，难以形成梯队完整的科研队伍。

与专门研究机构建设紧密联系的是复合型、研究型中葡双语乃至多语人才的培养。虽然内地和澳门的葡语专业学生不断增多，澳门政府也以开设研修班、培训班、提供奖学金等方式支持中葡双语人才的培养，但上述项目多以实用型双语人才为目标，并未特别针对研究型人才培养。持续建设高水

---

① 郭永中：《澳门建设中葡商贸合作平台的战略思考》，《理论学刊》2011 年第 10 期。
② 叶桂林：《中国与葡语国家多元化合作的趋势及澳门特区的平台作用》，载王成安、张敏、刘金兰主编《葡语国家发展报告（2015～2016）》，社会科学文献出版社，2017。
③ 陈思敏：《"一带一路"背景下澳门加快打造中葡平台的建议》，《特区经济》2015 年第 12 期。
④ 柳智毅：《澳门作为中国与葡语国家商贸合作服务平台的发展策略研究》，澳门经济学会，2016。

平、梯队完整的科研队伍，不断完善和扩充专业科研机构，是推动中葡经贸合作研究继续前进的根本动力。

第二，经贸研究未成系统，区域关注不平衡。"经贸关系是（中葡）论坛与会国建立更密切合作关系的核心与动力"①，因此，对中葡经贸合作的研究理应成为中葡合作关系的重点之一。然而，现有经贸合作研究更多地散见于中国对欧洲、非洲、拉美、金砖国家等区域研究的文献之中，系统性较弱。

中国与单个葡语国家双边经贸合作研究呈现失衡状态，学者注意力大部分集中在经济体量大、能源储备丰富的国家，如巴西，安哥拉等，对"小国"如佛得角、圣多美和普林西比的研究则屈指可数。以中国期刊网数据检索结果为例，以"中国·巴西·经贸"为主题词检索，有126条结果，以"中国·佛得角·经贸"为主题词检索则只有3条结果。对于"大国"的研究不仅涉及双方经贸往来的历史、现状、特点，更细化到了合作机制、经济战略、贸易摩擦的解决等不同层面。相比之下，对"小国"的研究不仅数量少，且多以报道、介绍性文章居多，不够深入。

第三，定量研究滞后。现有关中葡经贸合作的研究多以案例分析等定性研究为主，定量研究不足。在考察特定议题（如中国对葡语国家经济战略的成效、双方的经贸活动对葡语国家产生的影响）时，如能引入数据和数学模型进行检验，能够得出更加精确和全面的结论。

针对上述问题，未来可加强以下三方面的研究。

第一，建设高端智库，成立中葡经贸研究文献和数据中心。在中葡论坛第五届部长级会议发布的行动纲领中，提到"同意探讨在澳门成立中葡论坛研究中心的可行性，论坛与会国专家学者可在该研究中心就论坛相关合作展开研究"。高端智库建设是一个系统工程，需要组建高素质科研队伍，挑选重点研究课题，攻克战略性难点问题，创新研究模式，形成科学判断，从而为中葡经贸发展提供智力支撑。

---

① 《中国 - 葡语国家经贸合作论坛（澳门）第五届部长级会议经贸合作行动纲领（2017 ~ 2019）》，中国 - 葡语国家经贸合作论坛（澳门）常设秘书处官方网站，http：//www. forumchinaplp. org. mo/？ lang = tw，最后访问日期：2018 年 2 月 1 日。

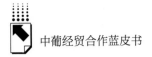

针对前述经贸研究系统性较弱的问题，可将已有关于中葡经贸研究整理归纳，建立与之有关的文献中心和数据中心，将学术型研究与工具型研究并进，整合研究资源，为学者开展后续研究提供数据及文献支持。

第二，继续加强澳门平台建设研究。澳门作为中葡经贸合作平台的重要性在中葡论坛第五届部长级会议上再次得以重申。要充分发挥澳门的"平台作用"，未来可从宏观战略机制建设、中观省市层面合作和微观服务平台搭建三个方面着手。

第三，关注中国企业"走出去"研究。企业在贸易和对外投资领域顺利展开活动，是中葡经贸合作的重要基础之一。因此，学界对如国家电网、中铁集团、中国交通建设集团、中国石化、Geocapital 等企业在葡语国家的发展应予以更多关注，总结其在葡语各国投资和经营的现状及经验，并为日后的经济活动提供指导。学术研究不是空中楼阁，应该强化产、官、学三方面的合作，实行以学术及实用信息、调研为指引，政策和规划为导向，与企业合作的新模式。[1] 将学术研究与企业和政策结合，为实践提供更为科学和与时俱进的决策指引。

---

① 李炳康、江时学：《澳门平台发展战略：澳门作为中国与葡语国家的经贸合作服务平台研究》，中国社会科学出版社，2006，第 244～258 页。

B.3
中国－葡语国家经贸合作论坛的成效、问题与展望

许英明　邢李志*

摘　要： 自 2003 年举办首届中葡论坛以来，中葡论坛发展已走进第 15 个年头，进入新阶段，站在新起点，迈进新时代。中葡论坛不仅直接促进了中国与葡语国家之间的经贸往来，而且成为中国与葡语国家构建"命运共同体"的重要支点。迈进新时代的中葡论坛，既面临国家援外体制机制改革、市场机制发挥、澳门服务能力建设、中葡基金改革、葡语国家能力建设等挑战，也面临推动形成全面开放新格局、自由贸易港建设、粤港澳大湾区发展等重大机遇。中葡平台需要在国家全面开放新格局中寻找新的方向和路径，紧随祖国发展，融入祖国发展，助力祖国发展；发挥市场决定性作用，丰富论坛内容，发挥中葡基金作用，加强中国与葡语国家之间的经贸交流与合作，更好发挥澳门作为中国与葡语国家联系平台的作用，促进中国与葡语国家的共同发展。

关键词： 中葡论坛　新时代　商贸合作　澳门平台

中国－葡语国家经贸合作论坛（简称中葡论坛）已走进第 15 个年头，

---

* 许英明，管理学博士，商务部国际贸易经济合作研究院副研究员；邢李志，管理学博士，北京工业大学经济与管理学院讲师。

成绩斐然，不仅直接促进了中国与葡语国家之间的经贸往来，而且成为中国与葡语国家构建"命运共同体"的重要支点，如今，中葡论坛站在新起点，进入新阶段，迈进新时代。

一 不忘初心：定期举办中葡论坛的初衷

2003 年 10 月，中葡论坛在澳门创立，论坛的发起者、主办方和承办方分别是中国中央政府、中国商务部、澳门特别行政区政府，葡萄牙、东帝汶、莫桑比克、几内亚比绍、佛得角、巴西、安哥拉、圣多美和普林西比（圣普于 2017 年 3 月正式加入论坛）等多个葡语国家共同参与，旨在推进中国与葡语国家之间的经贸交流，发挥澳门作为中国与葡语国家经贸合作联系平台的作用，是促进与发展以经贸为主题的非政治性政府间多边经贸合作的机制，促进葡语国家、中国内地和澳门的共同发展[①]。

（一）经济合作平台

中葡论坛是具有跨区域性的经济合作平台。中葡论坛以跨区域经济合作为特征，特别是在贸易、投资等领域，促进中国内地、葡语国家、澳门特区间国际贸易和相互投资，加强能力建设。随着中葡论坛的深入发展，以及与会国的发展需要，中葡论坛在经贸合作的基础上，逐步扩展到农业、渔业、卫生、金融、通信、运输、旅游、教育、基础设施建设、自然资源开发利用等领域的合作，已成为中国与葡语国家全面深化合作的平台。

（二）人文交流平台

中葡论坛是以语言文化为纽带的人文交流平台。中葡论坛以葡萄牙语为纽带，联系四大洲中的葡语国家（美洲的巴西，欧洲的葡萄牙，亚洲的东帝

---

① 中国 – 葡语国家经贸合作论坛（澳门）常设秘书处，http：//www. forumchinaplp. org. mo/about-us/mission-and-objectives/？ lang＝zh。

汶，非洲的圣多美和普林西比、佛得角、几内亚比绍、安哥拉和莫桑比克），虽然这些国家发展差异较大。目前，八个葡语国家中，有一个高收入国家（葡萄牙），两个中高收入国家（巴西、安哥拉），两个中低收入国家（佛得角和东帝汶）和三个低收入国家（几内亚比绍、莫桑比克、圣多美和普林西比），但都以葡语为官方语言和交流工具，葡语是其共同的纽带。目前，葡语国家在澳门既有安哥拉澳门总领事馆、葡萄牙澳门总领事馆等不同类型的单独或联合成立的官方组织，也有开展经贸活动的葡萄牙经贸促进会代表处、开展文化交流的东方葡萄牙学会等半官方组织，还有国际葡萄牙语市场企业家商会、葡中工商协会澳门分会、巴中澳门实业协会、澳门佛得角友好协会等民间组织，这些多层次的人文交流平台与中葡论坛共同构成了全方位交流的网络。

（三）澳门服务平台

中葡论坛将澳门特区作为永久举办地，为澳门发挥连接中国内地与葡语国家经贸合作的作用搭建了更加广阔的平台，以促进中国与葡语国家之间的经贸合作。李克强总理在中葡论坛第五届部长级会议上指出："澳门还有一座更长的'跨洋大桥'，那就是中国和葡语国家经贸合作论坛。这是一座无形的桥。它以语言文化为纽带、以经贸合作为主题、以共同发展为目标，充分发挥澳门的独特优势和平台作用，对推动中国与葡语国家加强联系发挥了并将继续发挥更大的作用。"国家"十三五"规划再次强调支持"澳门建设中国与葡语国家商贸合作服务平台"，并指出提升澳门在国家经济发展和对外开放中的地位和功能，发挥澳门独特的桥梁优势。澳门首个五年规划也针对澳门"一中心、一平台"建设做出了具体部署，2016年2月，澳门特区政府成立"中国与葡语国家商贸合作服务平台发展委员会"，推动中葡平台建设。澳门作为服务中葡论坛的永久举办地，一直是中葡论坛的参与者、推动者、主办者和受益者。

（四）共同发展平台

中葡论坛是促进葡语国家、中国内地和澳门共同发展的平台。举办中葡

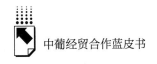

论坛的初衷就是加强中国与葡语国家之间的经贸交流和共同发展。与会各国及澳门特区，发挥各自优势，共商共建共享发展平台，深入挖掘合作潜力，探索合作新方式，拓展合作新领域，互相学习，文明互鉴，共同发展，不断提升发展能力。同时做大做强做优中葡论坛，提升论坛的影响力、凝聚力和发展能力。从这个意义上来说，中葡论坛也是能力建设的平台。

二　发展回顾：中葡论坛进入第15个年头

从2003年开始，各葡语国家与会国部长分别于2003年10月、2006年9月、2010年11月、2013年11月和2016年10月在澳门举办的"中葡论坛部长级会议"上签署了五个《经贸合作行动纲领》，10亿美元的"中葡合作发展基金"已于2013年投入运作，确定了发挥澳门平台作用和发展运输与通信、投资与企业、基础设施建设、政府间合作、教育与人力资源、产能和畜牧业、广播影视与体育、自然资源、海洋、贸易、能源、金融、文化、渔业、卫生、林业、农业、旅游等诸多领域的合作内容和目标。2016年，在第五届部长级会议上签署了《中葡论坛关于推进产能合作的谅解备忘录》，开启了中国和葡语国家经贸合作的新领域和新模式。

（一）2003年10月中葡论坛第一届部长级会议

2003年10月12~14日，在中国澳门成立了第一届中国-葡语国家经贸合作论坛，论坛由中央政府主办、澳门特区政府承办，并同时举办论坛第一届部长级会议。中国和七个葡语国家（安哥拉、巴西、葡萄牙、东帝汶、佛得角、几内亚比绍、莫桑比克）的经贸部或商务部部长率政府代表团出席论坛。论坛的主题为"构建中国与葡语国家经贸合作框架，推动中国与葡语国家共同发展"。中国国务院副总理吴仪以"推进新的合作，谱写新的篇章"发表主题演讲。论坛期间，还举行了澳门与葡语国家企业家经贸交流会，以及中国与葡语国家经贸合作洽谈会。中国商务部与七个葡语国家部长级官员签署了《经贸合作行动纲领（2004~2006）》，确立了七大合作领域，由此中国与葡语国家多边交流合作的机制正式建立。而且，各国部长同意在澳门设立中国－葡语国家经贸合作论坛常设秘书处，以落实拟实施的计划和方案。

（二）2006年9月中葡论坛第二届部长级会议

2006年9月24~25日，中葡论坛第二届部长级会议在澳门召开，此次论坛的主题是"深化合作，共同发展"，举办了中国与葡语国家企业家大会、部长级会议、双边会议、论坛成果展等活动。中国国务委员兼国务院秘书长华建敏在开幕式上做了题为"拓展合作领域，提升合作水平"的主题演讲。本次会议签订的《经贸共同合作纲领（2007~2009）》中专门增加了"澳门平台作用"一章，参与各国达成共识，表示将发挥各自的优势，拓展彼此间在贸易、投资，以及科技、卫生、文化和旅游等多个领域的合作。2004~2006年，中葡论坛在促进贸易，扩大投资，强化企业间合作等方面卓有建树。其中2004年和2005年先后举办了两届"中国－葡语国家企业经贸合作洽谈会"；2005年在厦门举办的第九届投资洽谈会邀请到七位葡语国家的部长级官员出席，并举行了葡语国家投资环境介绍会；2005年10月在澳门举行了论坛第一届高官会，总结回顾了论坛各项后续行动的执行情况。

（三）2010年11月中葡论坛第三届部长级会议

2010年11月13~14日，中葡论坛在澳门举办第三届部长级会议。本届会议主题为"多元合作，和谐发展"，会议包含开幕式、企业家人会、部长级会议、金融家大会等多项活动。论坛上签署了《经贸合作行动纲领（2011~2013）》，将合作领域增至十七个。中国国务院总理温家宝出席论坛开幕式并发表主题演讲，温家宝总理提出了六项措施：第一，为促进中国与葡语国家间的金融合作，中国内地和澳门的金融机构将发起设立规模为10亿美元的中葡合作发展基金；第二，向在双边框架内中葡论坛的亚非与会国提供16亿元人民币的优惠贷款；第三，对论坛每个亚非与会国的一个双方农业合作项目提供技术人才及物资设备支持；第四，支持澳门特别行政区政府在澳门设立中葡论坛培训中心，并为论坛亚非与会国培训 1500 名技术人员和官员；第五，向论坛亚非与会国提供 1000 个为期一年的来华留学生政府奖学金名额；第六，向论坛亚非与会国提供价值 1000 万元人民币的医疗器械及设备。

（四）2013年11月中葡论坛第四届部长级会议

2013 年 11 月 5 ~ 6 日，中葡论坛第四届部长级会议在澳门召开，主题为"新起点，新机遇"，会议包含开幕式、中葡企业家大会暨中葡合作发展基金项目对接会、部长级会议等多项活动。中葡论坛成立 10 年来，中国和葡语国家共同发展了包括贸易、投资、农业、人力资源、旅游、制药业及卫生和文化等合作领域，本届论坛巩固到目前为止取得的成果，并遵循实用主义和效率的原则。中国国务院副总理汪洋出席会议并发表主旨演讲，提出了八大举措：第一，向论坛亚非葡语国家提供重点用于支持基础设施和生产型项目建设的 18 亿元人民币优惠贷款；第二，与葡语国家分享建设开发区和经济特区的成功经验，推动中国企业按照市场运作、自主决策的原则，在有意愿的葡语国家建设境外经贸合作区；第三，为论坛每个亚非葡语国家各援助一个太阳能照明应用项目，各援建一个教育培训设施，各援助一批新闻、电视、广播设备；第四，为论坛亚非葡语国家培训包括在职硕士研究生在内的 2000 名各类人才；第五，向论坛葡语国家提供 1800 个中国政府奖学金名额，鼓励葡语国家学生与中国开展交流；第六，向论坛亚非葡语国家派遣 210 人次的医务人员，加强医药卫生领域交流与合作；第七，在澳门设立中国与葡语国家双语人才、企业合作与交流互动信息共享平台，促进各领域的合作；第八，中方愿优先选择在新能源、教育培训、环境保护、农业等领域探讨与论坛葡语国家开展三方合作。

（五）2016年10月中葡论坛第五届部长级会议

2016 年 10 月 11 ~ 12 日，中葡论坛第五届部长级会议在澳门召开，主题为"迈向更加坚实的中葡经贸关系：共商合作、共建平台、共享发展"。

本届论坛以"一带一路"倡议为引领，聚焦发展这个最大公约数，进一步推动中国与葡语国家经贸关系发展。同时，进一步支持澳门加快建设中国与葡语国家商贸合作服务平台。与会国签署了《经贸合作行动纲领（2017～2019)》和《中葡论坛关于推进产能合作的谅解备忘录》，在同期举行的"企业家金融家大会"上签署了多个合作协议，论坛与会国及澳门的经贸部门多位领导与企业家、金融家进行了深入的互动交流。中国国务院总理李克强出席开幕式并发表主旨演讲，提出十八项新举措，主要包括：向论坛亚非葡语发展中国家提供20亿元人民币无偿援助，重点用于农业、贸易投资便利化、防治疟疾和传统医药研究等民生项目；向论坛亚非葡语国家提供不少于20亿元人民币的优惠贷款，重点用于推进产业对接、产能合作及深化基础设施建设合作；免除论坛亚非不发达国家5亿元人民币无息贷款债务；继续向亚非葡语国家派遣200人次的医疗队，支持与论坛葡语国家建立对口医院合作关系，开展妇幼健康项目及短期义诊；向论坛葡语国家提供2000个各类培训名额，以及总计2500人的中国政府奖学金名额；鼓励企业在论坛葡语国家新建或升级若干经贸合作区；帮助有需求的论坛葡语国家建设一批应对灾害和气候变化的海洋气象观测站等设施；支持在澳门成立中国－葡语国家金融服务平台、企业家联合会、文化交流中心、双语人才培养基地、青年创新创业中心。澳门将在实施中国和葡语国家合作的各项举措中发挥更重要的支撑和平台作用。

三 成效明显：前五届中葡论坛发展成果

自论坛成立以来，与会国全面落实行动纲领，机制建设卓有成效，政府合作全面推动，澳门平台建设全面推进，为进一步提升与会国经贸合作水平做出了积极贡献。

（一）机制建设卓有成效

中葡论坛第一届部长级会议通过的《经贸合作行动纲领》在"后续机

制"一章中明确提出，要建立论坛后续机制，在澳门设立常设秘书处，保障所需后勤和资金支援以及必要的联络，以落实拟实施的计划和方案。目前，中葡论坛已经建立诸多有效合作机制，包括三年一届的部长级会议、三年一次的高官会，制定经贸合作行动纲领、制定一年一次的年度计划，常设机构包括在澳门设立的常设秘书处、澳门特区政府设立的中葡论坛辅助办公室、中国商务部设立的中葡论坛行政办公室和葡语国家驻中葡论坛代表组成的联络办公室、葡语国家驻中葡论坛代表、中葡论坛投资小组、中葡论坛培训中心、中国与葡语国家企业经贸合作洽谈会、中葡论坛中方后续行动委员会、中国与葡语国家企业家联合会等。[①] 上述工作基本实现了中葡论坛第一届部长级会议上达成的共识："在本论坛框架内所建立的各类机制作为现有双边磋商机制的补充，加强政府间关系，分享各自经验，激励合作伙伴，密切合作关系。"

（二）政府合作全面推动

中葡论坛发展实践表明，中葡论坛开创了中国与葡语国家合作的新天地，中葡论坛从双边渠道迈向多边平台，又通过多边平台，促进双边经贸合作的发展。虽然中葡论坛定位为非政治性政府间多边经贸合作机制，但它已在中国与葡语国家间建立起合作的桥梁，打开了友谊的窗口。中葡论坛"不但给双方带来了实实在在的经济利益，而且拉近了中国与葡语国家的距离，加深了双方人民的友谊，密切了国家间的友好关系"。论坛"通过高官与商界人士之间的互动、投资推介会、贸易展览会等多种形式"，极大地促进了中国与葡语国家经贸团组的频繁往来，进一步提升了中国与葡语国家间相互贸易的快速发展。每三年一届的部长级会议，成员国领导人基本都会出席，成为双边和多边合作的平台。在部长级会议休会期间召开的中葡论坛高官会，主管部门司局级官员召开的工作会议，以及每年召开一次的常设秘书

---

① 对外经济贸易大学区域国别研究所葡语国家研究中心：《中国－葡语国家经贸合作论坛（澳门）10 年报告》，中国商务出版社，2013，第 29 页。

处例会，都进一步巩固了中国与葡语国家的战略合作关系或战略伙伴关系，也全面加深了葡语国家间的交流合作。

（三）经贸合作深入开展

中葡论坛建立之前的 2002 年，中国与葡语国家之间的贸易额仅为 56 亿美元，到 2016 年已增至 910 亿美元，增长了 15.25 倍，如果把葡语国家看作一个整体，它们位列美国、中国香港、日本、韩国、中国台湾、德国、澳大利亚和越南之后，相当于中国内地的第十大贸易伙伴。投资方面，中国对葡语国家投资流量总体呈增长趋势。虽然中国对葡语国家投资在中国对外投资中所占比重较小，不论流量还是存量所占比重都没有突破 1%，但从整体上看，仍处于上升中。从 2007 年以来，中国对七个葡语国家都有投资，但投资主要集中在巴西、安哥拉和莫桑比克三个国家。从 2013 年开始，对东帝汶投资快速增加，2016 年投资流量已经超过莫桑比克。但对其他国家的投资增长缓慢，对佛得角的投资流量长期处于每年 50 万美元以下的水平。对非洲葡语国家投资增速较快，非洲是最主要的投资区域，巴西是最主要的投资国，央企和国企是主要的投资主体。诚然，贸易和投资方面的成就并非完全归功于中葡论坛机制的发展，中国与葡语国家之间的经贸纽带更多是通过中国与这些国家的双边合作机制直接带动，但中葡论坛机制客观上推动了双方对对方市场的认知[①]，全面助推了中葡经贸合作的深化发展。

（四）澳门平台全面推进

澳门中葡平台建设既是中央赋予澳门在国家整体发展战略中的重要定位，也是澳门发挥自身优势促进经济发展的必然选择。中葡论坛五届部长级会议在中国中央政府、葡语国家及澳门特区政府的大力支持下，在澳门成功举办，并在澳门设立论坛常设秘书处、中葡论坛（澳门）培训中心，澳门

---

① 周志伟：《中葡论坛：大有所为的多边合作机制》，新华网，http://www.xinhuanet.com/fortune/2016-09/28/c_ 129303604. htm。

参与"中葡合作发展基金"和建设"三个中心"等，进一步凸显了澳门作为中国与葡语国家商贸合作服务平台的地位和作用。2016 年 2 月，澳门特区政府成立"中国与葡语国家商贸合作服务平台发展委员会"，行政长官崔世安亲自出任该委员会主席。澳门每年举行"国际基础设施投资与建设高峰论坛""中国与葡语国家基础设施高层对话会"，举办"中国与葡语国家青年企业家论坛""葡语国家与澳门企业对话会"；澳门企业积极开展涉及农业、渔业、自然资源、教育培训、银行、保险、工程、医疗、物流、通信、广播电视等诸多领域的中介服务，提供法律咨询、商务翻译等专业服务，促成多个内地、澳门与葡语国家的农业和能源合作项目；澳门投资贸易促进局与中国贸促会每年联合组织内地及澳门企业在不同的葡语国家举行推介活动；澳门每年举办的"澳门国际贸易投资展览会"有效地起到了为葡语系国家与内地省份牵线搭桥的作用。

（五）平台共识逐步凝聚

中葡论坛作为中国 – 葡语国家经贸合作的平台逐步得到参与各方的认可，葡语国家的参与度和参与能力逐步提高。中葡论坛作为中国 – 葡语国家合作发展的机制，凝聚越来越多的发展共识。澳门作为中葡商贸合作服务平台得到各界的高度认同，特别是得到澳门特区政府和社会各界的高度认同，从政府到民间，澳门充分发挥与内地及葡语国家密切联系的优势，并不断强化这一独特优势，为中国与葡语国家并通过葡语国家深入欧洲、南美、非洲市场开展经贸文化活动，发挥了桥梁作用，强化了澳门平台地位。近年来，澳门利用与葡语国家在历史、文化、语言和人脉等方面的天然联系优势，在国家支持下着力打造"一个平台"，在中国与葡语国家合作中所发挥的积极作用得到广泛认同。

四 主要挑战与发展建议

中葡论坛无疑已取得了巨大成绩。今天，迈进新时代的中葡论坛，既面临国家援外体制改革、市场机制发挥、澳门服务能力、中葡基金改革、葡语国家能力建设等挑战，也面临推动形成全面开放新格局、自由贸易港建设、粤港澳大湾区发展等重大机遇。

（一）中葡论坛面临的主要挑战

1. 国家援外体制改革挑战

2017 年 2 月 6 日，中央全面深化改革领导小组第三十二次会议审议通过的《关于改革援外工作的实施意见》指出，要优化援外战略布局，改进援外资金和项目管理，改革援外管理体制机制，提升对外援助综合效应。2018 年进行的党和国家机构改革中，将商务部对外援助工作有关职责、外交部对外援助协调等职责进行了整合，组建国家国际发展合作署，作为国务院直属机构。中葡论坛每届部长级会议通过的《经贸合作行动纲领》中有许多内容都涉及援外，这主要是在中葡经贸合作现实中，一些葡语国家需要中国的经济援助与技术帮助。目前，正在推进的援外体制机制改革，无疑对中葡论坛的多元化管理，以及行动纲领的落实提出了挑战，当然，这也是中葡论坛深化发展的机遇。

2. 市场尚未起决定性作用

从目前来看，中葡论坛政府层面互动较多，许多活动都是政府层面在举办和推动，企业活动还较少，市场机制在中葡论坛系列活动中体现得还不是很充分。中葡论坛中企业活动还可以再丰富一些，中国与葡语国家企业经贸合作洽谈会应该更多调动企业参与的积极性，中国与葡语国家企业家联合会可以进一步开展切实的活动，真正实现政府搭台、企业唱戏，让企业成为中国－葡语国家经贸合作的主体。

3. 部分葡语国家参与度不高

葡语国家发展的不平衡不充分也影响着其参与中葡论坛的意愿和能力。巴西作为最大的葡语国家，是新兴经济体，由于其可以通过双边关系直接与中国大陆进行经贸合作，所以，至今其是唯一没有派驻中葡论坛代表的葡语国家。非洲的几内亚比绍、圣多美和普林西比、佛得角等葡语国家，由于发

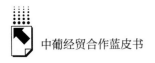

展能力不足，其参与中葡论坛的能力也有待进一步提高。

4.澳门服务能力尚有待提升

近年来，澳门作为中国－葡语国家商贸合作服务平台，为"三个中心"（"中葡中小企业商贸服务中心"、"葡语国家食品集散中心"和"中葡经贸合作会展中心"）建设，以及产业的适度多元化发展，尤其是会展业及特色金融业等新兴产业发展，建设"一个平台"做出了极大贡献。虽然在政策、人才等方面密切配合澳门平台建设，但还不能满足中葡平台发展的要求。特别是在产业支撑、人才支撑、政策效力、实施主体等方面，澳门的服务能力有待提升。

5.更好地发挥中葡基金作用

2013年，在中葡论坛框架下成立了中葡合作发展基金，基金总规模为10亿美元（国家开发银行出资60%，澳门出资40%），鼓励中国企业与葡语国家企业积极开展投资合作，引导各成员国企业之间进行直接投资。其涵盖的投资领域已经扩大到金融、文化、基础设施、自然资源、政府间合作、教育与人力资源、农业、旅游、贸易投资和企业合作、运输与通信等多个领域。目前，已批准在安哥拉生产电线杆与PE管和莫桑比克的综合农业园多个项目，同时储备项目还有20多个。目前来看，由于管理体制、信息透明度、项目门槛、葡语国家投资风险等因素，很大一部分中葡基金没有投出去，以中小企业为主体的澳门更少用到中葡基金，需要更好地发挥基金在促进中国－葡语国家经贸合作中的作用。

（二）深化发展中葡论坛的建议

中葡论坛应在国家全面开放的新格局中寻找新的方向和路径，紧随祖国发展，融入祖国发展，助力祖国发展。进一步发挥市场决定性作用，进一步推动中葡基金落实，进一步丰富论坛内容，进一步助推中国与葡语国家之间的经贸合作迈上新台阶，建设好澳门中葡商贸合作服务平台，促进中国与葡萄牙语国家共同发展。

1. 在"推动形成全面开放新格局"中谋求发展

推动形成全面开放新格局，是我国改革发展的新提升，更是中国特色社会主义在经济全球化与国内经济转型升级的大背景下做出的重大战略部署，具有特殊意义。李克强总理在中葡论坛第五届部长级会议上指出："中国与葡语国家拥有全球17%的经济总量和22%的人口，又各有所长，而且都处在国际航运的大动脉上，'一带一路'的合作倡议与许多葡语国家的发展规划可以高度地契合。"澳门作为"一国两制"和全面开放、包容发展的国际化城市，扮演着中国改革开放桥梁、纽带和窗口的角色，在中国新一轮全方位改革开放的大局中，具备全面服务"一带一路"倡议的多项优势和能力，可在"一带一路"建设中寻求更多共同点和契合点。在"一带一路"倡议的大格局中，澳门属"一路"范畴，既与内地广东、福建联系紧密，又与东盟国家及拉丁语系国家有较深合作，具有与广东、福建一起打造"一路"核心区的基础，又处在深化港澳台合作、打造粤港澳大湾区的前沿。澳门中葡平台建设要坚持共商共建共享，以"一带一路"建设为统领，形成适应经济发展新形势的开放和合作模式。

2. 进一步丰富中葡论坛内容

一是增加中葡智库论坛，参照 G20 智库论坛和上合组织智库联盟做法，使中葡智库论坛成为中葡论坛的分论坛或子论坛，为中葡论坛以及经贸行动纲领的制定和落实提供智力支持。二是丰富企业家论坛，充分发挥企业主体作用，为企业创造更多、更好的参与经贸合作的机会，积极为广大中小企业牵线搭桥，与国有大企业、大项目形成优势互补，协同推进，构建全产业链战略联盟，让市场起决定性作用。

3. 加强澳门服务能力建设

一是打造中国与葡语国家产能合作平台。作为专业服务平台，为中国企业投资葡语国家提供支撑；作为投资促进平台，多种渠道促进中国与葡语国家投资合作。二是打造中葡贸易合作综合服务平台。成立"一站式"综合服务机构；打造中葡商贸合作的金融服务平台；积极参与亚投行业务，提升中葡经贸金融服务能力。三是构建中葡商贸合作平台"生态圈"。加强宣传澳门的中葡商贸合作服务平台优势；利用习惯性水域拓展澳门"平台"发展空间；充分发挥社团力量，促进中葡民心相通。四是实施经贸便利政策和人才储备政策。制定并实施战略性贸易政策；制定并实施投资优惠政策；制定并实施中葡双语人才储备政策。

4. 提高葡语国家的参与度

一是加大中葡论坛宣传的针对性和精准性，尤其是针对巴西的中小企业，调动其参与中葡平台的意愿和积极性，提高巴西的参与度。二是提高欠发达葡语国家的参与能力，更加注重欠发达葡语国家的能力建设，更加注重经贸合作的互助性和互惠性。三是提高政策和合作领域的精准度，更加注重合作领域的实效，更加注重战略和政策的协调，提高政策的综合效力。

5. 切实发挥中葡基金作用

一是建议改革中葡基金管理模式，以中葡基金管理总部迁往澳门为契机，探索将管理权限交由澳门方运营，进一步强化中葡发展基金的促进作用。二是适当降低基金支持项目的门槛，强化对中小企业的支持，通过典型项目示范带动中国企业对葡语国家的投资合作。三是鼓励澳门企业与中国内地企业合作共同运用中葡基金，开拓第三方市场，充分利用澳门的中葡双语人才等优势提供服务，拓展葡语国家市场，并通过葡语国家走向欧洲市场、南美市场、非洲市场和东盟市场。

B.4
中国与葡萄牙经贸合作的现状、特征与趋势

刘炜华　张秀洁*

摘　要：　本文通过对中国与葡萄牙经贸合作各项内容的统计数据进行分析，研究中国与葡萄牙在货物贸易、服务贸易、直接投资、工程承包等方面的特点、结构与趋势。近十年来，中葡两国的经贸合作发展迅速，在两国各自对外经贸合作中的地位逐渐上升。虽然两国的经贸合作金额并不太大，但可以看到其广阔的发展前景和巨大的发展潜力。虽然两国的经贸合作并不平衡，但如果在"一带一路"倡议的背景下，充分发挥中国－葡语国家经贸合作论坛的作用，中葡两国发挥各自比较优势，加强沟通合作，两国可能在双赢的基础上进一步加强和扩大经贸合作。

关键词：　中国－葡萄牙　经贸合作　国际贸易　直接投资

　　自2003年中国－葡语国家经贸合作论坛开始运作以来，有人认为中国与葡萄牙的经贸合作取得了较大进步，也有人认为经贸合作论坛等安排的象征意义大于实际价值，政治影响大于经济影响。其实，经贸合作是一个比较宽泛的概念，一般包括货物贸易、服务贸易、直接投资、工程承包及劳务合作等内容。经贸合作可能有的方面发展得比较好，有的方面则可能差强人

＊　刘炜华，管理学博士，澳门科技大学商学院助理教授；张秀洁，澳门科技大学法学院博士研究生。

意，不可一概而论。

本文将根据国际上最通用、最权威的联合国商品贸易统计数据库的数据分析 2007～2016 年中葡两国货物贸易和服务贸易的趋势、现状和结构等特点；根据国际货币基金组织的"协调直接投资调查"数据分析 2009～2016 年中葡两国相互投资的趋势、现状和重要性等特点；根据中国国家统计局国家数据库的数据分析 2001～2015 年中国对葡萄牙工程承包的趋势、现状和重要性等特点，分析中国对葡萄牙劳务合作在 2015 年派出人员的数量及在中国对外劳务合作中的位置。①

一 对中葡货物贸易的分析

货物贸易是国际经贸合作中最重要的内容。近年来，中国与葡萄牙的货物贸易额持续上涨。

（一）中葡货物贸易的趋势

图 1 是根据联合国商品贸易统计数据库的有关数据绘制的。理论上讲，中国报告的中国对葡萄牙的出口"CHN-PRT（CHN）"与葡萄牙报告的葡萄牙从中国的进口"CHN-PRT（PRT）"应该相等，中国报告的中国从葡萄牙的进口"PRT-CHN（CHN）"与葡萄牙报告的葡萄牙对中国的出口"PRT-CHN（PRT）"应该相等。但是由于统计方法上的差异，中国报告的相关数值比葡萄牙报告的相关数值略大。下文在从中国角度分析时，采用中国报告的数据；从葡萄牙角度分析时，采用葡萄牙报告的数据。通过对相关数据的分析可以发现以下两个结论。

1. 两国之间的货物贸易总量近十年来基本呈上升趋势

中国对葡萄牙的货物贸易出口额"CHN-PRT（CHN）"从 2007 年的 18.3475 亿

---

① 这是上述数据库中在本文结稿前关于中葡经贸合作的最长时段和最新的数据。中葡两国的工程承包和劳务合作未见有国际组织及葡萄牙统计机构进行统计，因此这两项内容采用中国国家统计局的数据。

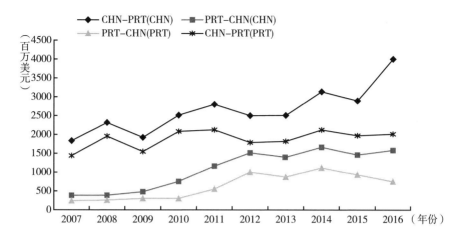

图1 中国与葡萄牙的货物贸易

资料来源：作者根据联合国商品贸易统计数据库（https：//comtrade. un. org）有关数据整理制作。

美元上升到2016年的40. 0212亿美元。中国从葡萄牙的货物贸易进口额 "PRT-CHN（CHN）" 从2007年的4. 8464亿美元上升到2016年的15. 8282亿美元。由葡萄牙报告的数据可以得到类似结论。可见中葡两国货物贸易前景比较乐观。

2. 两国的货物贸易并不平衡

从中国的报告看，2016年中国对葡萄牙的货物贸易出口额是40. 0212亿美元，从葡萄牙的货物贸易进口额是15. 8282亿美元，存在顺差24. 193亿美元。从葡萄牙的报告看，2016年葡萄牙对中国的货物贸易出口额是7. 4895亿美元，从中国的货物贸易进口额是20. 1271亿美元，存在逆差12. 6376亿美元。虽然两国的贸易差额未见缩小，但是从过去十年的趋势看，中国从葡萄牙进口货物的增长速度要大于中国对葡萄牙出口货物的增长速度，前者比后者平均高5个百分点，因此中葡两国贸易差额增长的速度有可能会降低。

（二）中葡货物贸易在各自整体对外贸易中的比例

通过比较图2和图3中葡两国之间货物贸易额在各自对外贸易额中的比例，可以发现中葡货物贸易对两国的重要性有所不同。

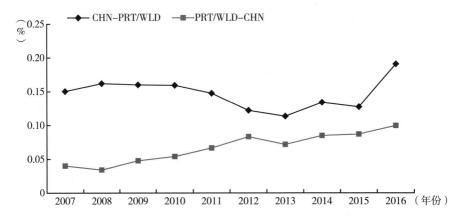

图2　与葡萄牙的货物贸易额在中国对外货物贸易总额中的比例

注：CHN-PRT/WLD 代表中国对葡萄牙的出口额在对世界总出口额中的比例，PRT/WLD-CHN 代表中国从葡萄牙的进口额在从世界总进口额中的比例。

资料来源：作者根据联合国商品贸易统计数据库（https：//comtrade. un. org）有关数据整理制作。

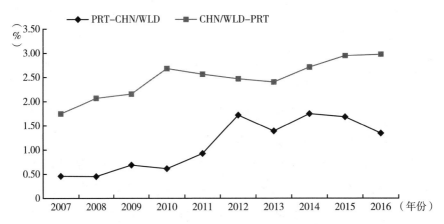

图3　与中国的货物贸易额在葡萄牙与世界货物贸易总额中的比例

注：PRT-CHN/WLD 代表葡萄牙对中国的出口额在对世界总出口额中的比例，CHN/WLD-PRT 代表葡萄牙从中国的进口额在从世界总进口额中的比例。

资料来源：作者根据联合国商品贸易统计数据库（https：//comtrade. un. org）有关数据整理制作。

　　其一，中葡货物贸易额在葡萄牙对外贸易总额中的比例要大于在中国对外贸易总额中的比例。由于中国整体贸易额较大，中葡贸易在其对外贸易总额中的比例很小。2016 年中国对葡萄牙的货物出口额在对世界总出口额中的比例只有 0.19%，中国从葡萄牙的货物进口额在从世界总进口额中的比例只有 0.10%。但葡萄牙对中国的出口额在其对世界总出口额中的比例中高达 1.35%，葡萄牙从中国的进口在从世界总进口中的比例高达 2.98%。

其二，中国从葡萄牙的货物进口额在中国总进口额中的比例逐渐增大。中国从葡萄牙的货物进口额在从世界总进口额中的比例在 2007 年只有 0.04%，到 2016 年增长到了 0.10%。

其三，对华贸易在葡萄牙对外货物贸易中的比重逐渐增大。葡萄牙对中国的货物出口额在对世界总出口额中的比例从 2007 年的 0.46% 增长到 2016 年的 1.35%，从中国的货物进口额在从世界总进口额中的比例从 2007 年的 1.75% 增长到 2016 年的 2.98%。

（三）中葡货物贸易的结构

其一，2016 年中国向葡萄牙出口的货物以"机械及运输设备""杂项制品"和"主要按原料分类的制成品"三个部门为主，其比例分别为 57%、19% 和 15%（如图 4 所示）。

其二，2016 年中国从葡萄牙进口的货物以"机械及运输设备""非食用原料（不包括燃料）"和"杂项制品"三个部门为主，其比例分别为 52%、19% 和 15%（如图 5 所示）。

其三，中葡的货物贸易体现了中葡两国不同部门产品的相对比较优势（如图 6、图 7 所示）。通过比较中葡不同部门产品的进出口额在该国该部门产品进出口总额中的比例，可以发现各部门产品在中葡贸易中的比较优势。从中国的角度看，中国在"食品和活动物"和"机械及运输设备"两个部门对葡萄牙的出口占对世界出口总额的比例分别为 0.27% 和 0.23%，都比中国对葡萄牙的出口总额占中国对世界出口总额的比例 0.19% 高。这两个部门对葡萄牙的出口带动了中国的总出口。而中国从葡萄牙在"饮料及烟草""杂项制品""非食用原料（不包括燃料）"和"机械及运输设备"四个部门的进口占从世界进口总额的比例分别为 0.94%、0.19%、0.15% 和 0.13%，比中

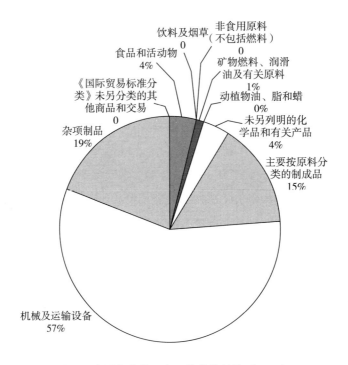

图4 中国向葡萄牙出口的货物结构（2016）

资料来源：作者根据联合国商品贸易统计数据库（https：//comtrade. un. org）有关数据整理制作。

国从葡萄牙的总进口占从世界进口总额的比例0.10%高。这说明，与其他部门的葡萄牙产品相比，中国消费者对这四个部门的葡萄牙产品更加偏好。

从葡萄牙的角度看，葡萄牙在"非食用原料"（不包括燃料）、"食品和活动物""机械及运输设备"三个部门对中国的出口在对世界出口中的比例分别为11. 61%、3. 53%和1. 69%，比葡萄牙对中国的出口总额在对世界出口总额中的比例1. 35%高。所以，葡萄牙在这三个部门对中国的出口带动了其出口总额。而葡萄牙从中国在"杂项制品""主要按原料分类的制成品"和"机械及运输设备"三个部门的进口占从世界进口总额的比例分别为6. 40%、4. 20%和3. 84%，比葡萄牙从中国的进口总额占从世界进口总额的比例2. 98%高。这说明，这三个部门的中国产品在葡萄牙的市场上比其他产品更能获得葡萄牙消费者的青睐。

其四，中国与葡萄牙的双向贸易中，"机械及运输设备"都占有最大的比

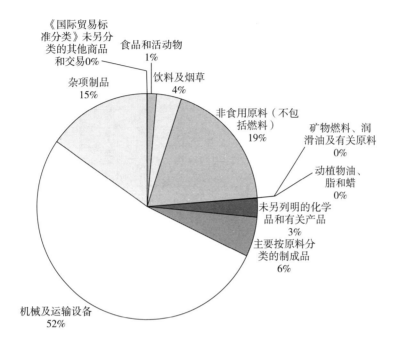

图5　中国从葡萄牙进口的货物结构（2016）

资料来源：作者根据联合国商品贸易统计数据库（https：//comtrade.un.org）有关数据整理制作。

例，并不能说中葡这一部门内的贸易违背了两国的比较优势，因此我们有必要对中葡两国在此部门的贸易结构进行细化分析。根据《国际贸易标准分类》（修订4），"机械及运输设备"可以细分为九小类①（如图8所示）。通过分析

---

① 《国际贸易标准分类》（修订4）将第七大类货物7"机械及运输设备"（Machinery and transport equipment）细分为71"动力机械及设备"（Power-generating machinery and equipment），72"特种工业专用机械"（Machinery specialized for particular industries），73"金属加工机械"（Metalworking machinery），74"未另列明的通用工业机械和设备及其未另列明的机器零件"（General industrial machinery and equipment，n.e.s.，and machine parts，n.e.s），75"办公用机器及自动数据处理设备"（Office machines and automatic data-processing machines），76"电信、录音及重放装置和设备"（Telecommunications and sound-recording and reproducing apparatus and equipment），77"未另列明的电力机械、装置和器械及其电器零件（包括家用电器设备的未另列明的非电动部件）"〔Electrical machinery，apparatus and appliances，n.e.s.，and elec（转下页注）

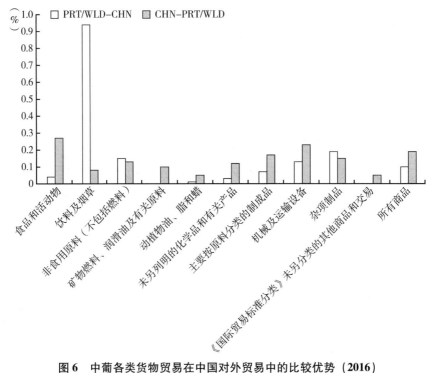

图6 中葡各类货物贸易在中国对外贸易中的比较优势（2016）

注：PRT/WLD-CHN 代表中国从葡萄牙的货物进口额在从世界进口总额中的比例，CHN-PRT/WLD 代表中国对葡萄牙的货物出口额在对世界出口总额中的比例。

资料来源：作者根据联合国商品贸易统计数据库（https：//comtrade.un.org）有关数据整理制作。

中葡两国在这些小类的贸易数据，可以发现两国在部门内的相对比较优势。

第一，中国和葡萄牙输往对方的"机械及运输设备"属于不同的种类。中国向葡萄牙出口的"机械及运输设备"中占据最大比例的是"其他运输设备"，占57%；而葡萄牙向中国出口的"机械及运输设备"中占据最大比例的是"陆用车辆"（包括气垫式车辆），占66%。

第二，中国对葡萄牙的"机械及运输设备"的出口中具有比较优势的是"其他运输设备"（如图10所示），中国此类别产品对葡萄牙的出口额占

（接上页注①）trical parts thereof, including nonelectrical counterparts, n.e.s., of electrical household-typeequipment］，78 "陆用车辆"（包括气垫式车辆）（Road vehicles, including air-cushion vehicles），79 "其他运输设备"（Other transport equipment）。

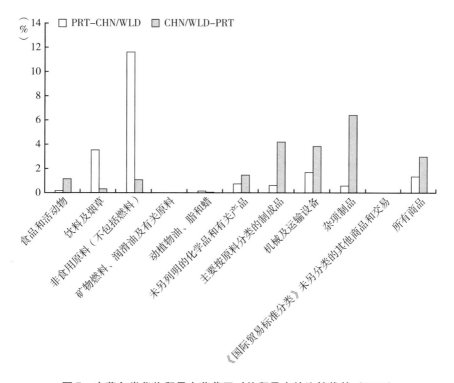

图7　中葡各类货物贸易在葡萄牙对外贸易中的比较优势（2016）

注：PRT-CHN/WLD 代表葡萄牙对中国的出口额在对世界出口额中的比例，CHN/WLD-PRT 代表葡萄牙从中国的进口额在从世界进口额中的比例。

资料来源：作者根据联合国商品贸易统计数据库（https：//comtrade. un. org）有关数据整理制作。

对世界出口额的4.58%，远高于中国对葡萄牙的"机械及运输设备"的出口额占对世界出口额的比例0.23%。而相较其他产品而言，中国的消费者更喜欢从葡萄牙进口的"陆用车辆"（包括气垫式车辆）和"电信、录音及重放装置和设备"，中国从葡萄牙进口的此二类别的产品额分别占中国从世界进口此二类别产品额的0.29%和0.19%，都高于中国从葡萄牙的"机械及运输设备"的进口占从世界该部门总进口的比例0.13%。

第三，葡萄牙对中国的"机械及运输设备"的出口中具有比较优势的是"陆用车辆"（包括气垫式车辆）和"金属加工机械"（如图11所示）。葡萄牙在这两类产品对中国的出口额占对世界出口额的比例分别是2.85%

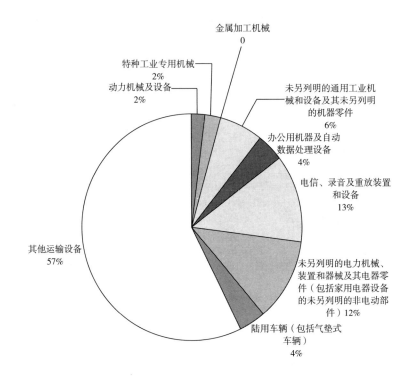

图 8 中国对葡萄牙出口的机械及运输设备的货物结构（2016）

资料来源：作者根据联合国商品贸易统计数据库（https：//comtrade. un. org）有关数据整理制作。

和 1.79%，高于葡萄牙对中国的"机械及运输设备"的出口占对世界出口额的比例 1.69%。而葡萄牙从中国进口的"未另列明的电力机械、装置和器械及其电器零件"（包括家用电器设备的未另列明的非电动部件）、"电信、录音及重放装置和设备"和"未另列明的通用工业机械和设备及其未另列明的机器零件"则在从中国进口的"机械及运输设备"中占有比较优势，葡萄牙此三类产品从中国的进口额分别占从世界进口额的 10.59%、8.01% 和 4.80%，都高于葡萄牙从中国"机械及运输设备"的进口额占从世界该部门进口额的比例 3.84%，也说明葡萄牙此三类别产品的消费更依赖于从中国进口。

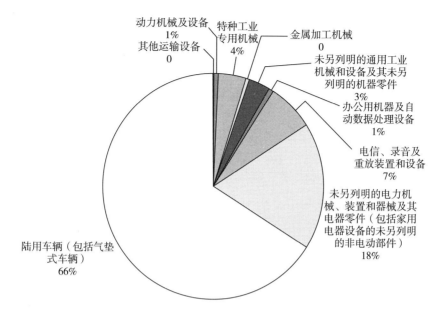

图9 葡萄牙向中国出口的机械及运输设备的货物结构（2016）

数据来源：作者根据联合国商品贸易统计数据库（https：//comtrade. un. org）有关数据整理制作。

二 对中葡服务贸易的分析

中国与葡萄牙的服务贸易自 2013 年以来基本处于下降趋势。中国向葡萄牙输出的服务从 2013 年的 3. 2406 亿美元下降到 2015 年的 2. 8958 亿美元。葡萄牙输往中国的服务则下降更快，从 2013 年的 3. 2538 亿美元下降到 2015 年的 1. 1983 亿美元。

两国服务贸易存在较大不平衡。除了在 2013 年中国对葡萄牙的服务贸易存在较小逆差外，中国对葡萄牙提供的服务都大于葡萄牙对中国提供的服务（见图12），在 2015 年中国对葡萄牙提供的服务价值超出从葡萄牙获得的服务价值 1. 6975 亿美元。

由于两国的国际服务贸易总量的差别，中葡两国的服务贸易在两国国际服务贸易中的比重不同。2015 年从中国对葡萄牙提供的服务价值占对世界

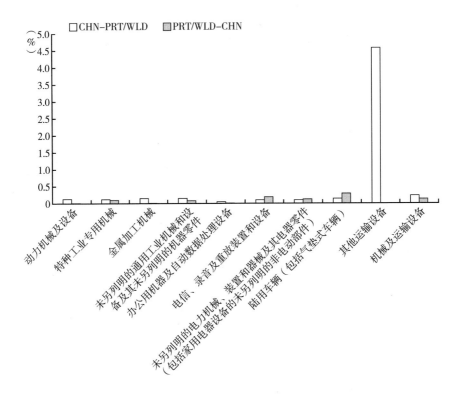

图10　中葡各类机械及运输设备货物贸易在中国对外贸易中的比较优势（2016）

注：CHN-PRT/WLD 代表中国对葡萄牙的出口额在对世界出口额中的比例，PRT/WLD-CHN 代表中国从葡萄牙的进口额在从世界进口额中的比例。

资料来源：作者根据联合国商品贸易统计数据库（https：//comtrade. un. org）有关数据整理制作。

提供服务总值的比例是 0.11%，但占葡萄牙从世界获得服务总值的比例是 2.12%；中国从葡萄牙获得的服务价值占从世界获得服务总值的比例是 0.03%，占葡萄牙对世界提供服务总值中的比例是 0.44%。

中葡的服务贸易在两国对外服务贸易中的比重自 2013 年基本呈下降趋势。中国对葡萄牙提供的服务价值占对世界提供服务总值的比例从 2013 年的 0.18% 下降到 2015 年的 0.11%（见图 13），中国从葡萄牙获得的服务价值占从世界获得服务总值的比例从 2013 年的 0.10% 下降到 2015 年的 0.03%。葡萄牙对中国提供的服务价值占对世界提供服务总值的比例从

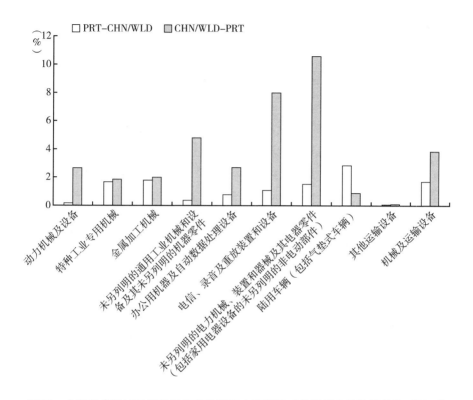

图11 中葡各类机械及运输设备货物贸易在葡萄牙对外贸易中的比较优势（2016）

注：PRT-CHN/WLD 代表葡萄牙对中国的出口额在对世界出口额中的比例，CHN/WLD-PRT 代表葡萄牙从中国的进口额在从世界进口额中的比例。

数据来源：作者根据联合国商品贸易统计数据库（https：//comtrade. un. org）有关数据整理制作。

2013 年的 1. 16% 下降到 2015 年的 0. 44%（见图 14），葡萄牙从中国获得的服务价值占从世界获得服务总值的比例从 2013 年的 2. 33% 下降到 2015 年的 2. 12%。

中葡两国服务贸易中比较重要的是旅游服务。2015 年，中国向葡萄牙提供旅游服务价值 1331 万美元，占中国向葡萄牙提供服务总值的 4. 60%；占中国向世界提供旅游服务总值的 0. 01%，低于中国向葡萄牙提供服务价值占向世界提供服务总值的比例 0. 11%。该值占世界向葡萄牙提供旅游服务总值的 0. 33%，低于中国占世界向葡萄牙提供服务总值的比例 2. 12%。

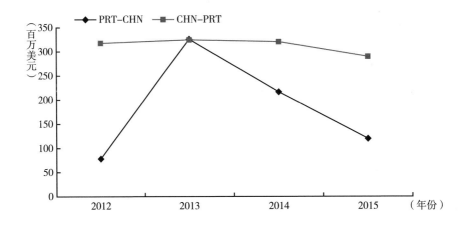

图 12　中国与葡萄牙的服务贸易

注：PRT-CHN 代表葡萄牙向中国输出的服务价值，CHN-PRT 代表中国向葡萄牙输出的服务价值。以上数据都是根据葡萄牙的报告所得，数据库中没有中国提供的相关数据。

资料来源：作者根据联合国商品贸易统计数据库（https：//comtrade. un. org）有关数据整理制作。

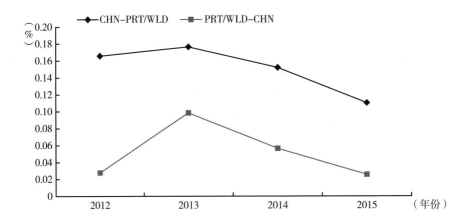

图 13　中国对葡萄牙的服务贸易在中国对世界服务贸易中的比例

注：CHN-PRT/WLD 代表中国对葡萄牙提供的服务价值占对世界提供服务总值的比例，PRT/WLD-CHN 代表中国从葡萄牙获得的服务价值占从世界获得的服务总值的比例。

资料来源：作者根据联合国商品贸易统计数据库（https：//comtrade. un. org）有关数据整理制作。

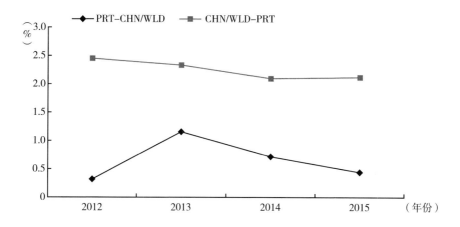

图14　葡萄牙对中国的服务贸易在对世界服务贸易中的比例

注：PRT-CHN/WLD 代表葡萄牙对中国提供的服务价值占对世界提供服务总值的比例，
CHN/WLD-PRT 代表葡萄牙从中国获得的服务价值占从世界获得服务总值的比例。

资料来源：作者根据联合国商品贸易统计数据库（https：//comtrade.un.org）有关数据
整理制作。

可见中国对葡萄牙提供的旅游服务相对于其他服务而言并不具有比较优势。
同年，葡萄牙向中国提供的旅游服务价值6879万美元，占葡萄牙向中国提
供服务总值的57.41%；占葡萄牙向世界提供旅游服务总值的0.55%，高于
葡萄牙向中国提供服务价值占向世界提供服务价值的比例0.44%。但该值
只占世界向中国提供旅游服务总值的0.02%，低于葡萄牙占世界向中国提
供服务总值的比例0.03%。可见华人到葡萄牙旅游，可以弥补葡萄牙对华
的部分贸易逆差，但相较于葡萄牙提供的其他服务，中国消费者并不更偏好
旅游服务。

三　对中葡相互投资的分析

2013年以来，中国在葡萄牙的投资增长迅速，但葡萄牙在中国的投资
一直处于较低水平。根据国际货币基金组织提供的数据，2012年以前中国
在葡萄牙投资很少，并且小于葡萄牙在中国的投资。2012年葡萄牙在中国

的投资头寸"PRT-CHN"是 9580 万美元，中国在葡萄牙的投资头寸
"CHN-PRT"只有 1236 万美元；但到 2016 年中国在葡萄牙的投资头寸增长
到 18.864 亿美元，年增长率高达 251.48%，而 2016 年葡萄牙在中国的投资
头寸只有 1.1948 亿美元，与中国在葡萄牙的投资比较，其增长微乎其微
（详见图 15）。

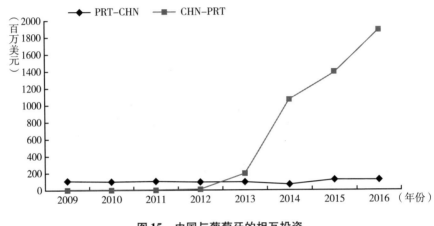

图 15　中国与葡萄牙的相互投资

注：PRT-CHN 代表葡萄牙对中国的投资额（由中国报告），CHN-PRT 代表中国对葡萄
牙的投资额（由葡萄牙报告）。

资料来源：作者根据国际货币基金组织的协调直接投资调查（Coordinated Direct Investment
Survey，http://data.imf.org/? sk=40313609 - F037 - 48C1 - 84B1 - E1F1CE54D6D5）有关
数据整理制作。

　　中国与葡萄牙的相互投资在中国或葡萄牙的吸收或对外投资中的比重都
不大。2016 年，中国对葡萄牙的投资只占中国对外投资总额的 0.327%，仅
占葡萄牙吸收外来投资总额的 1.590%（见图 16）；同时，葡萄牙对中国的
投资占其对外投资总额的 0.635%，仅占中国吸收外来投资总额的 0.005%
（见图 17）。

　　虽然两国相互投资在两国国际投资总值中的比重并不大，但自 2013 年
以来，中国对葡萄牙的投资在中国对外投资总值中的比例、在葡萄牙吸收外
来直接投资总值中的比例显著上升：前者从 2012 年的 0.002% 增长到 2016
年的 0.327%，后者从 2002 年的 0.011% 增长到 2016 年的 1.590%。同时，

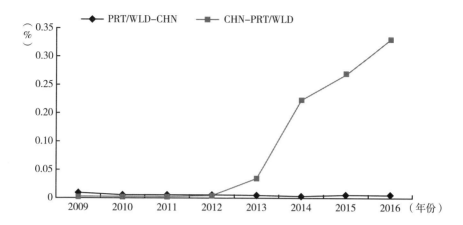

图16 与葡萄牙的相互投资在中国与世界相互投资中的比例

注：PRT/WLD-CHN 代表葡萄牙对中国的投资（由中国报告）占中国吸收外来投资总值的比例，CHN-PRT/WLD 代表中国对葡萄牙的投资（由葡萄牙报告）占中国对外投资总值的比例。

资料来源：作者根据国际货币基金组织的协调直接投资调查（Coordinated Direct Investment Survey，http：//data. imf. org/? sk = 40313609 – F037 – 48C1 – 84B1 – E1F1CE54D6D5）有关数据整理制作。

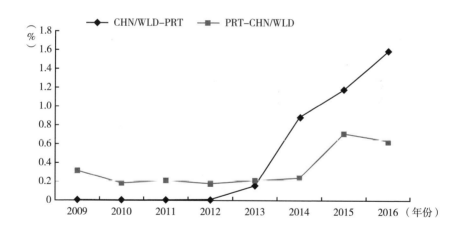

图17 与中国的相互投资在葡萄牙与世界相互投资中的比例

注：CHN/WLD-PRT 代表中国对葡萄牙的投资额（由葡萄牙报告）占葡萄牙吸收外来投资总值的比例，PRT-CHN/WLD 代表葡萄牙对中国的投资额（由中国报告）占葡萄牙对外投资总值的比例。

资料来源：作者根据国际货币基金组织的协调直接投资调查（Coordinated Direct Investment Survey，http：//data. imf. org/? sk = 40313609 – F037 – 48C1 – 84B1 – E1F1CE54D6D5）有关数据整理制作。

葡萄牙对中国的投资占其对外投资总额的比例也显著上升，从 2012 年 0.178%增长到2016 年的 0.635%。这说明中葡两国的相互投资有较大的发展空间，在两国对外经济合作中有很大的发展潜力。

四 对中国在葡萄牙工程承包及劳务合作的分析

自 2004 年以来，中国对葡萄牙的年工程承包完成额增长迅速。根据中国国家统计局提供的数据，2004 年中国对葡萄牙工程承包完成营业额只有 6 万美元，到 2015 年就增长到了 7632 万美元，年增长率高达 91.53%（见图18）。

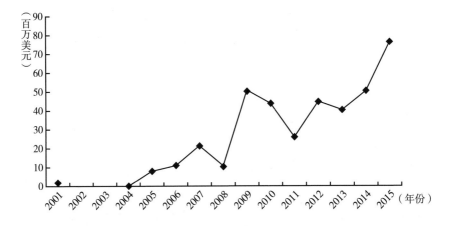

图18 中国对葡萄牙工程承包完成营业额

资料来源：作者根据国家统计局数据库（http：//data. stats. gov. cn）有关数据整理制作。

对葡萄牙的工程承包在中国对外工程承包中并不占有显著位置。2015 年中国对葡萄牙的工程承包占中国对外工程承包完成营业额的比例只有0.050%（见图19）。

中国对葡萄牙劳务合作人员数量有限。2015 年，中国对葡萄牙劳务合作派出 274 人，只占中国对外劳务合作派出总人数的 0.10%；2015 年年末，

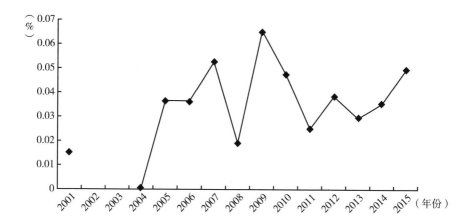

图 19   中国对葡萄牙工程承包在对世界工程承包完成营业额中的比例

资料来源：作者根据国家统计局数据库（http://data.stats.gov.cn）有关数据整理制作。

中国在葡萄牙的劳务人员有 179 人，只占中国对外劳务合作年末在外人员总数的 0.03%。

结　语

通过前述分析，可以发现，中葡两国的经贸合作存在以下特点。

第一，中葡两国之间的货物贸易、中国对葡萄牙的投资和工程承包在过去的几年中增长较为迅速，葡萄牙在中国的投资增长比较缓慢，但两国之间的服务贸易自 2013 年以来基本呈下降趋势。

第二，由于中葡两国经济总量的巨大差别，中葡之间的各项经贸合作在葡萄牙对外各项经贸合作中的重要性都远远大于中国在对外各项经贸合作中的重要性。但可以看出，两国之间的货物贸易、国际投资在两国整体对外经济合作中的地位都呈上升趋势。但自 2013 年以来，两国之间的服务贸易在各国对外服务贸易中的比重持续下降。

第三，两国之间的贸易存在较大不平衡，中国对葡萄牙的货物贸易及服务贸易存在较大顺差。中国对葡萄牙的投资也远远大于葡萄牙对中国的投资。

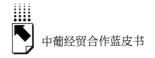

第四，中葡两国双向货物贸易中，"机械及运输设备"所占比例最大，其中中国输往葡萄牙比重最大的是"其他运输设备"，葡萄牙输往中国比重最大的是"陆用车辆"。两国服务贸易中比较重要的是旅游服务。

第五，中国出口葡萄牙的产品中占有比较优势的部门是"食品和活动物"与"机械及运输设备"；葡萄牙出口中国的产品中"非食用原料"（不包括燃料）、"食品和活动物""机械及运输设备"占有比较优势。两国分别发展这些部门对对方的出口，更容易增加各自的出口总额。

第六，从葡萄牙进口的产品中，中国比较依赖"饮料及烟草""杂项制品""非食用原料"（不包括燃料）和"机械及运输设备"。而葡萄牙消费者则比较青睐从中国进口的"杂项制品""主要按原料分类的制成品""机械及运输设备"。

中葡两国之间的货物贸易、中国对葡萄牙的投资和工程承包在过去的几年中增长较为迅速，在两国的对外经贸合作中的地位逐渐上升。如果这一趋势可以持续下去，可以预见中葡两国的经贸合作会有一个比较光明的未来。两国的经贸合作金额并不是太大，但从以上各种合作项目持续上升的趋势可以看到其广阔的发展前景和巨大的发展潜力。虽然两国的经贸合作不平衡，但在"一带一路"倡议的背景下，充分发挥中国–葡语国家经贸合作论坛的作用，中葡两国加强沟通合作，发挥各自比较优势，两国可以在双赢的基础上进一步加强和扩大双方的经贸合作。

B.5
中国与巴西经贸关系的特征与前景

江时学*

摘　要： 中国与巴西的经贸关系具有以下几个显著的特点：双边贸易快速发展，顶层设计发挥着重要作用，投资领域的合作开始加速，经贸领域的对话机制不断完善，第三方合作初见成效。为使两国经贸关系百尺竿头更进一步，有必要正确地认识两国的比较优势和互补性，努力推动双向投资，并在合作的愿望与现实之间寻求最佳的平衡点。

关键词： 中国　巴西　经贸关系　中拉关系

中国是世界上最大的发展中国家，巴西是西半球最大的发展中国家。两国面临相似的机遇和挑战，有着一致的目标和发展战略。尤其自1993年建立战略伙伴关系以来，两国高层交往和对话日益密切，合作领域不断拓展，政治互信逐步加深，在国际事务中保持密切协调。这些有利条件为两国的经贸关系提供了不可多得的市场条件，也在一定程度上为扩人两国经贸关系提供了强大的动力。

一　中国与巴西经贸关系的特征

中国与巴西的经贸关系具有以下几个显著的特征。

---

* 江时学，上海大学特聘教授、博士生导师。

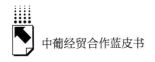

（一）双边贸易快速发展

最近十多年，中国与巴西的双边贸易快速增加。如表1所示，根据中国国家统计局公布的数据，2000年，中巴两国贸易额仅为28.4亿美元，2004年超过100亿美元，2013年超过900亿美元，创历史最高纪录。虽然2014年以来两国贸易额呈现逐年减少的趋势，但这一趋势在2017年已停止。[①]

目前，巴西是中国在世界上的第十大贸易伙伴，也是中国在拉美地区最大贸易伙伴，中国已连续八年稳居巴西全球最大贸易伙伴。应该指出的是，由于巴西向中国出口了大量初级产品和原料，两国的贸易平衡对巴西有利。如在2017年，巴西的顺差高达290.7亿美元。

表1　中国与巴西的双边贸易

单位：亿美元

年份	2000	2004	2008	2010	2013	2014	2015	2016	2017
贸易总额	28.4	123.4	486.7	625.9	902.0	865.4	715.0	678.4	875.3
中国出口	12.2	36.7	188.1	244.6	359.0	348.9	274.1	219.8	292.3
中国进口	16.2	86.7	298.6	381.3	543.0	516.5	440.9	458.6	583.0
贸易平衡	4.0	50.0	110.5	136.7	184.0	167.6	166.8	238.8	290.7

资料来源：2017年的数据引自中国海关总署，其他数据引自中国国家统计局。
http：//data. stats. gov. cn/easyquery. htm? cn = C01.

中国的比较优势在于大量高素质的劳动力和强大的工业制造能力，巴西的比较优势是拥有丰富的自然资源。在两国比较优势的驱动下，中国主要向巴西出口机械设备、计算机和通信技术设备、仪器仪表、纺织品、钢材和运输工具等；巴西对中国的出口主要是铁矿砂及其精矿、大豆、原油、纸浆、豆油和飞机等。这一以各自比较优势为基础的贸易结构在可预见的将来不会也不应该发生根本性的变化。

---

① 导致2014～2016年中巴贸易额下降的主要因素包括：国际市场价格疲软，中国经济结构的调整减少了对初级产品的需求，以及巴西的生产能力增长缓慢。

在中国从国外进口的多种初级产品中，巴西的出口量名列前茅。如在 2017 年，中国进口大豆 9550 万吨，其中 5090 万吨来自巴西，大大高于来自美国的 3280 万吨和来自阿根廷的 658 万吨。①

（二）顶层设计在两国经贸关系中发挥着重要作用

经贸关系是中巴两国双边关系的基础。因此，有效推动双边经贸关系是两国高层互访的重要内容。早在 2010 年 4 月，两国就已签署《中华人民共和国政府与巴西联邦共和国政府 2010～2014 年共同行动计划》。2012 年 6 月，在时任中国国务院总理温家宝访问巴西期间，两国签署了《中华人民共和国政府和巴西联邦共和国政府十年合作规划》。十年规划确定了五大合作领域：科技、创新与航天合作，投资、工业财经合作，能源、矿产、基础设施与交通合作，经济与贸易合作，人文合作。由此可见，经贸关系是这十年合作规划的重点。

2014 年 7 月，中国国家主席习近平访问巴西。访问期间，习近平主席与罗塞夫总统回顾了双边关系的发展历程，并就进一步深化中巴全面战略伙伴关系达成了重要共识。两国领导人共同出席了中巴企业家委员会年会闭幕式，对两国贸易和双向投资取得的长足进展给予积极评价。此外，两国还发表了《中华人民共和国和巴西联邦共和国关于进一步深化中巴全面战略伙伴关系的联合声明》。双方在声明中同意，在农业交通基础设施建设、农产品供应链、能源、工业、矿业、高技术、科学创新、知识和创新密集型产业研发、信息通信技术等领域促进投资，鼓励中方企业参与巴西相关项目的招标，重申高度重视中国海洋石油总公司和中国石油天然气集团公司加入开发巴西里贝拉油田的联合体，加强政府地质矿业部门和机构的联系，促进地质调查信息化及矿产勘查、开发、综合利用等方面的合作，密切铁、锰、铝

---

① 数据来自中国海关总署。转引自澳门贸易投资促进局网站，https：//www.ipim.gov.mo/zh-hans/portuguese-speaking-countries-news-sc/2018－01－26－brazil-overtakes-the-us-and-becomes-the-main-supplier-of-soy-to-china/。

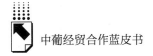

土、铌、稀土等矿产资源领域勘查开发与利用的合作。①

2015 年 5 月，中国国务院总理李克强访问巴西。访问期间，李克强总理与罗塞夫总统共同出席了中巴工商界峰会闭幕式，一致认为积极发展双边贸易和投资对深化中巴两国的经济伙伴关系具有重要意义。此外，两国还发表了《中华人民共和国政府和巴西联邦共和国政府联合声明》。在这一声明中，两国领导人对近年来双边经贸合作的发展给予了积极评价，重申将为促进工业、矿业、农牧业、能源、基础设施、服务业等领域的合作提供更大便利，推动双边贸易和投资的稳定增长和多元化发展。双方同意在中巴高层协调与合作委员会经贸分委会下增设服务贸易促进工作组，并将继续通过投资工作组推进两国产业投资合作。巴西规划、预算和管理部与中国国家发展和改革委员会签署的关于开展产能投资与合作的框架协议也将进一步促进两国在基础设施、制造业、矿业、物流、能源、农业贸易等领域的投资和合作。②

毫无疑问，上述顶层设计为中巴两国经贸关系的发展奠定了政治基础，描绘了未来的路线图，指明了百尺竿头更进一步的方向。

（三）投资领域的合作开始加速

一方面，随着经济实力的提升，中国企业"走出去"的力度与日俱增；另一方面，巴西的储蓄率低，资本积累能力弱，对外资的依赖性强。这样一种互补性使近几年中国在巴西的投资快速增加。据联合国拉美和加勒比经济委员会统计，2016 年，在拉美 20 大跨境并购案中，有 3 个投资者是中国企业，投资额累计 31.5 亿美元，且全部集中在巴西。2017 年，巴西最大私营电力生产商 CPFL 公司、巴西第二大集装箱码头运营商 TCP 公司、巴西第九大水电站圣西芒水电站均被中企收购。中国驻巴西大使李金章在 2017 年 11 月的一

---

① 《中国和巴西关于进一步深化中巴全面战略伙伴关系的联合声明》，外交部网站，2014 年 7 月 18 日，http：//www. fmprc. gov. cn/web/ziliao_ 674904/zt_ 674979/ywzt_ 675099/2014zt_ 675101/xzxcxhw_ 675159/zxxx_ 675161/t1175756. shtml。
② 《中华人民共和国政府和巴西联邦共和国政府联合声明》，外交部网站，2015 年 5 月 20 日，http：//www. fmprc. gov. cn/web/ziliao _ 674904/zt _ 674979/ywzt _ 675099/2015nzt/lkqdbxglbyfw_ 675005/zxxx_ 675007/t1265272. shtml。

次会议上透露，中国在巴西的投资存量已达400亿美元。① 巴西规划部国际事务司司长若热·阿尔巴谢认为，来自中国的投资对巴西经济社会的发展起到了积极作用。他说，巴西规划部已首次公布了与中国投资有关的数据。通过数据可以看出，中国在巴西的投资领域日益多元化，投资规模逐年扩大。②

2017年12月21日，中国国家电网公司与巴西国家电力公司联合中标的巴西±800千伏美丽山特高压直流输电一期工程投运仪式在巴西米纳斯吉拉斯州埃斯特罗托换流站现场举行。这条贯穿南北的"电力高速公路"，横跨4个州，穿越66座城市，输送距离2076千米，输送容量400万千瓦，总投资额达60亿雷亚尔（1雷亚尔约合2元人民币）。自2014年2月中国成功中标以来，一期工程历时44个月，比协议规定期限提前2个月竣工。巴西总统府秘书长、总统特别代表莫雷拉·佛朗哥，矿产与能源部部长费尔南多·科埃略，中国驻巴西大使李金章以及参建项目代表等共200余人出席投运仪式。佛朗哥在致辞中表示，这一工程堪称巴西的"电力高速公路"，是巴中合作的一张亮丽名片，其顺利投运将有助于推动两国全面战略伙伴关系的持续发展，造福两国人民。③

近几年，除传统的能源和制造业以外，两国在非传统经贸领域的合作开始起步。如在2017年1月，中国的滴滴出行成为巴西网约车公司99出租车（99Taxi）的战略投资人。2018年1月4日，滴滴发布公报，宣布成功收购99出租车。99出租车首席执行官彼得·费尔南德斯表示，滴滴出行今后能使99出租车大幅度提升在巴西拓展租车服务的能力，"为客户、司机和城市带来更高的核心价值"④。

---

① 《中企在巴西投资存量达400亿美元》，《经济参考报》2017年11月30日，http://www.jjckb.cn/2017-11/30/c_136789336.htm。
② 《中企在巴西投资存量达400亿美元》，《经济参考报》2017年11月30日，http://www.jjckb.cn/2017-11/30/c_136789336.htm。
③ 陈效卫、张远南：《铺就巴西"电力高速公路"》，《人民日报》2017年12月23日。
④ 99出租车成立于2012年，已在巴西400多个城市提供服务，拥有30多万名司机和1400万名注册用户。转引自《滴滴收购巴西最大共享出行企业99》，新华网，2018年1月4日，http://www.xinhuanet.com/2018-01/04/c_1122209491.htm。

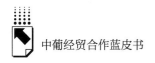

（四）经贸领域的对话机制不断完善

如同政治领域、外交领域和人文交流领域中的双边关系，经贸领域的双边关系同样需要经常性的政策沟通。经过多年的摸索，中巴两国已在经贸领域建立了经常性的对话机制。

中巴经贸领域中最重要的对话机制无疑是中巴高层协调与合作委员会。这一机制是两国政府根据 2004 年 5 月 24 日签署的《关于建立中巴高层协调与合作委员会的谅解备忘录》成立的。它在指导双边关系（尤其是经贸关系）的发展、确立双方合作新目标方面发挥着重要作用。

中巴高层协调与合作委员会还下设有其他一些对话机制。例如，2006 年 3 月 23 日，在巴西副总统阿伦卡尔访华期间，中国财政部原副部长李勇与巴西财政部副部长路易斯·佩雷拉签署了《中华人民共和国财政部和巴西联邦共和国财政部关于启动中巴财政对话机制的谅解备忘录》，中巴财政对话机制正式建立。2009 年 9 月，中巴财政对话机制升格为中巴高委会财金分委会。

非政府或半政府领域的对话机制也发挥了重要作用。例如，中巴企业家委员会是在两国政府的积极推动下由两国企业家自发成立的非政府组织，其宗旨是加强两国企业家之间的对话与合作，为推动两国经贸关系出谋划策。① 在推动巴西承认中国市场经济地位的过程中，在一系列重大投资促进活动中，该机构都发挥了积极作用，并得到了两国政府和企业界的高度评价。2011 年 4 月 12 日，胡锦涛主席在北京与来华访问的巴西总统罗塞夫举行会谈并共同签署了《中巴联合公报》。该公报写道："双方认为，两国企业间开展对话对促进两国经贸关系发展具有重要意义，鼓励两国企业建立新的伙伴关系。双方对在访问期间召开企业家研讨会及中巴企业家委员会会议表示祝贺。"②

---

① 2004 年 5 月 24 日，来华访问的巴西总统卢拉与中国国务院副总理回良玉共同出席了中巴企业家委员会议定书的签字仪式。

② 《中国和巴西发表联合公报》，中国新闻网，2011 年 4 月 12 日，http：//www. chinanews. com/gn/2011/04 - 12/2968192. shtml。

除对话机制以外，中巴两国还不时举办旨在推动双边经贸关系的研讨会。如在 2017 年 9 月 2 日，中国国务院副总理汪洋与巴西总统特梅尔在北京共同出席巴西投资机会研讨会闭幕式。汪洋在主旨演讲中指出，中巴经济互补性强，是天然的合作伙伴，经贸合作前景广阔。中方愿与巴方一道，全面落实两国元首达成的重要共识，加强全方位互利合作，做大共同利益"蛋糕"，造福两国企业和人民。特梅尔总统表示，巴中全面战略伙伴关系内容广泛，目前达到前所未有的高度，尤其在经贸和投资领域。巴方看好两国发展前景，欢迎中方企业赴巴投资，将致力于改善巴西营商环境，推动巴中经贸合作向前发展。[1]

（五）第三方合作初见成效

2016 年发布的第二个中国对拉美政策文件指出，中方愿在拉美国家提出、同意和主导的原则下同相关域外国家和国际组织在拉美开展三方发展合作。中方鼓励中国企业与相关方基于商业原则在拉美开展经济、社会、人文等领域的三方合作。[2]

早在 2010 年，中巴经贸关系中就出现了第三方合作。当时，中国石油化工集团公司（中石化）投资 71 亿美元，与西班牙国家石油公司（雷普索尔）在巴西成立了中石化 – 雷普索尔巴西公司。2011 年，中石化以 52 亿美元收购了葡萄牙石油公司（GALP）旗下巴西公司深海石油资产的 30%。同年，中国中化集团有限公司（中化）收购了挪威国家石油公司（Statoil）巴西石油有限公司 100% 的股权。2013 年，中国石油天然气股份有限公司（中石油）、中国海洋石油集团有限公司（中海油）联合 3 家外国石油公司，获得桑托斯盆地里贝拉区块的开采权。两家中企各持有 10% 的权益，合约期

---

① 《汪洋和巴西总统特梅尔共同出席巴西投资机会研讨会闭幕式》，新华社，2017 年 9 月 2 日，http：//news. xinhuanet. com/world/2017 – 09/02/c_ 129694957. htm。
② 《中国对拉美和加勒比政策文件》，新华网，2016 年 11 月 24 日，http：//news. xinhuanet. com/world/2016 – 11/24/c_ 1119980472_ 3. htm。

限为 35 年，总投资额达 1850 亿美元。①

中国中央政府发起，中国商务部主办，澳门特别行政区政府承办，安哥拉、巴西、佛得角、几内亚比绍、莫桑比克、葡萄牙、圣多美和普林西比和东帝汶等八个葡语国家共同参与的中国－葡语国家经贸合作论坛（澳门），是以经贸促进发展为主题的非政治性政府间多边经贸合作机制，旨在加强中国与葡语国家之间的经贸交流，发挥澳门联系中国与葡语国家的经贸平台作用，促进中国内地、葡语国家和澳门的共同发展。② 自 2003 年 10 月在澳门创立以来，该论坛为中国与巴西的合作开辟了新的天地，提供了新的机遇。

2017 年 11 月 24 日，"中国－巴西企业经贸洽谈会·中葡论坛框架下贸易投资与产能合作"在圣保罗举行。本次洽谈会由中葡论坛常设秘书处及澳门贸易投资促进局共同主办。正在巴西进行访问的中国商务部副部长高燕、巴西贸易和服务部副部长马塞洛·马亚（Marcelo Maia）、中国驻圣保罗总领事馆总领事陈佩洁以及中葡论坛常设秘书处秘书长徐迎真等官员出席会议。高燕在开幕式的致辞中说："未来十五年，中国预计将进口 24 万亿美元商品，对外投资总额将达到 2 万亿美元。这为世界各国提供了宝贵的合作商机。中国的大门对世界始终是敞开的，希望巴西能抓住机遇，搭乘中国发展这班'高铁'，分享中国改革开放的红利。"③ 马亚也指出，中巴两国合作的空间广阔，期待双方利用澳门平台，为企业发掘更多的商机。陈佩洁积极评价中国－葡语国家经贸合作论坛以及澳门作为平台在推进中国与葡语国家经贸合作发展方面的重要作用，并将中国与巴西的经贸关系称作中国与葡语国家平等合作、互利共赢的缩影。④ 徐迎真表示，巴西是世界上最大的葡

① 《财经观察：中巴石油合作跃上新水平》，新华网，2015 年 6 月 10 日，http://www.xinhuanet.com/fortune/2015-06/10/c_ 1115572328. htm。
② 圣多美和普林西比于 2017 年 3 月正式加入该论坛。
③ 《高燕副部长在中国－巴西企业经贸洽谈会上的致辞》，中国商务部网站，2017 年 12 月 5 日，http://www.mofcom.gov.cn/article/bldxx/zhongyaojh/201712/20171202680717. shtml。
④ 《陈佩洁总领事出席中国－巴西企业经贸洽谈会并致辞》，中华人民共和国驻巴西联邦共和国大使馆经济商务参赞处网站，2017 年 11 月 25 日，http://br.mofcom.gov.cn/article/jmxw/201711/20171102676754. shtml。

语国家和重要的新兴经济体，与中国在经贸领域开展合作的空间很大，两国在贸易、产能合作等重要领域彼此有着广泛的需求，希望中巴加强在产能、贸易、三方合作等方面的合作。①

二　中国与巴西经贸关系的前景

中巴经贸关系的前景是美好的。这一判断的依据主要是以下两个事实。

（一）两国都有进一步提升经贸关系的美好愿望和政治基础

中巴两国经贸关系拥有坚实的政治基础。中巴友好已得到两国历届政府和社会各界的坚定支持，是成熟而牢固的国家间关系。中国是世界上最大的新兴经济体，巴西是拉美地区最大的新兴经济体。早在 2012 年，两国关系就提升为全面战略伙伴关系。此外，两国还是二十国集团和金砖国家组织的成员，在其他国际场合也保持着密切的沟通。这一切都为两国经贸关系的稳步推进奠定了政治基础。

2016 年 9 月 2 日，习近平主席在会见前来出席二十国集团领导人杭州峰会的巴西总统特梅尔时指出，中巴两国要发挥经济互补优势，加强产业对接和产能合作，深化节能环保、可再生能源等新兴领域合作，拓展融资合作，通过科技创新为两国务实合作注入新动力。特梅尔总统表示，巴西重视深化同中国的全面战略伙伴关系，愿意加强两国在基础设施、农牧业、能源、航空、投融资等领域的合作，密切两国在应对气候变化等国际事务中的沟通协作。②

---

① 《中国－巴西企业经贸洽谈会在圣保罗举行》，中国－葡语国家经贸合作论坛（澳门）常设秘书处，2017 年 12 月 12 日，http://www.forumchinaplp.org.mo/china-brazil-economic-and-trade-seminar-held-in-sao-paulo/? lang=zh。
② 《习近平会见巴西总统特梅尔》，新华社，2016 年 9 月 2 日，http://news.xinhuanet.com/world/2016-09/02/c_1119503522.htm。

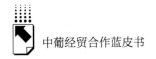
（二）拉美已被确定为21世纪海上丝绸之路的自然延伸

2017年5月17日，习近平主席与阿根廷总统马克里在人民大会堂举行会谈时指出，拉美是21世纪海上丝绸之路的自然延伸，中方愿意同拉美加强合作，在"一带一路"建设框架内实现中拉发展战略对接，打造中拉命运共同体。5月18日，中国外交部发言人华春莹在回答记者提问时说，智利和阿根廷总统及拉美和加勒比国家近20位高级官员出席了"一带一路"国际合作高峰论坛。参加论坛的拉美代表均表示愿意推动地区和本国发展战略与"一带一路"倡议对接，加速南半球基础设施建设，促进南南合作。这反映出"一带一路"倡议与拉美国家的发展需要相契合，符合拉美各国加强互利合作、促进互联互通的迫切愿望。

华春莹还指出，拉美和加勒比国家是中国重要的合作伙伴，是新兴经济体集中的地区。近年来，中拉在各领域的合作快速发展，进入了携手打造命运共同体的新阶段。"一带一路"建设是开放包容的发展平台，各国都是平等的参与者、贡献者和受益者。中国欢迎拉美国家积极参与"一带一路"国际合作，加强政策协调及战略对接，推动各领域务实合作，让更多国家和地区的人民从"一带一路"倡议中获益，更好地促进世界繁荣稳定。

出席"一带一路"国际合作高峰论坛的巴西总统府战略事务特别代表胡赛因·卡罗特（Hussein Kalout）在接受记者专访时表示，"一带一路"倡议有助于将中巴关系提升至新高度。他说，中国与巴西已建立非常稳定的贸易合作关系。中国已发展成为巴西的第一大贸易伙伴，巴西也是中国在拉美地区的重要贸易伙伴。在投资领域，巴西政府正推行一系列改革措施吸引外资参与其包括港口、铁路和公路在内的基础设施建设。通过一系列改革，外国企业有望在基础设施投资领域获得与巴西企业同等的待遇。①

巴西联邦税务局秘书长伊尔伽罗·马尔丁斯也在"一带一路"国际合作高

---

① 《巴西总统府战略事务特别代表："一带一路"倡议有助于将中巴关系提升至新高度》，国际在线，http://news.cri.cn/20170516/49209120－373c-d6a7－f7ef－8f81748e7627.html。

峰论坛的"推进贸易畅通"平行主题会议上表示，巴西愿意积极参与"一带一路"倡议的相关项目并加入各领域合作。他说，巴西需要改善海关服务并加强基础设施建设，加强与其他国家的联系，提高国际竞争力。他认为，巴西的经济政策有利于吸引外资，有利于中国投资巴西的基础设施和新技术领域。①

三 中巴经贸合作应关注的问题

当然，为使中巴经贸关系百尺竿头更进一步，双方还应该关注以下三个问题。

（一）如何认识双方的比较优势及互补性

一方面，中巴经贸关系不断发展，稳步推进，充实了两国全面战略伙伴关系的内涵；另一方面，巴西对目前的经贸关系颇有微词。如在 2011 年 4 月，巴西总统罗塞夫在访问北京时表示，巴西希望与中国的经贸关系"实现质的跳跃"后，"进入一个新阶段"。她甚至认为，两国应该"超越互补性"，使经贸关系成为一种"充满活力的、多元化的和均衡的关系"。她说，未来两国面临的挑战是如何使中国不应该仅仅购买巴西的大豆、铁矿砂和石油，而是应该购买附加值更高的巴西产品（如飞机）。②

巴西银行家奥克塔维奥·德·巴罗斯认为，中国从巴西进口的大宗商品使巴西获得了大量出口收入，从而将巴西从 21 世纪初的债务危机中"拯救出来"，同时使得巴西有可能实施"家庭支持计划"（BolsaFamilia）和最低工资标准立法。但是，巴西对中国的依赖是"化学性的"。而且，这一依赖也可能产生"腐蚀性"，导致巴西工业基础设施空心化，并加速巴西经济重返依赖大宗商品的老路。③

---

① 张日：《巴西看好"一带一路"机遇》，《国际商报》2017 年 5 月 25 日，http：//epaper. comnews. cn/news. php？ newsid = 1167080。

② Ana Fernandez, "Brazil's Rousseff Wants 'New Phase' in China Ties", April 12, 2011, https：// www. yahoo. com/news/Brazil-Rousseff-wants-new-afp－2838520022. html.

③ 理查德·拉帕：《中国需求成就巴西增长》，〔英〕《金融时报》2011 年 6 月 10 日，FT 中文网，http：//www. ftchinese. com/story/001039018？ full = y。

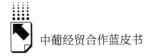

巴西企业家对两国经贸关系的不满似乎更为强烈。例如，圣保罗工业联合会（São Paulo Federation of Industries）会长保罗·斯卡夫（Paulo Skaf）认为，中方从中巴关系中"获得的好处远大于"巴西，而巴西的"风险远大于机遇"。无怪乎该联合会经常性地希望巴西政府采取更严厉的行动，限制中国对巴西的出口。

巴西的抱怨无视两国的比较优势和互补性。众所周知，互补性是国际经济关系的动力，互补性的基础就是比较优势。中国的比较优势是高质量劳动力驱动的制造业，巴西的比较优势是丰富的自然资源。这样一种互补性有力地推动了两国经贸关系。

还应该指出的是，巴西经济对自然资源、初级产品的依赖由来已久。这一依赖性并不是最近十多年随中巴关系的发展而出现的。事实上，如果中国不进口或少进口巴西的大宗商品，其他国家必然也会取而代之。因此，巴西不应该将自身的问题归咎于中国。

巴西的抱怨同样忽视了中巴贸易关系对巴西经济的贡献。这一贡献主要体现在以下两个方面：一是有利于巴西从出口大宗商品中获得大量出口收入；二是有利于巴西控制通货膨胀率。中国出口到巴西的工业制成品价廉物美，很适合巴西人的消费水平。英国《金融时报》在2011年4月22日的报道称，在巴西圣保罗的帕赖索波利斯贫民区，中国商品与巴西生产的同类商品相比，更为廉价（巴西产价格要高出4倍），因此深受低收入者的欢迎。有一位店主说，店里的商品必须如此便宜，很多穷人才能买得起。文章认为，中国的廉价商品有助于巴西政府控制通货膨胀率。[1]

当然，为了减少巴西的抱怨，中国应该最大限度进口巴西的非传统出口商品。作为世界贸易组织的成员，中国不能向巴西提供只能使其"单独享受"的关税优惠，但可以在非关税壁垒方面做出让步。

巴西应该懂得，中国的善意早已变成行动。2012年巴西出现一宗疯牛病后，中国宣布禁止进口巴西牛肉。2015年5月，中方解除对巴西牛肉的

---

[1] 萨曼塔·皮尔逊：《分析：巴西难拒"中国制造"》，〔英〕《金融时报》2011年4月22日，http://www.ftchinese.com/story/001038207/en，最后访问日期：2018年3月20日。

进口禁令。自 2016 年 1 月以来，中国一直是巴西牛肉的最大出口市场。[1]

还应该指出的是，中国实施改革开放四十年来，市场开放度已经达到很高的水平。如果巴西的非传统出口商品具有足够的竞争力，必然会轻而易举地占领中国市场。

（二）如何推动双向投资

为使中巴经贸关系向多元化方向发展，近几年中方已采取了加大投资力度等措施。尤其在拉美被确定为 21 世纪海上丝绸之路的自然延伸后，中国将更加重视巴西这个潜力巨大的投资市场。

一方面，巴西的资本积累能力较弱，投资率低，对外资的依赖性强；另一方面，随着经济实力的增强，尤其是在"一带一路"倡议的背景下，中国将进一步扩大对外投资。因此，中国在巴西扩大投资，完全符合两国的经济利益，有望实现双赢。但是，巴西在吸引中国投资的过程中，必须尽快减少"巴西成本"，以大力改善投资环境。[2] 根据世界银行的《2018 年营商环境报告》，在全世界 190 个国家的"营商便利度"排行榜中，巴西排名第 125 位。[3]

除改善投资环境以外，巴西还应该努力遏制"中国威胁论"和消除"恐惧中国"的不良心态。如在 2010 年 8 月 23 日，巴西总统卢拉签署了限制外国人购买土地的法令。根据这一法令，外国人购买超过 100 公顷土地的申请必须由国会审批。[4] 巴西国会通过了限制外国投资者购买土地的法律。

---

[1] 《巴西曝变质肉丑闻对中国有啥影响?》，新华网，2017 年 3 月 21 日，http：//news. xinhuanet. com/world/2017 – 03/21/c_ 129514549. htm。

[2] "巴西成本"（CustoBrasil）是指影响企业运营的各种制度性障碍，如政府部门的低效率、司空见惯的腐败、居高不下的融资成本、落后的基础设施、复杂的税收体系、高素质劳动力的缺失、社会治安恶化以及其他一切不利因素。

[3] 新西兰雄踞榜首，中国排名第 79 位，引自 The World Bank，"Doing Business 2018"，p. 4，http：//chinese. doingbusiness. org/ ~ /media/WBG/DoingBusiness/Documents/Annual-Reports/English/DB2018 – Full-Report. pdf。

[4] Michael Royster，"Brazil's Land Protected from Foreigners"，*The Rio Times*，August 31，2010，http：//riotimesonline. com/brazil-news/rio-business/brazil% e2% 80% 99s-land-protected-from-foreigners/.

国际上的一些媒体认为，巴西的这一举措在一定程度上是针对中国的。例如，《纽约时报》（2011 年 5 月 26 日）的一篇题为《中国对农田的兴趣使巴西不安》的文章写道："中国（在巴西等地）购买农田的动作使巴西不安"，因此，巴西不得不对外国人购买土地做出新的规定。①

迄今为止，中巴两国在投资领域的合作是不对称的。换言之，中国在巴西的投资不断增多，而巴西在中国的投资者趑趄不前。这一状况显然不利于提升两国经贸合作的水平。一方面，中国的市场潜力很大，对外资的需求长期保持在较高的水平；另一方面，巴西企业的国际化程度也在上升，对外投资的愿望不容低估。因此，巴西在吸引中国投资的同时，也应该加大在中国投资的力度。毋庸置疑，为了鼓励巴西企业投资中国，双方应该充分利用澳门在中国与葡语国家经贸合作中的特殊地位，大力促进市场信息的沟通。

（三）如何在良好愿望与现实之间寻求最佳的平衡点

中巴两国推动经贸合作的愿望十分强烈。这无疑是可喜的。但在现实中，双方还应该从实际出发，使每一个愿望都能成为现实。

2014 年 7 月，中国、巴西和秘鲁发表了关于开展两洋铁路合作的声明。两洋铁路全长约 5000 公里，将利用现有铁路系统约 2000 公里，新建线路约 3000 公里。该项目的预算估计高达 600 亿美元。为推动项目落实，三国领导人要求各自政府相关部门共同努力，就建设两洋铁路的合作途径、资源和期限等开展可行性基础研究，同时在各自国内相关规定的允许范围内，为派遣技术团组进行必要的现场勘察提供便利。②

2015 年 5 月李克强总理访问秘鲁时，两国政府发表了联合声明。该声明指出，两洋铁路将大大改善巴西和秘鲁的交通设施，降低运输成本，对大

---

① http://www.nytimes.com/2011/05/27/world/americas/27brazil.html.

② 《中国–巴西–秘鲁关于开展两洋铁路合作的声明》，新华网，2014 年 7 月 18 日，http://www.xinhuanet.com/world/2014–07/18/c_1111686230.htm。

多数南美洲国家都会产生积极的经济效益。①

但是，最近一两年，秘鲁和巴西对两洋铁路的兴趣似乎有所减弱。据路透社2016年9月13日报道，秘鲁总统库琴斯基说，两洋铁路造价过高，而且会对生态环境造成一定的影响，因而有必要认真考虑铺设这一铁路的可行性问题。② 路透社还在2018年2月2日的一篇报道中援引巴西规划部副部长乔治·阿帕奇（Jorge Arbache）的以下表态：如果这一铁路仅仅用来运输大宗商品，而不是运输更有价值的产品，那么，800亿美元的造价在商业上是不可行的。此外，工程技术上的难度难以想象。他还表示，可行性研究的结果令人非常不满意。因此，今天，这一铁路不在政府的议事日程上。③ 但中国帮助巴西和秘鲁铺设两洋铁路的热情依然高涨。据英文版《环球时报》2018年2月15日报道，中国驻巴西大使馆在提供给该报的一个信函中表示，两洋铁路的工作依然在进行之中，可行性研究报告已完成。巴西和秘鲁两国将就下一步工作（包括融资和对环境的影响）展开研究，中国企业尊重有关国家的意愿，并愿意在相关领域与其合作。④

最近十多年以来，中巴两国经贸关系稳步推进，构成了两国全面战略伙伴关系的重要组成部分。两国之间的贸易以各自的比较优势为基础，符合两国根本利益，是一种实实在在的"双赢"。而且，随着双边贸易的发展，经贸合作开始向投资和其他领域拓展。为使两国经贸关系百尺竿头更进一步，有必要正确认识两国的比较优势和互补性，努力推动双向投资，并在合作的愿望与现实之间寻求最佳的平衡点。

---

① 《中华人民共和国政府和秘鲁共和国政府联合声明》，外交部网站，2015年5月23日，http：//www. fmprc. gov. cn/web/ziliao_ 674904/zt_ 674979/ywzt_ 675099/2015nzt/lkqdbxglbyfw_ 675005/zxxx_ 675007/t1266314. shtml。

② Reuters Staff, "Peru's President Throws Cold Water on Chinese Railway Proposal", September 13, 2016, https：//uk. reuters. com/article/us-peru-china-train-idUKKCN11J2I1.

③ Reuters Staff, "Brazil Drops Railway to the Pacific for China Exports, Citing Costs", February 2, 2018, https：//www. reuters. com/article/brazil-railway-china/brazil-drops-railway-to-the-pacific-for-china-exports-citing-costs-idUSL2N1PS02W.

④ "Railway Project Connecting Pacific, Atlantic still on Track: Chinese Embassy in Brazil", *Global Times*, February 15, 2018, http：//www. globaltimes. cn/content/1089728. shtml。

B.6
中国与安哥拉经贸合作：进展、现状与前景

周效国　刘海方*

摘　要：　安哥拉是中国在全球第三大原油进口来源国，中国是安哥拉
第一大贸易合作伙伴。中安双边贸易合作以原油贸易为主，
经济技术合作以基础设施合作为主要内容，双边直接投资方
兴未艾，已经拓展到工业、建材和农业等民生领域。2010年
中安双方正式建立战略伙伴关系。2015年中安关系达到历史
最好水平。2018年中安建交迎来35周年。在承前启后、继往
开来的历史契机前，中安两国的经贸合作面临全新的机遇期，
正进入转型升级和提质增效的关键阶段。

关键词：　中国　安哥拉　经济技术合作　基础设施　"安哥拉模式"

一　双边合作进展：协议与机制

中华人民共和国与安哥拉共和国于1983年1月12日建交，2018年是中安建交35周年。1984年6月，中安签订双边贸易协定。1988年10月，中安建立经贸联委会制度，中国商务部与安哥拉外交部已分别于1989年12月在北京、2001年5月在罗安达召开两次联委会会议，这段时间双边合作以贸易为主，规模相对较小。

---

*　周效国，中电建集团东南非区域总部安哥拉代表处副处级国别代表；刘海方，非洲史博士，北京大学国际关系学院副教授。

2002 年 4 月 4 日，安哥拉政府与反政府武装签署停战协议，正式结束了 27 年的内战。战后重建是当时优先工作，安哥拉政府积极寻求国际合作伙伴参与安哥拉国家重建。2003 年 11 月，安哥拉财政部与中国商务部在北京签署《关于两国经贸合作特殊安排的框架协议》，由中国向安哥拉政府提供重建所需资金。此后，双边合作的规模和深度突飞猛进。

2010 年 11 月，时任中国国家副主席习近平访问安哥拉，中安两国在安哥拉首都罗安达发表《中华人民共和国和安哥拉共和国关于建立战略伙伴关系的联合声明》，正式建立战略伙伴关系。该声明指出，双方将在积极落实现有合作项目基础上，继续鼓励和支持两国企业和金融机构扩大双边贸易和投资，重点加强在农业、工业、基础设施等重点领域的互利合作，制定上述领域的长期规划，深化在中非合作论坛、中国 – 葡语国家经贸合作论坛等多边机制内的合作。双方将进一步加强在科教文卫技体领域的交流合作，扩大两国人力资源培训合作规模，促进两国关系全面发展。

此后，双边关系进一步向纵深发展，合作也得以进一步转型升级。2015 年 12 月，中国国家主席习近平在约翰内斯堡会见安哥拉总统多斯桑托斯。习近平指出，当前，中安两国关系正处于历史最好水平。

促成中安合作顺利推进实施的协议和机制具体包括以下几点。

第一，经贸联委会制度继续（2007 年在北京、2009 年在罗安达、2015 年在北京分别召开了第三至第五届中安经贸联委会会议）；此外，中国 – 葡语国家经贸合作论坛（澳门）① 和中非合作论坛（FOCAC）② 等多边机构是

---

① 2003 年 10 月，中国和安哥拉、巴西、佛得角、几内亚比绍、莫桑比克、葡萄牙和东帝汶七个葡语国家创立了中国 – 葡语国家经贸合作论坛，圣多美和普林西比随后也已加入。中葡论坛部长级会议每三年举行一届，已分别于 2003 年 10 月、2006 年 9 月、2010 年 11 月、2013 年 11 月和 2016 年 10 月在澳门成功举行了五届部长级会议。http：//www. forumchinaplp. org. mo/about-us/mission-and-objectives/？ lang = zh。

② 2000 年 10 月，在中非双方共同倡议下，中非合作论坛部长级会议在北京召开，中非合作论坛正式成立。中非合作论坛部长级会议每三年举行一届，已分别于 2000 年 10 月在北京、2003 年 12 月在亚的斯亚贝巴（埃塞尔比亚）、2006 年 11 月在北京、2009 年 11 月在沙姆沙伊赫（埃及）、2012 年 7 月在北京、2015 年 12 月在约翰内斯堡（南非）召开了六届会议。中非合作论坛约翰内斯堡峰会上，中国国家主席习近平宣布将中非新型战略伙 （转下页注）

中安积极合作的多边合作平台。自两个论坛机制建立以来，通过多边框架，中国和安哥拉双边关系深化，推动了更紧密的合作。

第二，2004 年 3 月 2 日，中国进出口银行与安哥拉财政部签署了第一个贷款协议，首批贷款金额为 20 亿美元，用于安哥拉战后基础设施建设，而安哥拉政府在 17 年内每天为中国提供 1 万桶原油偿还（后增至 4 万桶）①。世界银行此后将此类以资源产品为抵押换取基础设施的合作项目称为"安哥拉模式"，又被称作"一揽子"模式，即石油换项目，属于互利互惠型双边合作，既能缓解安哥拉重建急需的资金压力，又能照应中国对石油的需求。

第三，2011 年 5 月，中安两国签署《中华人民共和国政府和安哥拉共和国政府在劳务领域合作协定》。2014 年 12 月，中安两国政府签署了关于中国政府给予安哥拉 97% 输华产品免关税的换文。根据该换文，自 2015 年起，原产于安哥拉的 97% 的输华产品将享受零关税待遇。

第四，2015 年 4 月，中安成立双边经贸指导委员会机制，由中国商务部牵头，发改委、外交部等多部门参与，会同安哥拉总统民事办公室、外交部、财政部、水电部、安哥拉国家石油公司等多部门在北京召开了第一次会议。双边指导委员会制度的建立，是在联委会制度之上的极大提升，进一步扩大了双边合作的范围，为双边新合作领域的开拓提供了机制保证。2018 年上半年，中安双边召开指导委员会第二次会议，对下阶段投融资发展做出统筹安排。

第五，2016 年 11 月，由中国商务部和安哥拉总统民事办公室共同主办的首届中国–安哥拉投资论坛在罗安达隆重举办。来自中安两国的 700 余名企业家参加论坛，是有史以来在安哥拉举办的规模最大的双边经贸活动。论

（接上页注②）伴关系提升为全面战略合作伙伴关系，与非洲在工业化、农业现代化、基础设施、金融、绿色发展、贸易和投资便利化、减贫惠民、公共卫生、人文、和平和安全领域共同实施"十大合作计划"，规划了中非务实合作的宏伟蓝图，开启了中非关系新的历史篇章。

① 汪峰：《中国与安哥拉石油合作探析》，《中国石油大学学报》2011 年第 2 期。

坛期间，中安双方企业就农业、工业、基础设施建设、交通、物流、旅游、教育、卫生等领域投资合作进行磋商谈判，共签署 48 项合作意向协议，项目资金总额为 12 亿美元。①

二 以石油为主的双边贸易

石油长期占到了安哥拉对外出口总额的 95% 以上。2012～2016 年，石油出口额占安哥拉出口总额比重分别达到 98.37%、98.22%、97.85%、96.79% 和 92.97%。② 2017 年前三季度数据显示，石油出口额占安哥拉出口总额比重仍然分别为 95.3%、94.3% 和 95.1%。③ 安哥拉对外贸易的主要进口伙伴是葡萄牙、美国、南非、巴西等。2003 年以来，中国政府和企业积极参与安哥拉战后重建以来，安哥拉从中国进口的商品额迅速提升。2006年后，安哥拉进口中国的建材和日用品明显增加。2008 年以来，中国超越安哥拉原宗主国葡萄牙，成为安哥拉第一大进口伙伴。目前，中国是安哥拉第一大贸易伙伴国，第一大出口目的国，第二大进口来源国，安哥拉是中国在非洲仅次于南非的第二大贸易伙伴。

1. 以石油为主的双边贸易结构

传统上，中国向安哥拉出口产品为鞋类、机电产品、服装、纺织品、干豆、运输工具、钢材及电子产品。④ 2010 年起，安哥拉本国水泥厂陆续建成投产，水泥基本实现自给自足。双边的贸易结构也相应发生变化（见表1）。

---

① 中华人民共和国外交部网站：http://www.fmprc.gov.cn/web/zwbd_673032/gzhd_673042/t1413991.shtml
② Instituto Nacional de Estatística, "Anuário de Estatística de Comércio Externo 2012－2016", Luanda, Angola：2013－2017.
③ Instituto Nacional de Estatística, "Anuário de Estatística de Comércio Externo 2017", Luanda, Angola：2018.
④ 对外经贸大学区域国别研究所：《中国－葡语国家经贸合作论坛（澳门）10 年报告（2003～2013）》，中国商务出版社，2013，第 60～61 页。

表1 2014~2017年中国对安哥拉出口前三位产品类别构成情况*

年份\排名	第一位		第二位		第三位	
	类别	占中国对安哥拉出口总额比例	类别	占中国对安哥拉出口总额比例	类别	占中国对安哥拉出口总额比例
2014	汽车及零配件	12.57%	家具产品	12.29%	机电产品	12.2%
2015	机电产品	14.92%	家具产品	10.03%	机器和机械器具及零件等	9.73%
2016	机电产品	16.88%	机器和机械器具及零件	11.15%	鞋靴和护腿及类似品	7.35%
2017	机电产品	14.06%	机器和机械器具及零件	11.07%	鞋靴和护腿及类似品	9.08%

资料来源：据历年中国海关数据整理。

如表1所示，2014年以来，安哥拉对华进口贸易的结构明显从大宗建材商品逐渐转向以生产生活为主的产品，主要集中在机电产品、机器和机械器具和鞋靴三大类，家具和汽车类进口占比下降较为明显，生活日用品逐渐呈上升势。

1992年，中国开始从安哥拉进口原油，进口量为20.38万吨，1993年增至122.45万吨，此后，安哥拉一直是中国在非洲最大的原油来源国之一。2002年安哥拉内战结束后，中安石油贸易发展迅猛，当年中国从安哥拉进口原油量达到570.51万吨，到2009年中国从安哥拉进口原油量激增到了3217.25万吨。[1]据中国海关统计，2015年中国从安哥拉进口原油量为3878万吨，2016年中国从安哥拉进口原油量为4389万吨。

在石油贸易的支持下，中国长期稳坐安哥拉第一大出口目的国位置。2012~2016年，安哥拉对中国的出口额占安哥拉总出口额比重分别达到了47.59%、47.18%、46.98%、43.37%和45.53%，远远高于作为第二大出口伙伴的印度的相应数值。[2]

---

① 汪峰：《中国与安哥拉石油合作探析》，《中国石油大学学报》2011年第2期。

② （InstitutoNacional de Estatística,"Anuário de Estatística de ComércioExterno 2012 - 2016",Luanda, Angola：2013 - 2017.

2. 油价下行与安哥拉外贸政策调整

2014 年 6 月，国际原油价格大跌，并在 2016 年初跌入最低，此后持续保持低位（从 2014 年 6 月 19 日最高点 115.06 美元/桶，一路走低，到 2015 年 1 月，跌破 50 美元/桶）。安哥拉对外贸易受此影响，出现大幅下滑（见表 2）。

2015 年 3 月，安哥拉议会紧急出台了《2015 年国家总预算修正案》，将原预算中 7.25 万亿宽扎财政收入陡降到 5.45 万亿宽扎，减少了 1.8 万亿宽扎，其中石油收益减少 1.5 万亿宽扎（包括石油板块收益、石油开采税、石油交易税等四项），对外融资减少 3000 亿宽扎。[①] 由于石油价格下降，安哥拉政府担心还款能力不足，减少了对外融资。

2015 年，国际油价持续低迷；2016 年 1 月，一度跌到最低值 28.5 美元/桶，是多年来安哥拉原油交易的最低价格。2016 年 2 月，安哥拉政府紧急出台摆脱危机战略总路线，以摆脱国际油价下跌导致的财政危机。总路线中，安哥拉政府提出提高国内生产、增加本国出口、减少进口等政策。

表 2　2012 ~ 2016 年安哥拉对外贸易额

年份	2012	2013	2014	2015	2016
进出口总额(亿美元)	997.8	944	871.9	497.2	414.2
同比增长(%)	14.40	- 5.39	- 7.64	- 42.98	- 16.69
出口总额(亿美元)	708.6	677.1	585.9	329.6	291.1
同比增长(%)	6.68	- 4.45	- 13.47	- 43.74	- 11.55
进口总额(亿美元)	289.2	276.9	286.0	167.6	123.1
同比增长(%)	39.08	- 4.24	3.29	- 41.40	- 26.55

资料来源：根据安哥拉国家统计局（INE）《外贸数据年鉴》相关数据编制。

---

① 《安哥拉 2015 年国家总预算法》第 5464 ~ 5466 页，《安哥拉 2015 年国家总预算法修正案》第 1262 ~ 1264 页。

表 2 显示，2014 年以来，安哥拉进出口额持续下降。随着原油出口实际收入明显下跌，安哥拉政府推行减少进口的总路线。2014 年安哥拉出口额同比下降 13.47%，2015 年出口额更是出现断崖式下跌，同比下降 43.74%，2016 年安哥拉出口额持续同比再下降 11.55%。与此同时，安哥拉进口额也出现下滑：2015 年安哥拉进口额同比下降 41.40%，2016 年安哥拉进口额同比下降 26.55%。

3. 中安双边贸易最新发展

中国海关统计显示，2014 年以来，中安双边贸易额大幅减少，2015 年中国对安哥拉原油进口量虽然实际持续保持增长，但进口额大幅下跌了 48.09%；2016 年中国对安哥拉进口额跌到 132.5 亿美元，同比继续下跌 7.28%（见表 3）。

表 3　安哥拉统计的 2012 ~ 2016 年中国 - 安哥拉双边经贸额

年份	2012	2013	2014	2015	2016
双边贸易额(亿美元)	372.4	350.2	313.2	171.3	147.9
同比增长(%)	42.1	- 5.9	- 10.6	- 45.31	- 13.66
中国进口额(亿美元)	337.1	319.5	275.3	142.9	132.5
同比增长(%)	38.4	- 5.23	- 13.83	- 48.09	- 7.28
安哥拉进口额(亿美元)	35.3	30.7	37.9	28.4	15.4
同比增长(%)	91.8	- 13.1	23.45	- 25.07	- 45.77

资料来源：根据安哥拉国家统计局（INE）《外贸数据年鉴》相关数据编制。

表 3 显示，油价下跌，也导致安哥拉进口额下跌——除了由于安哥拉进口能力下降，还受到安哥拉政府推行减少进口等政策的影响。2012 ~ 2016 年，安哥拉对华进口额从 35.3 亿美元实际跌到 15.4 亿美元。表 4 是据中国海关统计编制的，和安哥拉国家统计局数据略有差异，但展示了同样的变化趋势。

表 4　中方统计的 2012～2016 年中国–安哥拉双边贸易额

年份	2012	2013	2014	2015	2016
双边贸易额（亿美元）	375.74	359.35	370.71	197.16	156.28
同比增长（%）	35.6	-4.4	3.2	-46.82	-20.70
中国进口额（亿美元）	335.34	319.70	310.94	159.96	139.48
同比增长（%）	34.6	-4.7	-2.67	-48.56	-12.80
安哥拉进口额（亿美元）	40.40	39.65	59.76	37.19	16.80
同比增长（%）	45.1	-1.8	50.7	-37.75	-54.80

资料来源：根据《中国海关统计年鉴》相关数据编制。

　　值得注意的是，近年来，安哥拉向中国出口的木材和石材均有较为明显的上升，成为中安双边贸易构成中重要的新增要素。据中国海关统计，2015年安哥拉向中国出口木材 1265 万美元，2016 年达到了 2072 万美元，2017 年前 11 个月已经达到了 2386 万美元；安哥拉 2015 年向中国出口石材 1105 万美元，2016 年达到了 1378 万美元，2017 年前 11 个月也已经达到了 1829 万美元。

　　表 5 显示，中安双边贸易额在经历 2015 年和 2016 年大幅下跌后，终于触底回升。2017 年 1～7 月，中安经贸已经显示转好发展态势，双边贸易增长近 50%。[1] 据中国海关最新统计：2017 年中安双边贸易额为 226.09 亿美元，同比增长 44.5%。其中，中国进口额为 203.52 亿美元，同比增长45.7%，安哥拉进口额为 22.57 亿美元，同比增长 34.3%。[2]

表 5　2017 年前三个季度中国与安哥拉经贸额

2017 年	第一季度	第二季度	第三季度
双边贸易额（亿美元）	58.0	47.2	49.5
同比增长（%）	80.8	61.6	31.3

---

[1] 《驻安哥拉大使崔爱民在中国国庆 68 周年招待会上的致辞》，中华人民共和国外交部网站，http：//www.fmprc.gov.cn/web/dszlsjt_ 673036/t1498102.shtml。

[2] 中华人民共和国海关总署网站，http：//www.customs.gov.cn/customs/302249/302274/302276/1421252/index.html。

2017 年	第一季度	第二季度	第三季度
中国进口额(亿美元)	54.5	42.3	44
同比增长(%)	97.2	62.9	29.7
安哥拉进口额(亿美元)	3.5	4.9	5.5
同比增长(%)	-19.4	51	46

资料来源：安哥拉国家统计局（INE）《外贸数据快报》中2017年第一、第二、第三季度报告。

三 双边经济技术合作

2003 年一揽子协议签订后，中安双边经济技术合作进入全新时代，中国企业全面参与安哥拉战后重建，基础设施领域合作最为突出。

1. 以基础设施为主的合作

2004 年第一个 20 亿美元贷款协议签署后，2007 年 7 月 19 日，安哥拉财政部又与中国进出口银行签署了第一个贷款协议的补充协议，追加 5 亿美元贷款，作为第一个贷款协议下项目的追加费用。2007 年 9 月 28 日，安哥拉财政部又与中国进出口银行签署了第二个贷款协议，总额为 20 亿美元。

据安哥拉财政部公开资料，中国政府第一批贷款的项目主要涉及农业灌溉、学校、医院、供水供电等领域。中安政府第一个 20 亿美元贷款协议，分为两期实施，每期 10 亿美元。第一期共涉及 50 个项目，涵盖教育（20个）、卫生（9个）、水电（8个）、农业（6个）和交通项目（1个）等领域；第二期包括 18 个合同，共计 57 个项目。第一个 20 亿美元贷款协议下追加的 5 亿美元，包括了 18 个合同。①

中安经济技术合作，不仅帮助安哥拉解决了重建的资金困难，还带去了大量优质的中国承包企业，帮助百废待兴的安哥拉迅速开展战后重建。这些

---

① 安哥拉财政部网站，http：//www.minfin.gov.ao/PortalMinfin/faces/materiasderealce/obrasepro jectosdogoverno?_adf.ctrl-state=1082wsz18g_4。

初期进入安哥拉市场的中资承包企业包括：江苏国际经济技术合作集团有限公司、中国机械设备进出口总公司、中国电子进出口总公司、中国水电建设集团、中国机械工业集团有限公司、中国路桥工程有限公司等。对于这些中国公司而言，安哥拉市场为它们提供了"走出去"的机会，是中国经济与世界市场紧密连接的重要一环。

表6显示，2003~2008年是中国承包企业在安哥拉发展的黄金期，新签合同额持续增长，2008年新签合同额是2003年的41倍多。2008年，中国企业在安哥拉累计签约合同额达到了188.7亿美元，达到了中安基础设施合作的第一次高峰。本阶段由于大量中国建筑公司的介入，安哥拉政府迅速修复了大批医院、学校和农业设施，全国几乎每个省份和城市都可以感觉到这种快速战后重建带来的变化。[1] 大型项目如中信建设承接的安哥拉KK新城一期项目（35.3亿美元）和中铁二十局集团有限公司承接的本格拉铁路项目（19.3亿美元）等为本期重大项目。[2] KK新城一期项目还获得了2012~2013年度中国境外工程鲁班奖。

表6 2003~2008年中国在安哥拉承包工程简况

单位：亿美元

年份	新签合同额	累计签订合同额	完成营业额	累计完成营业额
2003	1.7	3.5	0.4	0.7
2004	4.5	8	0.8	1.5
2005	13.4	21.3	3.1	4.6
2006	40.8	62.1	10	14.6
2007	56.7	118.8	11.9	26.5
2008	69.9	188.7	32.7	69.93

资料来源：中华人民共和国驻安哥拉共和国大使馆经济商务参赞处：《中国在安哥拉开展工程承包概况》，http://ao.mofcom.gov.cn/article/sqfb/200909/20090906502601.shtml，最后访问日期：2018年5月10日。

---

① 刘海方：《安哥拉内战后的发展与中安合作反思》，《外交评论》2011年第3期，第38~50页。

② Diário da República, I Série, N.º 76, de 25 de Junho de 2007, Resolução n.º 49 - B/07; Diário da República, I Série, N.º 76, de 25 de Junho de 2007, Resolução n.º 49 - D/07.

2008 年 6 月 30 日，中国国家开发银行与安哥拉政府签署 15 亿美元的信贷，成为继中国进出口银行之后，第二家参与安哥拉重建的中方金融机构。2008 年 9 月全球金融危机爆发，波及全球油价，安哥拉政府财政收入受到巨大冲击。中安基础设施合作出现首次下滑，2009 年新签合同额仅为 37.83 亿美元，同比大幅下降 45.88%（见表 7）。2009 年 12 月 28 日，安哥拉政府批准安哥拉财政部与中国进出口银行和中国工商银行分别签署 60 亿美元贷款协议和 25 亿美元贷款协议。2010 年 2 月，安哥拉颁布新的《宪法》；7 月，颁布《国家总预算框架法》；9 月，颁布《公共招投标法》开始放缓建设步伐，但是相对于战后初期的重建显然向更加有序而规范的方向发展。

2010 年 11 月，时任中国国家副主席的习近平对安哥拉进行正式访问。访问期间，习近平在罗安达宣布，中国已经向安哥拉提供了 100 亿美元的贷款。两国战略伙伴关系得以建立，为中安经济技术合作迎来全新契机。2012 年 7 月 5 日，中国国家开发银行与安哥拉财政部在安哥拉首都罗安达签订融资合作备忘录。根据备忘录，国开行将在未来为安哥拉提供 50 亿美元的商业贷款，用于安哥拉基础设施等领域的建设。2012 年 7 月 6 日，中国进出口银行与安哥拉财政部在安哥拉首都罗安达签署了两国互惠贷款合作项下 17 个项目的单项贷款协议，涉及安哥拉医院、供水、交通、教育等多个领域。

表 7 显示，2009~2010 年，中安基础设施领域合作处于低位；2010 年中国领导人访问安哥拉，推动了 2011 年的回暖；2012 年迎来全新高峰，新签合同金额达到 97.68 亿美元。这一方面是因为安哥拉逐渐走出金融危机影响；另一方面也因为 2012 年是安哥拉大选之年，这一事件提振了市场信心。中信建设承接的安哥拉卢班戈 RED 住房项目（18.7 亿美元）、新疆特变集团和中水电集团联合承接的安哥拉索约至卡帕瑞 400kV 高压输变线路项目（7.66 亿美元）和中铁二十局集团有限公司承接的本格拉铁路修复项目（7.4 亿美元）为本阶段重大项目。

表7 2008~2012年中国在安哥拉承包工程简况

单位：亿美元

年份	新签合同额	累计签订合同额	完成营业额	累计完成营业额
2008	69.9	188.7	32.7	69.93
2009	37.83	226.53	49.61	108.81
2010	38	264	51	160
2011	44.26	305	63.44	220
2012	97.68	402.68	75.56	295.56

资料来源：中国商务部研究院：《对外投资合作国别（地区）指南——安哥拉》（2014年版），第24~25页，http://aaa.ccpit.org/Category7/Asset/2014/Oct/11/onlineeditimages/file71412990986609.pdf，最后访问日期：2018年5月10日。

　　2012年大选结束后，新政府全面落实国家预算及公共工程招投标程序，放缓了安哥拉重建的步伐。2014年5月，中华人民共和国国务院总理李克强应安哥拉总统多斯桑托斯邀请，对安哥拉进行正式访问。双边政府及金融机构签署了众多合作协议，包括中方向安方提供一笔无偿援助的《中华人民共和国和安哥拉共和国经济技术合作协定》；中国进出口银行与安哥拉财政部签署的总额1.7亿美元的三份单项贷款协议，涉及水电站修复项目、综合农场项目和技术管理培训学院项目；中国国家开发银行与安哥拉财政部签署的25亿美元贷款额度的新一期融资贷款合作协议，用于支持安哥拉房建、交通、农业、医院、学校、通信、水电等领域基础设施建设；中国出口信用保险公司与安哥拉财政部签署的合作框架协议，规定中信保将向安方提供20亿美元融资项目的信用担保；中国工商银行与安哥拉财政部签署的类似领域融资的合作谅解备忘录。新的融资意味着设施领域合作迎来新的契机。

　　2015年6月，安哥拉总统多斯桑托斯应中国国家主席习近平邀请，对中国进行国事访问，双方同意携手努力，全面深化中安战略伙伴关系，把两国传统友好优势转化为合作共赢的动力。中方鼓励和支持中国企业到安哥拉投资兴业，参与安哥拉工业园区和基础设施建设，帮助安哥拉实现经济多元化发展。2015年12月，中国国家主席习近平和安哥拉总统多斯桑托斯在南非约翰内斯堡再次举行会晤，习近平称"双边关系发展到历史最好水平"，因为中安经济技术合作再次迎来以基础设施建设为主导的新高潮。

2016 年，中安双方新签各类项目总数超过 100 个，涉及能源电力、港口机场、公路铁路、市政供水、医院学校、社会住宅、工业园区等，有望推动安哥拉经济可持续和多元化发展。

表 8 显示，2013 年和 2014 年中安基础设施领域合作有所放缓和调整，2015 年和 2016 年，中安基础设施领域合作迎来第三个高潮。中国葛洲坝集团承接的卡卡水电站项目（45.3 亿美元）、中国航空技术国际工程有限公司承接的罗安达新机场建设项目（14 亿美元）、中国路桥工程有限责任公司承接的卡宾达省卡约港口一期建设项目（8.3 亿美元）和中铁二十局集团有限公司承接的罗安达新机场和环城高速连接道路建设项目（6.9 亿美元）等为本阶段重大项目。2017 年，中国企业在安哥拉新签承包工程合同总额达 70 多亿美元，完成营业额 50 多亿美元。① 这一年，中国对安哥拉融资新增贷款超过 100 亿美元，开展了多个对安哥拉社会民生具有重要意义的基础设施建设项目。②

表 8 2012~2016 年中国在安哥拉承包工程简况

单位：亿美元

年份	新签合同额	累计签订合同额	完成营业额	累计完成营业额
2012	97.68	402.68	75.56	295.56
2013	40.30	443.00	74.50	370.00
2014	34.69	477.67	63.98	434.04
2015	87.70	567.21	49.53	483.6
2016	85.58	690.72	43.43	526.9

资料来源：中国商务部研究院：《对外投资合作国别（地区）指南——安哥拉》（2017 年版），第 24 页，fec.mofcom.gov.cn/article/gbdqzn/upload/angela.pdf，最后访问日期：2018 年 5 月 10 日。

① 《崔爱民大使在驻安哥拉中资企业商会新春联欢会上的致辞》，中华人民共和国驻安哥拉共和国大使馆网站，http://ao.chineseembassy.org/chn/sghd/t1527836.htm，最后访问日期：2018 年 5 月 10 日。
② 《驻安哥拉大使崔爱民在国庆 68 周年招待会上的致辞》，中华人民共和国外交部网站，http://www.fmprc.gov.cn/web/dszlsjt_673036/t1498102.shtml，最后访问日期：2018 年 5 月 10 日。

2018 年 1 月 12 日，崔爱民大使在安哥拉主流媒体发表署名文章庆祝中安建交 35 周年。文章指出，中安建交以来，中方对安哥拉累计贷款总额超过 600 亿美元，支持安哥拉建设大量电站、道路、桥梁、医院、住房等基础设施，促进了安哥拉经济发展和人民生活水平的提高。[①] 随着基础设施领域合作的深入，金融领域的深度合作也在推进。2017 年 6 月，中国银行罗安达分行正式挂牌成立，拉开中安双边金融领域深入合作的序幕，中安双边金融领域的合作将迈上新的台阶也将为中国在安哥拉建筑企业、投资企业和在安华人，提供更加优质和便利的金融服务。

2. 医疗教育农业方面的援助

中安经济技术合作也涉及医疗、教育、警务、农业等领域，包括很多援助性质的合作。

2004 年，中国政府以无息贷款方式援建罗安达总医院，工程金额为 800 万美元。2011 年，中铁四局承接罗安达总医院修缮和扩建工程，使其诊疗能力提高 3 倍。罗安达总医院于 2015 年再次剪彩并重新投入使用，是目前安哥拉最好的综合型医院。

2009 年以来，中方已派遣四批共计 60 余名医疗专家，组成援安医疗队，在罗安达省总医院为安哥拉民众提供免费的医疗服务，累计诊疗超过 20 万人次。2016 年安哥拉爆发黄热病疫情，中方第一时间向安方提供现汇援助，并派遣公共卫生专家组，与安方共同研究建立跨境传染病监测机制。2017 年 10 月，中国海军"和平方舟"号医院船对安哥拉进行友好访问，免费诊疗 6 丅余人次，获得安哥拉各界普遍赞扬。

2016 年，安哥拉内图大学孔子学院开学，成为两国人民加强了解、增进友谊的桥梁和纽带。中方累计为安方培训各类人才 2500 余人次，提供政府奖学金约 300 人次，助力安哥拉人才培养和能力建设。中国公安部也为安哥拉警员开展多批次执法能力和专业技能培训，深化双边警务合作。

[①] 中华人民共和国外交部网站，http：//www. fmprc. gov. cn/web/wjdt_ 674879/zwbd_ 674895/t1525162. shtml，最后访问日期：2018 年 5 月 10 日。

配合安哥拉经济多元化战略，农业逐渐成为中安双方合作的重点。2016年10月，中安双方签署了援安哥拉农业技术示范中心项目实施协议，中国驻安哥拉大使及安哥拉农业部部长等出席了签约仪式。

四　双向投资：交通基建转向工业和民生

中国国有企业自2004年大规模进入并全面参与安哥拉重建以来，陆续开始探索在安哥拉开展投资活动，但长期以基础设施工程承包合作为主，直至近年来才开始大规模探讨在其他领域的投资以实现市场转型升级。中国的民营企业家则早在20世纪90年代，即安哥拉内战尚未结束时就开始探索开发安哥拉市场，大体也是从经营中国出口的廉价日常生活用品开始，逐渐积累"第一桶金"并开始了对建材、医药、房地产业、蜡烛、电线杆以及餐饮旅游等的投资。①

2005年2月，安哥拉政府批准安哥拉国家石油公司（Sonangol）转让18号石油区块50%的股权给中石化集团持股的安中国际控股公司（Sonangol Sinopec International），开启了中石化与英国BP等石油公司在安哥拉的合作，是中企在安哥拉投资的滥觞。近年来，中资企业陆续对安哥拉农业、饮用水、渔业、加工、商贸和房地产等领域进行了投资，具体开展投资合作的主要有中石化、中国国际基金、中信建设、青岛佑兴、讯通国际、浙江永达、金鑫国际、海山国际、马克实业等企业。2016年，中国对安哥拉直接投资流量为1.64亿美元。截至2016年末，中国对安哥拉非金融类直接投资存量为16.33亿美元，②排在中国对非洲国家直接投资的第五位，仅次于南非、加纳、埃塞俄比亚和赞比亚。截至2016年末，中国对安哥拉直接

---

① Liu Haifang, "The Chinese Companies' Status Quo and Trend in Africa", in *50 Years' of China-African Relationship: Process, Meanings and Outlook* (eds. by Liu Hongwu & Yang Jiemian), Yunnan: Yunnan University Publishing House, 2009.

② 中华人民共和国商务部：《对外投资合作国别（地区）指南——安哥拉》，（2017年版），第23页。

投资存量达到 16.3 亿美元，位居非洲第九位。[①] 2017 年 1000 万美元以上的
对安哥拉投资项目有 31 个，共 154.5 亿美元，其中中国对安哥拉投资达到
18.6 亿美元。[②]

2012 年以来，安哥拉战后重建进入有序而规范的阶段。安哥拉政府也
积极完善私人投资的法律法规，改善营商环境，希望吸引更多的私人投资。
2015 年 8 月，安哥拉政府出台新的《私人投资法》规定：外国投资不论金
额多少，都适用《私人投资法》；100 万美元以上的外国投资，即适用税收
和关税等优惠政策。该法鼓励对农林牧渔业及相关农产品加工和配套产业进
行投资，还给予额外税收激励措施。2015 年 9 月，安哥拉撤销原安哥拉私
人投资署（ANIP），成立投资与出口促进署（APIEX），支持安哥拉企业走
向国际，促进安哥拉出口并吸引国内外投资。2015 年 10 月，安哥拉成立私
人投资技术部门（UTIP），该部门为副部级单位，直接负责对接 1000 万美
元以上的国内外私人投资项目。2018 年 1 月，安哥拉政府表示，拟合并投
资与出口促进署、私人投资技术部门和各省委部委投资小组，建立私人投资
统一系统（SUIP），以简化投资程序。

就近两年大型中方投资项目而言，目前，中信建设 2016 年投资的金额
约 4000 万美元的安哥拉铝合金型材厂是安哥拉规模最大的型材投资项目，
堪称中非产能合作的代表，该项目建成后将帮助解决安哥拉国内铝型材使用
的需求，促进本土工业化的发展。[③] 其他标志中安深化双边经贸合作、加快
在安哥拉中资企业转型升级步伐的项目有：安哥拉政府 2017 年批准的中国
国际基金安哥拉有限公司投资的金额为 3.58 亿美元的建筑和工业项目、投
资金额为 3.44 亿美元的中基安哥拉水泥公司、投资金额为 1.17 亿美元的中

---

① 中华人民共和国商务部：《中国对外投资发展报告》，2017，第 100～101 页，http：//fec.
mofcom. gov. cn/article/tzhzcj/tzhz/upload/zgdwtzhzfzbg2017. pdf，最后访问日期：2018 年 5 月
10 日。

② 根据 2017 年 209 份《安哥拉共和国日报》（*Diário da República*）整理而出。根据安哥拉规
定，1000 万美元以上的投资项目都会在《安哥拉共和国日报》上刊登。

③ 《中资企业在安哥拉建设铝合金型材厂破土动工》，新华非洲，http：//www.100ppi. com/
news/detail － 20160701 － 849793. html，最后访问日期：2018 年 5 月 10 日。

基 Bela 啤酒厂、投资金额为 6.95 亿美元的中基房地产公司等。①

2017 年，中国在安哥拉新增投资还包括万博省投资农场项目（1200 万美元）、关大渔业公司在安哥拉本格拉投资渔业项目（4198 万美元）等。与中国在坦桑尼亚、莫桑比克等国的农业投资中民营资本发挥主导作用的情况不同，与安哥拉农业合作的中国企业中，进入安哥拉较早的国有资本发挥了主导作用。它们对当地的情况比较熟悉，加上中国政府的信贷支持，因而在安哥拉开展农业合作具有天时地利的优势；中国民营资本对农业的投资仍然处于初始阶段，这是因为安哥拉的基础设施状况和投资环境制约了中国很多民营企业投资农业的积极性。安哥拉战后重建的 10 多年，大量中国国有企业通过框架合作协议进入安哥拉从事基础设施建设，在工程结束后继续留下来寻找商机。以 2016 年为分水岭，中国在安哥拉的农业合作模式正在发生转变——从大型农业综合项目向以市场为导向的农业投资转变。相比之下，安哥拉对中国投资合作项目则较少，根据中国商务部数据，2014 年安哥拉在中国的投资额约 609 万美元。

五　双边合作35年：回顾与前景展望

2018 年 1 月，安哥拉共和国总统洛伦索在总统府会见中华人民共和国外长王毅，双方互致问候，庆祝中安建交 35 周年以来所取得的丰硕合作成果。

中安双边经贸合作在安哥拉内战结束后，迎来了全面发展的机遇。2003 年底中安双边签署框架协议后，15 年来，中安双边贸易取得了巨大的成功，安哥拉成为中国在全球第三大原油进口来源国，中国成为安哥拉第一大出口国，第二大进口来源国。15 年来，双边经济技术合作也取得了骄人的成绩，中国政府和企业为安哥拉战后重建提供了宝贵的资金、技术和人员等支持，

---

① 《中基计划投资 4700 万美元在罗安达建立火力发电站》，北极星电力新闻网，http://news.bjx.com.cn/html/20171016/855213.shtm，最后访问日期：2018 年 5 月 10 日。

使安哥拉在内战后迅速修复了大量的医院、学校、公路、桥梁、铁路等基础设施，提前完成了国家重建计划（PRN）。2012 年 4 月 4 日是安哥拉全面结束内战 10 周年纪念日，安哥拉前总统多斯桑托斯在莫西科省宣布：国家主要的铁路和公路已经得到修复，国家重建计划将在 2013 年提前完成。

随着安哥拉政府全面推进经济多元化战略，中安双边经济技术合作已经处在转型初期，除了传统的教育、医疗等领域，农业、工业、矿业和金融业等领域的合作方兴未艾。随着新兴合作领域不断开拓，中安双边直接投资项目也开始陆续落地，将会有更多的中国企业在安哥拉投资兴业。

自中安建交以来，中安合作就遵循互利合作原则，可以说是在不同时期根据彼此所需和所长不断探索合作重点的过程。如果说 1993 年中国开始进口原油是依照中国的外贸需求，那么 2002 年安哥拉战后重建应该说是按照安哥拉的需求，结合中方所长，探索合作重点领域和合作形式的过程。在过去的 15 年里，双边互利合作取得了全方位发展，也取得了巨大的成功。中安合作以资源、信贷、基础设施一揽子的模式为起点，如今已经深化到了农业等民生领域。2009 年，国家开发银行向安哥拉首次提供了价值 15 亿美元的商业贷款，该笔贷款与以往进出口银行提供的贷款不同，不以石油作为担保①，主要用于安哥拉的农业领域，成为中安合作的亮点。加之中国进出口银行的资金安排，目前中国公司已经在安哥拉承建了 7 个大型综合农场项目。②

当前，双边经贸合作正面临全新的机遇期和重要的转型期。中安双边经贸合作优势明显，两国经济互补性极强。但是目前安哥拉对中国的出口还是严重依赖原油，长期以来占到 99.5% 以上。一旦国际油价下跌，安哥拉对中国出口额就会受到极大冲击，2014 年以来，双边贸易额大幅下跌就充分暴露了这一问题。中安经济互补性极强，然而长期围绕双边基础设施领域合

---

① 姚桂梅：《中国对非洲投资合作的主要模式及挑战》，《西亚非洲》2013 年第 5 期，第 109 页。
② 周瑾艳：《中国在安哥拉：不仅仅是石油——以农业合作为例》，《亚非纵横》2014 年 10 月。

作，形成了很强的路径依赖，还没能够实现合作的转型升级，农业合作有望成为新的合作重点和推动转型升级的契机。

具体而言，安哥拉政府出台的"2025愿景"、国家发展战略（2013～2017年）以及减贫计划（2010～2015）[①]都宣布，农业、渔业和矿业是安为促进经济多样性发展在短期内重点发展的三大产业。安哥拉政府充分认识到农业的重要性，在所有的政府战略中，农业和粮食安全都是重中之重。在解决了内战后人口重新安置的问题之后，安哥拉政府已经将社会政策的重点转移到粮食安全、对贫困和脆弱人口的扶助方面。早在2009年，安哥拉政府就把粮食安全上升到一级国家战略的高度。[②] 安哥拉亟须提高国内农业生产，实现国家工业化，而中国几千年的农业生产经验和完整的工业体系，正是安哥拉经济发展最急需的。

中安双方应该充分利用联委会和指导委员会等双边机制，在中葡论坛、中非论坛等多边框架中，继续发挥中安双边经贸合作的优势，扩大经济技术合作的领域，从基础设施领域向农业、工业、矿业、金融业等领域开拓，真正实现双边经贸合作的转型升级、提质增效。可以预见，在未来的几年里，中国农业及制造业等工业企业将陆续入驻安哥拉，双边经贸合作也将迎来新的发展阶段。

---

① Estrategia de Combate a Pobreza en Angola，ECP，2010 - 2015，https：//pt. slideshare. net/ jasalomao/estratgia-combate-a-pobreza-em-angola-ecp.

② 刘海方：《从因资源"被诅咒"到以资源求繁荣——新世纪增速最快国家安哥拉发展研究》，载李安山主编《非洲梦：探索现代化之路》，江苏人民出版社，2013，第744页。

B.7
中国与东帝汶经贸合作的现状与展望

摘　要： 2002 年东帝汶独立以来，中国与东帝汶经贸关系取得了长足
的发展，中国已经成为东帝汶第二大贸易伙伴，"一带一路"
倡议推出后，中国对东帝汶的直接投资大幅增长，成为东帝
汶主要的投资来源国；与此同时，中国还是东帝汶第六大援
助来源国，累计对东帝汶提供了 6325 万美元的援助，是发展
中国家中对东帝汶援助最多的国家。鉴于东帝汶的经济体量
较小，中国与东帝汶双边贸易和投资的增长空间有限，东帝
汶政局的稳定性、经济的可持续性、加入东盟的可能性是未
来影响中国与东帝汶经贸合作的主要因素。

关键词： 东帝汶维和　贸易与投资　中国对东援助　东盟

东帝汶是世界上最年轻的国家之一，也是葡语国家中最后一个赢得独立
的国家。2002 年正式独立后，中国是第一个与东帝汶建立正式外交关系的
国家。近年来，两国关系有了较大的发展，2014 年两国签署了《关于建立
睦邻友好、互信互利的全面合作伙伴关系联合声明》，将两国关系定位为全
面合作伙伴关系，中国与东帝汶关系成为大小国家平等相处、共同发展外交
政策的典范。

---

* 刘鹏，国际关系博士，云南财经大学印度洋地区研究中心副教授、硕士生导师。

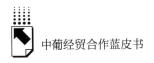

一 中国与东帝汶关系概况

中国与东帝汶正式的外交关系始于 2002 年，但两国关系的渊源却远早于此，中国在东帝汶独立、东帝汶维和行动中都有积极参与。

（一）中国与东帝汶的独立

东帝汶的独立过程非常曲折，先后有两次独立建国的经历，在两次独立的过程中，中国均发挥了积极的作用。第一次是 1975 年独立：葡萄牙宣布放弃海外殖民地之后、1975 年东帝汶随即宣布独立，当年中国就承认了东帝汶独立，是世界上第一个承认东帝汶独立的国家。随后，印度尼西亚入侵东帝汶并控制东帝汶长达 20 多年。

第二次独立始于 1998 年。1998 年东帝汶再次公投独立，并在联合国的干预下开始独立建国的历程，直到 2002 年建国。[①] 2002 年 5 月 20 日东帝汶恢复独立后，中国又是第一个与东帝汶正式建立外交关系的国家。东帝汶独立当日，中国外长唐家璇应邀出席东独立庆典，并与东帝汶外长奥尔塔共同签署了《关于建立外交关系的联合公报》，这是独立后的东帝汶与外国政府签署的第一份建交公报。在此之前，中国已与东帝汶建立了正式往来渠道。1999 年 8 月，东帝汶全民公决宣布东帝汶独立后，联合国安理会 9 月通过决议向东帝汶派驻维和部队，中国政府宣布将派遣维和警察参与东帝汶维和，2001 年 1 月，中国向东帝汶派出 15 名维和警察，这是中国首次派遣维和警察参与联合国维和行动。2001 年 9 月，中国任命前驻莫桑比克大使邵关福为中国驻东帝汶代表处代表（大使衔）。

（二）中国在东帝汶维和中的参与

从 1998 年公投独立到 2016 年联合国驻东帝汶综合特派团和国际稳定部

---

① 1997 年爆发的东南亚金融危机为东帝汶问题的解决提供了一个契机，苏哈托在危机中下台。在危机中上台的印度尼西亚总统哈比比于 1999 年 1 月 27 日宣布可以就东帝汶自治和独立问题举行全民公决。

队撤离，联合国全程参与了东帝汶独立、建国和能力提升的过程。中国以两种方式参与了东帝汶的维和行动：第一，中国作为联合国安理会常任理事国，投票支持了联合国在东帝汶的维和及其他派驻机构的成立和运作；第二，中国派出维和警察，直接参与了在东帝汶的维和行动。东帝汶是中国首个也是首次派出维和警察参与联合国维和行动的国家。2000 年 1 月，中国第一次派遣 15 名维和警察参与联合国东帝汶维和行动。2000 年 8 月，中国公安部成立中国维和警察培训中心。2000～2012 年，中国共向东帝汶派遣维和警察 17 批，共计 319 人次①，中国派驻东帝汶的维和警察人数在中国维和警察派驻的 9 个任务区中居第二位，仅次于中国驻海地维和警察人数②。

（三）中国与东帝汶双边关系的发展

2002 年两国建交后，双方往来频繁。东帝汶总统、总理、副总理、各部部长、各主要政党负责人一次或多次访华。中方访问东帝汶的有政协副主席、外交部部长和副部长、中联部副部长、国防部等官员。③ 双方还先后签

---

① 根据中国驻东帝汶大使馆和中国维和警察网的数据整理，详情参见中国维和警察网：http：//www. mps. gov. cn/n16/n983040/n1372264/index. html，最后访问日期：2017 年 6 月 3 日。

② 除了东帝汶，在亚洲的阿富汗，欧洲的波黑、科索沃、塞浦路斯，非洲的利比亚、苏丹、南苏丹，美洲的海地都留下了"中国警察"的脚印。截至 2017 年，中国已向联合国维和任务区派出维和警察和防暴队 2609 人次，成为联合国安理会常任理事国中派出人数最多的国家。详见王旭东《责任担当 为全球安全治理贡献中国智慧中国力量：全国公安机关国际执法安全合作述评之二》，《人民公安报》，http：//www. mps. gov. cn/n2253534/n2253535/c5785418/content. html，最后访问日期：2017 年 8 月 3 日。

③ 2002 年 5 月 20 日，中东两国建交，唐家璇外长率中国政府代表团出席东帝汶独立庆典，并与奥尔塔外长签署两国建交联合公报。建交以来，两国关系发展顺利，各领域友好合作不断加强。2003 年 9 月，阿尔卡蒂里总理应邀正式访华。2004～2008 年，外交部副部长吕新华、武大伟，中联部副部长蔡武等先后访东。2005 年 11 月，夏纳纳总统赴北京出席"2005 年全球工商领导人论坛"，曾庆红副主席会见；2009 年 5 月，东外长科斯塔正式访华，习近平副主席会见，杨洁篪外长与科会谈；10 月，夏纳纳总理应邀出席第 10 届中国西部博览会并顺访中国，温家宝总理会见。2010 年 4 月，副总理古特雷斯出席博鳌亚洲论坛，习近平副主席会见；7 月，中方宣布从 2010 年 7 月起逐步对东输华产品实施零关税待遇；10 月，夏纳纳总理应邀出席上海世博会高峰论坛开幕式和上海世博会闭幕式，温家宝总理会见；11 月，奥尔塔总统出席中国 – 葡语国家经贸合作论坛第三届部长级会议开幕式，温家宝总理会见；11 月，古特雷斯副总理出席广州亚运会开幕式。（转下页注）

署了经济技术合作协定、援助协定、医疗农业教育合作等方面的协定。2012年双方举行了庆祝建交10周年的系列纪念活动。2017年东帝汶时任规划与战略投资部部长、东帝汶前总统夏纳纳率团参加了"一带一路"国际合作高峰论坛，两国签署了《"一带一路"合作谅解备忘录》。

二 中国与东帝汶的贸易与投资关系现状

（一）中国与东帝汶的双边贸易关系

1. 双边贸易关系现状

建交以来，中国东帝汶双边贸易快速发展。双边贸易额从2003年建交之初的107万美元增长至2017年的13396万美元，增长了124倍。2017年中国对东帝汶出口13260万美元，中国自东帝汶进口136万美元（见表1）。

表1　中国东帝汶双边贸易额

单位：万美元

年份	总额	出口	进口	年份	总额	出口	进口
2002	—	—	—	2010	4308	4283	250
2003	107	107	0	2011	7218	7044	174
2004	171	171	0	2012	6316	6247	68
2005	127	127	0.1	2013	4778.3	4738.6	39.7
2006	1675.8	579.4	1096.4	2014	6044.8	6034.8	10
2007	950.7	945.8	4.9	2015	10670	10600	70
2008	200	200	0	2016	16448	16419	29
2009	2328	2326	2	2017	13396	13260	136

资料来源：中国商务部：《对外投资合作国别（地区）指南——东帝汶》（2017年版）；中国海关总署统计资讯。

（接上页注③）2011年6月，全国政协副主席、前澳门特区行政长官何厚铧和商务部副部长蒋耀平先后率团访东；9月，全国政协副主席李金华应邀访东；10月，国防部外办主任钱利华访东。2011年9月，奥尔塔总统赴南宁出席亚洲政党专题会议。2012年5月17~20日，胡锦涛主席特别代表、全国政协副主席王志珍抵东访问，出席了新总统就职仪式和东恢复独立10周年庆典以及中、东建交10周年招待会。中国集邮总公司还发行了纪念中、东建交10周年纪念封。

2016 年，东帝汶进出口总额为 59993 万美元，中国东帝汶双边贸易占东帝汶全年进出口总额的 27.42%，中国已成为仅次于印度尼西亚的东帝汶第二大贸易伙伴。[①]

为进一步促进两国经贸合作，中国从 2010 年 7 月起对东帝汶输华产品逐步实施零关税待遇。2012 年 10 月，中国对原产自东帝汶的 95% 的产品给予零关税待遇。[②] 预计随着东帝汶国内经济的发展和复苏，双边的贸易特别是工业制成品的贸易额还会进一步增长。

2. 双边贸易中的贸易逆差问题

双边贸易中最显著的问题是中国对东帝汶贸易中的大额贸易赤字问题。由于制造业发展水平整体较为落后，东帝汶独立以来，一直处于贸易赤字状态。2010 ~ 2016 年，贸易赤字占当年贸易总额的比例在 48.8% （2016 年）到 86.66%（2015 年）之间。同时，2002 年以来，随着中国东帝汶双边贸易额的增加，中国对东帝汶的贸易顺差也在逐步增加，中国已经成为东帝汶贸易逆差的主要来源国；2010 ~ 2016 年，东帝汶对华贸易占东帝汶对外贸易总额的比例从 2010 年的 12.68% 增加到了 2016 年的 27.42%，同期对华贸易赤字占东帝汶对外贸易赤字的比例也从 2010 年的 15.73% 增加到了 2016 年的 55.98%（见表 2）。

表 2　2010 ~ 2016 年东帝汶进出口贸易及贸易赤字

单位：万美元

年份	东帝汶进出口贸易			东帝汶对华进出口贸易			对华贸易占东帝汶贸易的比例	
	总额	贸易赤字	贸易赤字占比	总额	贸易赤字	贸易赤字占比	贸易占比	赤字占比
2010	33975	25643	75.48%	4308	4033	93.62%	12.68%	15.73%
2011	39288	28638	72.89%	7218	6870	95.18%	18.37%	23.99%

---

① 中国商务部：《对外投资合作国别（地区）指南——东帝汶》（2017 年版）。

② 2012 年 10 月 25 日，双方签署了《中国关于给予原产东帝汶 95% 产品零关税待遇的换文》，详情见中国驻东帝汶大使馆《中国驻东帝汶大使田广凤与东外长古特雷斯签署两国政府间经济技术合作协议》，http://www.fmprc.gov.cn/chn/gxh/tyb/zwbd/t982428.htm，最后访问日期：2017 年 8 月 3 日。

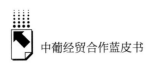
续表

年份	东帝汶进出口贸易			东帝汶对华进出口贸易			对华贸易占东帝汶贸易的比例	
	总额	贸易赤字	贸易赤字占比	总额	贸易赤字	贸易赤字占比	贸易占比	赤字占比
2012	74701	59323	79.41%	6316	6179	97.83%	8.46%	10.42%
2013	58210	47554	81.69%	4778.3	4698.9	98.34%	8.21%	9.88%
2014	107693	89301	82.92%	6044.8	6024.8	99.67%	5.61%	6.75%
2015	70143	60787	86.66%	10670	10530	98.69%	15.21%	17.32%
2016	59993	29277	48.80%	16448	16390	99.65%	27.42%	55.98%

资料来源：中国商务部：《对外投资合作国别（地区）指南——东帝汶》（2017 年版）；中国海关总署统计资讯；世界银行数据库。

鉴于中国世界第一贸易大国的地位和东帝汶大量日用品长期依赖进口的现实，东帝汶对华贸易逆差问题将长期存在，除非东帝汶油气资源能够实现从本土直接出口中国，否则双边贸易平衡几乎无法实现。

（二）中国与东帝汶的投资关系

东帝汶独立以来，鉴于其国内市场狭小和投资环境不佳，外资在东帝汶的投资额度一直不大。2012 年以前，中国在东帝汶的投资很少，此后直接投资的存量和流量都增长较快。

1. 中国对东帝汶的投资现状

1999 年以来，东帝汶先后发生两次大规模骚乱，国内安全环境一直欠佳；再加上东帝汶经济基础薄弱，因此东帝汶的外国直接投资一直较少。根据世界银行的统计，2002～2016 年，东帝汶的外商直接投资金额整体而言有所增加，但绝对额一直不大，变化幅度较大。2013 年东帝汶外商直接投资净流入为 5586 万美元，达到最大值，但 2016 年其外商直接投资净流入仅为 548 万美元。东帝汶的外商直接投资无论从绝对额还是其占 GDP 的比重来看都较小（见表 3）。

表 3　东帝汶外商直接投资净流入（FDI）情况

年份	FDI 净流入（万美元）	FDI 净流入占GDP 的百分比(%)	年份	FDI 净流入（万美元）	FDI 净流入占GDP 的百分比(%)
2002	94	0.22	2010	3033	3.39
2003	452	1.05	2011	4906	4.66
2004	0	0.00	2012	4038	3.40
2005	91	0.19	2013	5586	3.96
2006	848	1.93	2014	3391	2.34
2007	870	1.64	2015	4300	2.68
2008	3970	6.02	2016	548	0.31
2009	4795	6.10			

数据来源：世界银行数据库，https：//data. worldbank. org/。

　　2002～2012 年，中国对东帝汶的投资也较少，截至 2012 年底，中国在东帝汶直接投资存量为 745 万美元。2012 年之后，中国对东帝汶的直接投资不断加大，特别是 2015 年和 2016 年，中国对东帝汶直接投资的流量达 3381 万美元和 5533 万美元[1]，截至 2016 年底，中国在东帝汶直接投资存量达 1.48 亿美元（见表 4），中国已经是东帝汶最大的外商直接投资来源国之一。此外，中国在东帝汶的投资还包括了一些在非正规部门和个体的投资，这些投资并未纳入统计公报。据中国前驻文莱大使刘新生估计，截至 2012 年，中国对东帝汶的该类投资总额约为 2000 万美元，主要是国内个体商人和私营企业在东帝汶投资兴业，集中在酒店、加油站、超市、渔业、餐饮、酒吧、砖厂、建材五金等领域。[2]

---

[1] 中方公布的在东帝汶直接投资流量与表 3 世界银行公布的东帝汶外商投资净流入的统计口径不一，中方统计口径为非金融类直接投资，世界银行的统计口径为外商直接投资净流入，因此两者的数据存在一定的不一致。
[2] 刘新生：《平等相待　真诚友好——中国与东帝汶建立外交关系 10 周年回顾与展望》，《东南亚纵横》2012 年第 5 期。

表 4　中国对东帝汶直接投资情况[*]

单位：万美元

年份	流量	存量	年份	流量	存量
2003	—	—	2010	—	745
2004	10	10	2011	—	745
2005	—	10	2012	—	745
2006	—	45	2013	160	905
2007	—	45	2014	973	1578
2008	—	45	2015	3381	10028
2009	—	745	2016	5533	14790

注：中国政府从 2003 年开始公布对外直接投资统计公报，因此 2002 年的数据缺失；每年对外直接投资公报的发布时间为下一年 9 月，因此，2017 年的数据要待 2018 年 9 月才可获得。

数据来源：商务部、国家统计局、国家外汇管理局：《2003～2016 年度中国对外直接投资统计公报》。

2. 中资在东帝汶的行业分布

中资在东帝汶的投资行业有农业、渔业、油气勘探、工业园区建设和服务业。农业关系东帝汶的食品安全和粮食自给，自独立以来，中国就向东帝汶提供了多方面的农业援助，此后又扩展到了农业投资。目前，中国隆平高科有限公司援建有杂交水稻、玉米合作种植项目。2016 年，隆平高科与澳门德光发展有限公司共同投资建成的东帝汶农业高新技术开发区在东马拉图托区举行揭牌仪式，是落实中葡论坛第五届部长级会议成果后续行动之一。[1] 开发区将主要吸引粮食加工、饲料制造等企业入驻。

在渔业领域，中国隆平高科有限公司在东帝汶投资经营了对虾养殖项目，2017 年该项目已经初步成型。[2] 此外，中国东帝汶还合作进行远洋捕捞，东帝汶政府批准中国 15 艘渔船来东帝汶开展捕鱼合作，中国企业还将

---

[1] 中国驻东帝汶大使馆经商参赞处：《东帝汶农业高新技术开发区举行揭牌仪式》，http://easttimor. mofcom. gov. cn/article/jmxw/201610/20161001535101. shtml，最后访问日期：2017 年 12 月 3 日。

[2] 中国驻东帝汶大使馆经商参赞处：《中国企业在东帝汶首个对虾养殖项目举行收获庆典活动》，http://www. mofcom. gov. cn/article/i/jyjl/j/201701/20170102501581. shtml，最后访问日期：2017 年 12 月 3 日。

投资建设相关码头、养殖场、加工厂等设施。①

在油气资源开发领域，目前中资企业在东帝汶投资开展了部分油气资源勘探工作。此外，中国的个体商户和小企业还在东帝汶投资经营了一些商店、超市、宾馆等。

3. 中国在东帝汶的工程承包

中资公司是东帝汶主要的外国工程承包公司，目前在中国驻东帝汶大使馆备案的 21 家中资企业大多数为工程类企业。中资企业承担的工程主要是东帝汶的基础设施建设项目。中国核工业集团第 22 建设公司中标的东帝汶国家电网是东帝汶建国以来最大的基建项目。该项目合同总金额为 3.6 亿美元，包括建设 3 座重油发电站、10 座变电站和 750 公里的高压电缆。② 2013 年 8 月，东帝汶国家电网工程基本完工。③ 此外，中铁国际中海外—中铁一局联营体公司目前还在承建东帝汶南部高速第一标段的 30 公里高速公路建设项目。中兴通讯和华为通信都在东帝汶开展业务。目前中兴通讯正在与东帝汶电信合作在东帝汶全国各地推出第三代（3G）手机，将为东帝汶电信扩展已有的 GSM 网络，完成全国范围内的覆盖，并同时提供基于 WCDMA 技术的数据接入服务。④

（三）中国对东帝汶的援助

自东帝汶独立以来，中国持续为东帝汶提供了大量援助。截至 2017 年底，东帝汶共接受国际援助 24.37 亿美元，其前六大援助方分别为：澳大利

---

① 中国驻东帝汶大使馆经商参赞处：《刘洪洋大使出席中国和东帝汶捕鱼合作启动仪式》，http://www.mofcom.gov.cn/article/i/jyjl/j/201612/20161202380120.shtml，最后访问日期：2017 年 12 月 3 日。

② Antonio Freitas, Joao Evangelista, *China's Foreign Aid and Constructive Engagement Policy in Timor-Leste*, Dili Institute of Strategic and International Studies Working Paper.

③ 《东帝汶接近全国通电》，http://www.macauhub.com.mo/cn/2013/08/22/，最后访问日期：2013 年 11 月 5 日。

④ 澳门投资促进局：《中国中兴通讯为东帝汶引入 3G 手机》，http://www.ipim.gov.mo/worldwide_partner_detail.php?tid=11390&type_id=1287，最后访问日期：2012 年 10 月 5 日。

亚（5.39 亿美元）、亚洲开发银行（3.53 亿美元）、日本（2.78 亿美元）、欧盟（2.3 亿美元）、美国（1.93 亿美元）、中国（6325 万美元）。① 中国是对东帝汶援助最多的发展中国家。

1. 援建工程

东帝汶建国以来，中国共向东帝汶援建了 7 个大型成套项目（见表 5），解决了东帝汶建国初期基础设施亟待改善的问题，其中很多项目已经成为东帝汶的地标性建筑。中国援建的 7 个项目包括东帝汶外交部、总统府、国防部、外交学习中心大楼等大型标志性建筑，7 个项目的援建金额合计约 2.5 亿元人民币。②

表 5　中国援建东帝汶成套项目

签约时间	项目	造价
2001	外交部办公楼	约 700 万美元
2003	总统府办公楼	约 600 万美元
2005	国防部和国防军司令部办公楼	约 5500 万元人民币
2006	100 套军人住宅	约 900 万美元
2007	军人住宅防洪工程	
2008	中国 - 东帝汶友谊小学	—
2010	外交学习中心	2000 万元人民币

资料来源：整理自中国驻东帝汶大使馆网站和中国对外开放 30 周年回顾展筹备工作办公室编《中国对外开放 30 周年回顾展：双边经贸合作大事记》，2008。

此外，中国政府还援建了大量直接服务于民生的工程项目，包括东帝汶粮仓、东帝汶数字电视地面传输系统、东帝汶打井水利项目、东帝汶帝力市监控系统、中东友谊小学、东帝汶市政排水建设等。

2. 农业援助

在农业合作方面，中国从 2008 年开始派遣农业专家到东帝汶进行杂交水稻示范种植。据中国驻东帝汶大使介绍，中国援东帝汶杂交水稻项目实施

① "East Timor Aid Transparency Portal"，https：//www.aidtransparency.gov.tl/portal/，最后访问日期：2017 年 12 月 3 日。
② 刘鹏：《东帝汶侨情报告》，载曹云华主编《世界侨情报告 2012～2013》，暨南大学出版社，2013。

以来，东帝汶种植面积不断扩大，已逾 800 公顷，单产均在 7 吨以上，接受种植技术培训的农民达到 1200 人次。[①] 此后，中国又派遣农业专家在东帝汶进行玉米示范种植项目、对虾养殖项目、粮仓建设等。

3. 医疗援助

中国从 2004 年开始派出医疗队赴东帝汶进行医疗援助，截至 2017 年，中国共派出了 7 批约 80 名医疗专家赴东帝汶进行医疗援助，累计为 20 多万东帝汶患者提供了服务。[②] 医疗队还为东帝汶培养了一批医护人员，并且每年都捐赠一批药品和医疗器械。

4. 人力资源

在教育培训方面，中国主要通过两种方式向东帝汶提供支持。第一种方式是为东帝汶的公务员和其他专业技术人员提供赴华研修和培训的机会，支持东帝汶政府的能力建设。[③] 截至 2017 年，已有 1700 余名东帝汶公务员和技术人员赴华接受培训，涉及管理、旅游、城市规划、贸易投资、热带病防治、基础设施建设、减贫、渔业、小水电等领域。2017 年，中国还首次派出人员在东帝汶为帝力警察开办刑事技术培训班。[④] 第二种方式是为东帝汶学生提供中国政府奖学金，支持他们赴华进行全日制学习。目前，中国为东帝汶提供的奖学金名额已从每年 6 个提高到了 17 个。

通过对历年中国对东帝汶援助的分析可以看出，中国对东帝汶的援助尤其关注民生领域。在所有援助中，中国对东帝汶的援助仅大米一项就达13160 吨。[⑤] 近年来，中国对东帝汶的援助除了由中央政府提供之外，中国

① 中国驻东帝汶大使馆：《田广凤大使出席我援东杂交水稻技术观摩会暨收割仪式》，http：//easttimor. mofcom. gov. cn/aarticle/jmxw/201207/20120708233689. html，最后访问日期：2017 年 12 月 3 日。

② 中国驻东帝汶大使馆：《东帝汶卫生部为中国援东医疗队举行迎送会》，http：//tl. chineseembassy. org/chn/sgdt/t1427665. htm，最后访问日期：2017 年 12 月 3 日。

③ 刘鹏：《东帝汶侨情报告》，载曹云华主编《世界侨情报告 2012~2013》，暨南大学出版社，2013。

④ 中国驻东帝汶大使馆：《中国公安部援助东帝汶刑侦技术培训班举行开班仪式》，http：//tl. chineseembassy. org/chn/sgdt/t1489764. htm，最后访问日期：2017 年 12 月 3 日。

⑤ 刘鹏：《东帝汶侨情报告》，载曹云华主编《世界侨情报告 2012~2013》，暨南大学出版社，2013。

驻东帝汶大使馆、中国驻东帝汶维和警队、东帝汶中资公司、东帝汶华侨和中国地方政府都为东帝汶提供了不同数量的援助。[①] 援助的对象不仅包括东帝汶政府，也包括东帝汶的慈善组织等。援助主体和对象的多元化有助于提高援助的效率。

三　中国与东帝汶经贸合作的影响因素与展望

（一）中国与东帝汶经贸合作的影响因素

1. 东帝汶政局的稳定性

自 1999 年公投独立以来，东帝汶先后经历了多次动荡和骚乱，政局的稳定性一直是影响东帝汶发展的决定性因素，也是影响中国与东帝汶经贸合作的决定性因素；2006 年，因东帝汶发生骚乱，中国政府被迫组织 243 名旅居东帝汶的侨胞撤离。从 1999 年到 2016 年，澳大利亚领导的多国部队和联合国驻东帝汶相关机构一直在维持东帝汶的稳定，保证了东帝汶局势的整体平稳。

2016 年，联合国相关机构和国际维稳部队完全撤离东帝汶，东帝汶的局势存在不确定性。影响东帝汶政局的重要因素是政党竞争，目前东帝汶有多个政党，分别是东帝汶独立革命阵线（老牌政党、东帝汶独立的功臣），东帝汶前总统鲁瓦克创立的东帝汶人民解放党，东帝汶国父、前总统创立的重建全国大会党，东帝汶民主党等。政党竞争和相互攻讦很容易导致矛盾升级，影响社会稳定。可喜的是，2017 年的东帝汶第四届总统选举当中，全国形势整体平稳，总统和政府顺利产生，这是东帝汶首次在没有联合国机构支持和干预情况下举行的大选，对东帝汶的政局稳定有着积极的影响。

---

① 刘鹏：《东帝汶侨情报告》，载曹云华主编《世界侨情报告 2012～2013》，暨南大学出版社，2013。

2. 东帝汶经济的可持续性

影响中国与东帝汶经贸关系最持久的因素是东帝汶经济的可持续性。东帝汶是世界上最不发达国家之一，经济基础薄弱，经济结构畸形。东帝汶独立后，经济上除了油气出口有较大的增长外，主要依靠国际援助。因此，东帝汶的贫困和失业情况一直较为严重。这种情况直到现在仍然没有得到显著改善，因而东帝汶的经济发展较为脆弱。

国际机构和人员的存在为东帝汶特别是首都帝力的服务业和消费创造了条件，解决了部分人口的就业问题。2016 年联合国东帝汶综合特派团和国际维稳部队撤离后，东帝汶的经济特别是消费受到了明显的影响，从而进一步影响到就业。2014~2016 年，东帝汶的失业率逐年升高，2016 年成人失业率为 4.09%；根据统计，2010 年东帝汶成人识字率仅为 58%；2016 年贫困人口（每天生活费在 1.9 美元以下）占比为 11.2%，[1] 这些数据显示东帝汶经济的可持续性仍面临较大的挑战。

东帝汶经济的可持续性一方面影响中国对东帝汶的贸易增长和投资安全；另一方面还直接影响华侨华人在东帝汶的人身和财产安全，高失业率和高贫困率通常都是治安恶化的前兆。

3. 东帝汶油气收入的变化

油气收入是东帝汶目前最大的收入来源，也是东帝汶维持国家生存和发展的主要保障，为此，东帝汶设立了石油基金（Timor-Leste Petroleum Fund）来管理石油收入。根据东帝汶财政部发布的石油基金年报，2016 年底，东帝汶石油基金滚存至 158.44 亿美元。[2] 随着油气价格走低，近年来东帝汶石油基金的可持续性面临较大的挑战，2016 年石油基金的收入为 2.24 亿美元，支出却达到 10 多亿美元。2016 年，东帝汶的财政支出为 15.62 亿美元，财政收入为 1.71 亿美元，不足部分主要靠支取石油基金抵消。东帝汶

---

① 世界银行数据库，https://data.worldbank.org/，最后访问日期：2017 年 12 月 3 日。

② Democratic Republic of Timor-Leste Ministry of Finance，"Timor-Leste Petroleum Fund Annual Report 2016"，https://www.mof.gov.tl/wp-content/uploads/2017/09/English-Final-Report - 2016.pdf，最后访问日期：2017 年 12 月 3 日。

的一家智库预测，如果没有新的收入来源，石油基金将在 2027 年耗尽。[①]
油气收入的变化将直接影响东帝汶的对外贸易和相关投资，中国与东帝汶的
经贸合作直接受此制约。

4. 东帝汶加入东盟的可能性

2011 年，东帝汶正式提出加入东盟的申请。2013 年 4 月 29 日，东盟秘
书长黎良明表示，东盟已成立工作小组审核东帝汶加入东盟申请书的相关问
题。[②] 这标志着东盟开始正式审议东帝汶加入东盟问题。尽管东帝汶正式加
入东盟在东盟内部还尚未达成共识，但目前印度尼西亚已经明确表示支持东
帝汶加入东盟。东帝汶加入东盟后将为其与中国的经贸合作创造巨大的空
间。

5. 东帝汶的华侨华人

东帝汶的华侨华人主要包括两部分：一部分是 19 世纪以后前往印度尼
西亚和东帝汶的华侨华人；一部分是 2002 年东帝汶独立以来，来自中国福
建和河南的新华侨。华侨华人总数为 2 万余人，其中 2002 年以后到达东帝
汶的新侨和中国海外公民 6000 余人。[③]

目前，在东帝汶的华侨华人多以经营超市、餐饮、汽车销售、加油站等
服务行业为主。东帝汶的私营经济充满华人的味道。[④] 目前在东帝汶的中国

---

① Damon Evans, "East Timor Is Going for Broke as Oil Runs out", https：//www. forbes. com/
sites/damonevans/2016/12/07/east-timor-is-going-for-broke-as-oil-runs-out/，最后访问日期：
2017 年 12 月 3 日。

② 《东盟审议东帝汶加入东盟的申请书》，2013 年 10 月 5 日，http：//cn. vietnamplus. vn/
Home/20135/23425. vnplus。

③ 关于东帝汶的华侨和中国海外公民人数没有确切的统计数据。2004 年国务院侨办网站公布
的资料称，东帝汶的华侨华人约为 1500 人；2006 年东帝汶撤侨时，当时中国驻东帝汶大
使馆统计的中国在东帝汶公民和华侨 500 余人；东帝汶留学生马提丝在其硕士学位论文《中
国对外援助及其对东南亚发展的影响：中国 – 东帝汶关系的案例分析（2002～）》中认为，
中国在东帝汶的华侨和海外公民为 1000～3000 人；中国第 16 支赴东帝汶维和警队队长陈
枫在 2012 年接受记者采访时称，东帝汶"新侨"为 2000～3000 人。笔者在写作本文的过
程中曾向中国驻东帝汶使馆领事部赵守圣随员咨询华侨华人数量，据他介绍当前东帝汶老
华侨规模约为 500 户 3000 人；新侨自 2002 年后陆续来东，现规模在 6000 人左右。

④ 《走进东帝汶》，使馆商社贸易快讯杂志社，2008，第 40 页。

公民人数逐年增长，大部分来自福建、河南等地，主要是来自福建的福清和平潭。他们往往是通过家族或同乡关系来东帝汶经商或者打工。近年来，东帝汶政府一直在对传统市场进行整顿，加强了对小商贩的管控力度，因此预计华人以零售业为主的经济将会受到一定的影响。

华侨华人对中国与东帝汶经贸合作的影响主要体现在两个方面：一方面，华侨华人是两国经贸合作的载体和推动者；另一方面，华侨华人在东帝汶大量从事零售业等低门槛行业，影响当地人就业，可能会对其与当地人的关系产生不利影响，进而影响两国经贸合作。

（二）中国与东帝汶经贸合作展望与建议

根据葡萄牙国家统计局统计的数据，2003～2010年，东帝汶保持了年均17.2%的增长速度①，是世界上增长速度最快的国家之一。2015年和2016年东帝汶的经济增长率分别为4.08%和5.67%②，保持了较快的增长速度。尽管独立10多年来，东帝汶的经济得到了很大的改善，但东帝汶的整体发展水平还非常低，仍然属于世界上最不发达国家，因此应对中国与东帝汶的经贸合作有合理的预期，中国与东帝汶的经贸合作仍将增长，但增长的幅度将是有限的。为进一步挖掘中东经贸合作潜力，以下三方面的工作值得努力。

1. 加快建立中国－东帝汶产业园

东帝汶较高的失业率和畸形的经济结构决定了解决人口就业、发展自己的主导产业将是东帝汶政府当前最迫切的任务。双边贸易解决了当前东帝汶的商品短缺问题，增加对东帝汶投资将是东帝汶长期发展的重要一环。目前，中国企业已经在东帝汶建立了农业高科技园区，下一步可在此基础上进一步发展其他相关产业，利用中国较为发达的制造业发展经验和产业园区建设经验，在改善基础设施的基础上，吸引中国资本在东帝汶投资，帮助东帝

---

① 《东帝汶是2003～2010年经济增长最快的葡语国家》，2013年11月1日，http：//www. macauhub. com. mo/cn/2013/07/16/。

② 世界银行数据库，https：//data. worldbank. org/，最后访问日期：2017年12月3日。

汶自主发展。

2. 开展石化方面的合作

油气资源是东帝汶的主要收入来源，东帝汶政府一直致力于勘探新的油气资源，并希望将油气资源通过管道运输到东帝汶本土进行精炼和出口；中国是世界上主要的油气进口国，也有着较为先进的油气勘探开发技术。从长远来看，中国与东帝汶开展油气勘探和石化产业的合作是符合双方需求的、有较大发展前景的，因此中方应继续开展在这些方面合作的可行性研究，尽早促成这些方面的合作。

3. 通过多边渠道，共同帮助东帝汶发展

东帝汶作为世界上最不发达国家之一，要依靠自身力量实现可持续发展面临的挑战是巨大的。目前，东帝汶已经加入了亚洲基础设施投资银行，亚洲开发银行也为东帝汶提供了大量的援助。中国应通过国际多边机构，进一步帮助东帝汶发展。2014 年，东帝汶、印度尼西亚和澳大利亚三方次区域经济综合发展会议召开；2016 年，东帝汶召开了首次国际投资会议；东帝汶政府还与世界银行联合组织了东帝汶发展伙伴会议，这些新机制的创立将有利于提升东帝汶的自我发展能力，中方对上述机制应给予适度的支持。

4. 充分发挥中国－葡语国家经贸合作论坛的作用

澳门在中国与东帝汶经贸关系中发挥着桥梁作用，中国－葡语国家经贸合作论坛是推动中国与东帝汶经贸合作发展的制度性保证。应该继续通过合作论坛，推动中国与东帝汶经贸合作中的项目磋商、落地和争端解决，使其成为发展中国与东帝汶经贸关系的推进器。

东帝汶的经济体量较小，中国与东帝汶双边贸易和投资的绝对额都不大，但增长速度较快；随着中国"一带一路"倡议的推进，东帝汶作为21世纪海上丝绸之路沿线国的地缘优势将进一步凸显，两国的经贸合作将迎来新的发展机遇。

B.8
中国与葡语国家双向投资的现状、特征与趋势

沈梦溪*

摘　要： 中国与葡语国家之间的投资以中国对葡语国家投资为主，葡
语国家对中国投资的存量和流量相对都较小。根据中国商务
部公布的《2016年对外直接投资统计公报》和中国统计局公
布的《中国统计年鉴2016》，中国对葡语国家的投资存量主
要集中在巴西、安哥拉和莫桑比克三国，而对中国进行直接
投资的葡语国家主要为巴西、葡萄牙、安哥拉三国，其余葡
语国家与中国的直接投资往来相对较少。从行业分布看，中
国对葡语国家投资主要集中在基础设施、金融、制造业等领
域，葡语国家对中国投资则主要集中在制造业；从总体趋势
来看，中国与葡语国家之间的双向投资在最近10年总体呈现
上升趋势。

关键词： 中国　葡语国家　直接投资　双向投资

从资金规模来看，中国与葡语国家之间的直接投资来往并不密切，而且
以中国对葡语国家投资为主，葡语国家对中国投资的存量和流量相对都较小。
从投资流向来看，巴西、安哥拉和莫桑比克三国吸收了大部分中国投入葡语

---

* 沈梦溪，会计学博士，商务部国际贸易经济合作研究院副研究员。

国家的资金，而对中国进行直接投资的葡语国家主要为巴西、葡萄牙、安哥拉三国。从投资领域来看，中国对葡语国家投资主要集中在基础设施、金融、制造业等领域，而葡语国家对中国投资主要集中在制造业。从总体趋势来看，中国对葡语国家直接投资增幅较大，而葡语国家对中国投资则平稳上升。

一 近年来中国与葡语国家双向投资概况

（一）中国对葡语国家投资远大于葡语国家对中国投资

中国与葡语国家之间的投资以中国对葡语国家投资为主，而葡语国家对中国投资的存量和流量都非常小。根据中国商务部公布的《2016年对外直接投资统计公报》和中国统计局公布的《中国统计年鉴2016》，2016年中国对葡语国家投资流量为3.76亿美元，存量为59.36亿美元；同年葡语国家对中国投资流量0.6亿美元。2007～2016年中国对各葡语国家投资流量和存量数据参见表1和表2，各葡语国家对中国投资流量数据参见表3。中国官方尚未公布2017年中国对外直接投资及吸收外资数据，根据英国《金融时报》FDIMarkets数据库和毕威迪（BVD）数据库数据，2017年中国对葡语国家投资流量总额猛增到31.33亿美元（见表4）。FDIMarkets数据库和毕威迪（BVD）数据库均为商业数据库，在统计范围、统计期限和金额计算方法上与中国官方数据库存在较大差异，该数据与中国官方数据不存在可比性。

（二）双向投资区域相对集中

中国对葡语国家的投资存量主要集中在巴西、安哥拉和莫桑比克三国。根据中国商务部公布的《2016年对外直接投资统计公报》，2016年，巴西、安哥拉和莫桑比克三国吸收中国投资流量为3.34亿美元，占葡语国家吸收中国投资流量总额的88.71%；三国吸收中国投资存量为53.78亿美元，占中国对葡语国家投资存量总额的90.60%。此外，中国对东帝汶投资流量近年来上升较为迅速，2016年投资流量达到0.55亿美元，已超过该年度中国对莫桑比克投资流量，但投资存量仍然较低，仅有 1.48 亿美元。根据英国《金融时报》FDIMarkets 数据库和毕威迪（BVD）数据库数据，2017 年中国对葡语国家投资主要流入巴西和葡萄牙两国，其中对巴西投资流量高达 31.12 亿美元，占该年度对葡语国家投资总量的 99.32%。

对中国进行直接投资的葡语国家主要为巴西、葡萄牙、安哥拉三国，其余葡语国家对中国投资较少或无投资。根据中国统计局公布的《中国统计年鉴 2016》，2016 年，巴西、葡萄牙、安哥拉三国对中国投资流量总和为 0.61 亿美元。根据英国《金融时报》FDIMarkets 数据库和毕威迪（BVD）数据库数据，2017 年葡语国家中仅有巴西对中国进行了直接投资，涉及金额 0.33 亿美元。

（三）在世界投资流量中占比小，但上升较快

中国与葡语国家之间的双向投资在中国与全世界投资合作中所占比重较小，但整体上呈现上升趋势。从表 1 和表 2 的投资存量及投资流量总计可以看出，从绝对金额看，中国对葡语国家投资不论是流量还是存量都不超过中国对外投资总量的 1%；而表 3 显示的葡语国家对中国投资占中国吸收外资的比例则更小。但从表 1、表 2 和表 3 的历年增长趋势来看，最近 10 年间，中国对葡语国家投资流量从 2007 年的 1.15 亿美元增加到 2016 年的 3.76 亿美元，增长 2 倍多；中国对葡语国家投资存量从 2007 年的 3.54 亿美元增加到 2016 年的 59.36 亿美元，增长近 16 倍；葡语国家对中国投资流量也从 2007 年的 0.4 亿美元增加到 2016 年的 0.6 亿美元。表 4 显示了 2017 年中国与葡语国家双向投资流量。

二 中国与巴西双向投资现状、特征及趋势

（一）巴西是与中国双向投资最为密切的葡语国家

巴西是全球第七大投资目的地。据巴西中央银行统计，2016 年，巴西

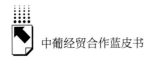

表 1 2007~2016 年中国对葡语国家直接投资存量

单位：万美元

国别＼年份	2007	2008	2009	2010	2011	2012	2013	2014	2015	2016
巴西	18955	21705	36089	92365	107179	144951	173358	283289	225712	296251
安哥拉	7846	6889	19554	35177	40059	124510	163474	121404	126829	163321
莫桑比克	3424	4300	7496	7524	9807	33691	50809	65386	72452	78226
赤道几内亚*	4463	4062	6150	8625	9868	40464	26085	20085	23163	23659
东帝汶	45	45	745	745	745	745	905	1578	10028	14794
葡萄牙	171	171	502	2137	3313	4038	5532	6069	7142	8774
几内亚比绍	0	0	2700	2700	2700	2700	2700	6682	6906	7016
佛得角	465	513	504	458	458	1160	1523	1518	1518	1523
圣多美和普林西比	0	0	0	31	31	38	38	38	38	38
对葡语国家直接投资存量合计	35369	37685	73740	149762	174160	352297	424424	506049	473788	593602
对全球直接投资存量合计	11791050	18397071	24575538	31721059	42478067	53194058	66047840	88264242	109786459	135739045

注：赤道几内亚是为了成为葡语国家共同体成员而宣布以葡语为官方语言的，下同。

资料来源：中国商务部：《2016 年对外直接投资统计公报》《2015 年对外直接投资统计公报》。

表 2 2007~2016 年中国对葡语国家直接投资流量

单位：万美元

国家＼年份	2007	2008	2009	2010	2011	2012	2013	2014	2015	2016
东帝汶	0	0	0	0	0	0	160	973	3381	5533
佛得角	9	48	0	-46	0	0	13	10	0	5
几内亚比绍		0	1585	0	2026	0	0	172	224	61
莫桑比克	1003	585		28		23052	13189	10251	6843	4425

续表

单位：万美元

国家 \ 年份	2007	2008	2009	2010	2011	2012	2013	2014	2015	2016
葡萄牙	0	0	0	0	0	515	1494	387	1072	1137
巴西	5113	2238	11627	48746	12640	19410	31093	73000	-6328	12477
安哥拉	4119	-957	831	10111	7272	39208	22405	-44857	5.774	16449
赤道几内亚	1282	-486	2088	2208	1247	13884	2241	3313	-1304	-2491
圣多美和普林西比	0	0	0	2	0	7	0	0	0	0
对葡语国家直接投资流量合计	11526	1428	16131	61049	23185	96076	70595	43249	9662	37596
对全球直接投资流量合计	2650609	5590717	5652899	6881131	7465404	8780353	10784371	12311986	14566715	19614943

资料来源：中国商务部：《2016年对外直接投资统计公报》《2015年对外直接投资统计公报》。

表3　2007~2016年部分葡语国家对中国直接投资流量

单位：万美元

国家 \ 年份	2007	2008	2009	2010	2011	2012	2013	2014	2015	2016
巴西	3164	3879	5248	5725	4304	5760	2304	2811	5084	4667
葡萄牙	823	829	1175	1058	1334	48	948	444	202	1042
安哥拉	232	239	609	295	303	195	454	712	90	359
几内亚比绍	0	56	60	225	302	0	0	0	0	0
赤道几内亚	208	143	0	0	215	0	0	0	0	0
葡语国家对中国直接投资合计	4427	5146	7092	7303	6458	6003	3706	3967	5376	6068
吸收全球外商直接投资合计	7476800	9239500	9003300	10573500	11601100	11171600	11758600	11956200	12626700	12600100

资料来源：中国国家统计局：《中国国家统计年鉴2016》。

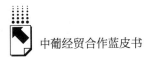
表4　2017年中国与葡语国家双向投资流量

单位：万美元

国家名称	吸收中国直接投资	对中国直接投资	国家名称	吸收中国直接投资	对中国直接投资
巴西	311160	3300	葡萄牙	640	0
安哥拉	1100	0	几内亚比绍	0	0
莫桑比克	420	0	佛得角	0	0
赤道几内亚	0	0	圣多美和普林西比	0	0
东帝汶	0	0	总计	313320	3300

资料来源：英国《金融时报》FDIMarkets数据库和毕威迪（BVD）数据库。

接受的外国直接投资金额为789.29亿美元，同比增长5.98%，在全球接受外国直接投资排行榜中位列第七，这些外资主要集中在电信、电力和天然气、房地产、金融机构、医疗等服务业领域①。

　　但中国和巴西相互投资并不活跃，发展空间巨大。中国和巴西两国间经济交往以货物和服务贸易为主，投资流量和存量均不大。从表2的直接投资流量来看，中国对巴西直接投资波动较大，即使在投资流量最大的2014年，也没有超过当年巴西吸收外资总量的1%。尤其在2015年，中国对巴西投资出现大幅下跌（见图1），其中有大宗商品国际市场价格下跌等不利因素影响，也有其国内政局动荡，特别是反腐的"洗车行动"导致政坛频频爆出贪腐丑闻，使巴西经济遭受严重打击的原因。根据中国商务部公布的《2016年对外直接投资统计公报》和中国统计局公布的《中国统计年鉴2016》，2016年，中国对巴西投资流量为1.25亿美元，占该年度巴西吸收外资流量总量的0.2%；截至2016年底，中国对巴西投资存量为29.63亿美元。同年，巴西对中国投资流量为0.47亿美元。根据英国《金融时报》FDIMarkets数据库和毕威迪（BVD）数据库数据，2017年中国对巴西投资流量高达31.12亿美元。总体来说，中国与巴西双向投资流量和存量都存在很大的增长空间。

―――――――――

　　①　参见中国商务部《对外投资合作国别（地区）指南――巴西》（2017年版）。

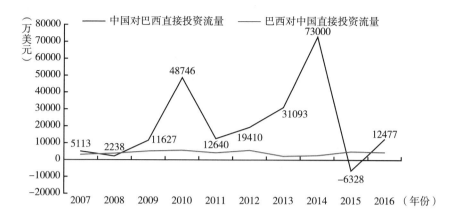

图1　2007～2016年中国与巴西双向直接投资流量

资料来源：中国商务部《2016年对外直接投资统计公报》《2015年对外直接投资统计公报》、中国国家统计局《中国国家统计年鉴2016》。

（二）并购和绿地投资①等是主要投资方式

中国企业主要通过绿地投资、并购、竞买公共项目特许经营权等多种形式对巴西进行投资。根据英国《金融时报》FDIMarkets数据库和毕威迪（BVD）数据库数据，近年来规模相对大的绿地投资包括中国移动成立巴西子公司、晶澳太阳能成立巴西分公司、比亚迪新建太阳能工厂等；规模相对较大的并购包括国家电网公司正式收购巴西卡玛古集团持有巴西CPFL公司23.6%的股权、三峡集团收购杜克能源巴西公司100%的股权等。

巴西企业对中国投资方式以绿地投资为主，并购等其他方式相对少见。根据英国《金融时报》FDIMarkets数据库数据，近年巴西对中国规模相对较大的绿地投资包括Iochpe-Maxion公司在中国上海设立分公司、Grendene公司在中国设立销售中心等。

2017年4月，比亚迪位于巴西圣保罗州坎皮纳斯市的太阳能工厂正式

---

① 绿地投资又称创建投资或新建投资，是指跨国公司等投资主体在东道国境内依照东道国的法律设置的部分或全部资产所有权归外国投资者所有的企业。创建投资会直接导致东道国生产能力、产出和就业的增长。

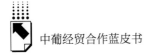

揭幕，工厂投资约合 3.31 亿元人民币，产能 200 兆瓦，为当地创造工作岗位 360 个。同时，比亚迪还宣布将实现电动大巴底盘制造本地化，将在巴西打造绿色能源产业闭环，提供从发电到用电完全本地化的整体新能源解决方案①。

2016 年 9 月 2 日，国家电网公司和巴西卡玛古集团在上海签署股权购买协议，国家电网公司正式收购巴西卡玛古集团持有的巴西 CPFL 公司 23.6% 的股权。CPFL 公司是巴西最大的私营电力企业。其全资拥有 8 个配电特许权公司，业务覆盖经济发达的圣保罗州和南大河州，服务用户 780 万，线路长度 24.7 万公里，年配电量 600 亿度，占巴西配电市场份额的 13%，是巴西最大的配电企业。CPFL 公司的供电可靠性、线损等运营指标在巴西均处于领先地位，是巴西配电领域的标杆企业。CPFL 公司还控股巴西第一大新能源公司，在运新能源权益装机容量 101 万千瓦。CPFL 公司资产与国家电网公司在巴西既有的输电资产具有良好的协同效应。此次交易完成后，国家电网公司将在巴西市场实现电力发、输、配、售业务领域的全面覆盖②。

2016 年 10 月，三峡国际能源投资集团公司与美国杜克能源公司签订股权收购协议，三峡集团以 12 亿美元（含债务）的价格收购杜克能源巴西公司 100% 的股权。杜克能源公司是美国最大的能源企业之一，在巴西拥有共计 10 座水电站，总装机容量为 227.4 万千瓦。交易完成后，三峡集团在巴西的可控和权益装机容量达到 827 万千瓦③。

（三）双向投资主要分布于制造业等领域

近几年，中国企业对巴西的投资主要集中在能源、基础设施、银行业、航空服务业、信息技术、农业等多个领域。截至 2016 年底，在巴西的中资企业有 200 多家。其中，石油领域有中国四大油企中石油、中石化、中海

---

① 资料来自英国《金融时报》FDIMarkets 数据库及搜狐新闻网站，http：//www.sohu.com/a/ 132598139_124344，最后访问日期：2018 年 4 月 26 日。

② 资料来自英国《金融时报》FDIMarkets 数据库及国家电网提供的企业材料。

③ 资料来自英国《金融时报》FDIMarkets 数据库及三峡集团提供的企业材料。

油、中国化工；银行业中，除农业银行正在筹建代表处外，工商银行、建设银行、中国银行、交通银行均在巴西设立了子行，国家开发银行也在巴西设有代表处；水电基础设施领域有国家电网、国家电投、葛洲坝集团、中国电建、三峡公司和国家核电、东方电气；制造业有格力电器、徐工、三一、柳工、比亚迪、奇瑞；建筑工程类有中交、中铁、中铁建；航空服务业有海南航空；农业领域有丰原、中粮、重粮、大康；信息技术领域有华为、中兴、奇虎、百度等①。

巴西在中国投资领域主要有支线飞机制造、压缩机生产、煤炭、房地产、汽车零部件生产、水力发电和纺织服装等制造业领域。2016 年，巴西在华新设企业 35 家，累计投资 4667 万美元②。巴西在中国投资登记的企业数量很多，但知名企业不算多，其中以巴西最大、全球领先的 120 座以下飞机出口企业 Embraer 公司和哈尔滨飞机工业有限公司 2002 年在华共同投资设立的哈飞 - 安博威工业有限公司最为著名。该公司总投资 5000 万美元，中巴双方分别占 51% 和 49% 股份，合营期 15 年③。

（四）巴西对中国投资者吸引力有所提升

巴西作为拉美地区面积最大、人口最多、资源最全面的国家，拥有巨大的市场潜力。现任总统特梅尔上台后，将以提振巴西经济、把巴西带回正轨为首要目标，推出一系列制度性改革，包括：更新过时的劳工法，使其更具灵活性，降低企业经营成本；调整养老金制度，规定最低退休年龄，减轻政府财政负担；将社会开支增长冻结 20 年，帮助巴西财政恢复健康；降低贷款利率，利好股票和投资市场，并对全国税收体制进行全面简化和改革，为企业提供便利。若这些改革能够落实到位，巴西的营商环境将会有所改善④。

---

① 数据来自中国商务部《境外投资企业（机构）备案结果公开名录》，http：//femhzs. mofcom. gov. cn/fecpmvc/pages/fem/CorpJWList. html，最后访问日期：2018 年 4 月 26 日。
② 参见中国商务部《对外投资合作国别（地区）指南——巴西》（2017 年版）。
③ 数据来自英国《金融时报》FDIMarkets 数据库。
④ 资料来自巴西出口投资促进局（Apex-Brasil），http：//www. apexbrasil. com. br/en/home，最后访问日期：2018 年 4 月 26 日。

特梅尔政府还设立了"投资伙伴计划"，并加大在巴西基础设施领域的投资，推动其薄弱环节的发展。目前，巴西政府大力推进私有化，已公布包括机场、港口、铁路、公路等多个领域在内的多个特许经营权项目清单，并将于近年陆续开展招标。2019年前，将向外资开放总额达2690亿美元的能源、铁路、电信、道路、卫生设施和机场等公共项目。巴西政府希望通过这批项目扭转经济颓势，增加就业岗位，更要弱化中央政府的职权，刺激私人领域参与的积极性。同时，为吸引外资，给巴西经济增添活力，特梅尔政府还进一步开放市场，减少国家对石油、天然气、矿产开采和航空领域的垄断，宣布巴西国家石油公司不再是盐下层石油的唯一开发商，也无须在联合体内至少参股30%，同时将石油天然气领域本地化率要求平均降低50%；将外资在巴西航空公司的持股上限由20%提升至49%，并向外资开放电力、港口、机场等基础设施项目的特许经营权①。另外，巴西经济不景气和反腐"洗车行动"使大批巴西企业生存困难，纷纷向外资出售资产。预期未来一段时间内，中国企业在巴西投资面临较好的机遇，直接投资流量将保持上升。

三 中国与葡萄牙双向投资现状、特征及趋势

（一）中国与葡萄牙双向投资尚处于起步阶段

中国和葡萄牙都不是对方的外资主要来源地。联合国贸发会议组织发布的《2017年世界投资报告》显示，2016年，葡萄牙吸收外资流量为60.6亿美元；截至2016年底，葡萄牙吸收外资存量为1182.1亿美元，而中国对葡萄牙投资流量和存量在其吸收外资总量中占比都低于1%。葡萄牙外资来源地集中在欧盟国家，截至2016年底，来自欧盟的投资存量占葡萄牙吸收外资总存量的87.47%。其中，荷兰、西班牙、卢森堡三国占比尤其突出，

---

① 资料来自巴西出口投资促进局（Apex-Brasil），http：//www.apexbrasil.com.br/en/home，最后访问日期：2018年4月26日。

合计占比约 66.49%，英国、法国、德国、比利时等欧盟国家在葡萄牙投资也占有一定比例。在非欧盟国家中，巴西和美国在葡萄牙投资数额较大①。从图 2 可以看出，2016 年，中国对葡萄牙直接投资流量 1137 万美元，投资存量 8774 万美元，在中国对外直接投资总流量和总存量中占比均小于 1%。葡萄牙对中国直接投资流量 1042 万美元。英国《金融时报》FDIMarkets 数据库显示，2017 年中国对葡萄牙投资流量金额为 640 万美元，而葡萄牙对中国无直接投资②。尽管近年来稳步增长，但中国与葡萄牙双向投资在两国对外投资和吸收外资总量中所占比例都不大。总体来说，两国之间双向投资的发展潜力仍然较大。

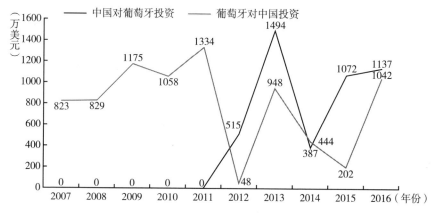

图 2　中国与葡萄牙双向直接投资流量

资料来源：中国商务部《2016 年对外直接投资统计公报》、《2015 年对外直接投资统计公报》、中国国家统计局《中国国家统计年鉴 2016》。

（二）并购和绿地投资等是主要投资方式

中国企业主要通过绿地投资、并购等形式对葡萄牙进行投资。根据英国

---

① 参见中国商务部《对外投资合作国别（地区）指南——巴西》（2017 年版）。

② FDIMarkets 数据库在统计范围、统计期限和金额计算方法上与中国官方数据库存在较大差异，其数据与中国官方数据不存在可比性。

《金融时报》FDIMarkets 数据库和毕威迪（BVD）数据库数据，近年来规模相对大的绿地投资包括中兴、华为成立葡萄牙子公司，中国银行成立里斯本分行等；规模相对较大的并购包括三峡集团收购葡电股权、国家电网收购葡能源网股权等。

葡萄牙企业在中国市场的开拓以绿地投资为主。根据英国《金融时报》FDIMarkets 数据库和毕威迪（BVD）数据库数据，葡萄牙萨尔瓦多·卡伊坦诺集团与中国华晨集团合作创立中国金杯卡伊坦诺公司，于 2013 年 9 月开始在华组装机场摆渡车辆。2013 年 5 月，葡萄牙 Sodecia 集团在大连投资 2000 万欧元，设立一家汽车零部件工厂，主要为大众汽车在大连的公司配套生产汽车传动系统零部件。

目前，有 10 余家中资企业在葡萄牙开展各类业务，近年来的主要合作项目如下。

1. 三峡集团收购葡电股权

2014 年 2 月，三峡集团下属上海勘测设计研究院与 EDP 下属 Labelec 实验室签署合作备忘录，开展新能源技术研发等方面合作。三峡集团还购买了 EDP 所持有的澳门电力公司 10.6% 的股份，购买了葡电新能源公司位于波兰、意大利的风电资产 49% 的股权。此外，三峡集团与 EDP 积极开展三方合作，签署协议，拟共同开发英国、法国海上风电项目[①]。

2. 国家电网收购葡能源网股权

2012 年 2 月，国家电网与葡萄牙财政部国有资产管理公司正式签署股权收购协议，以 3.87 亿欧元购得葡萄牙能源网公司（REN）25% 的股份，并于 5 月完成股权交割，成为该公司单一最大股东。2013 年 6 月，国家电网与 REN 共同出资 300 万欧元在葡萄牙里斯本成立了研发中心，充分利用各自优势，合作开展可再生能源、智能电网等领域的技术研发[②]。

3. 北控水务集团收购供水和污水处理企业

2013 年 3 月，北控水务集团收购法国威立雅公司在葡萄牙的供水和污

---

① 资料来自 BVD 数据库及三峡集团提供的企业材料。
② 资料来自 BVD 数据库及国家电网提供的企业材料。

水处理企业（CGEP）100%的股权，投资9509万欧元①。

4. 复星集团收购葡保险公司和葡萄牙商业银行

2014年1月9日，葡萄牙政府宣布复星集团中标葡储蓄总行保险业务私有化项目。5月，复星集团以10.38亿欧元收购葡储蓄总行旗下FIDELIDADE等三家保险公司80%的股份，并完成股权交割手续。6月，复星集团通过收购的葡萄牙FIDELIDADE保险公司，投资5700万欧元收购葡萄牙能源网公司REN 3.97%的股份。截至2016年，复星集团增加持有FIDELIDADE保险公司股份至85%，并通过其增持REN股份至4.8%。此外，FIDELIDADE保险公司于2014年10月收购葡最大私营医疗集团ESS 96%的股份，并更名为LUZ SAUDE（健康之光），投资总额约4.6亿欧元。截至2015年6月，FIDELIDADE保险公司（忠诚保险公司）已增持LUZ SAUDE股份至98.4%。

2016年11月，复星集团投资1.746亿欧元，认购葡萄牙商业银行（BCP）向其定向增发的16.67%股份；2017年1月，复星集团进一步追加投资，合计占有BCP 23.92%的股份，总投资5.486亿欧元②。

5. 金融行业在葡萄牙开展业务③

中国银行里斯本分行2013年7月1日正式开业，成为首家在葡全面开展业务的商业银行，该行为当地企业和个人客户提供储蓄、贷款、融资等服务，积极参与中资企业收购葡萄牙企业项目融资安排。中国工商银行于2011年底在里斯本设立代表处，与葡萄牙政府、金融、企业建立了广泛的联系。国家开发银行2009年成立葡萄牙工作组，积极推动两国金融领域合作，为中资企业投资收购葡萄牙企业提供了大量的融资安排。2014年12月，中国海通证券公司与葡萄牙新银行（Novo Banco）签署协议，投资3.79亿欧元收购新银行旗下投资银行BESI的全部股份。2016年8月，北京贝森资本控股有限公司以3800万欧元全资收购了葡萄牙BANIF投资银行。

---

① 资料来自BVD数据库及北控水务集团提供的企业材料。
② 资料来自BVD数据库及复星集团提供的企业材料。
③ 本部分资料来自FDIMarkets数据库及BVD数据库。

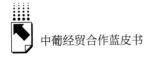

（三）双向投资主要涉及制造业等领域

截至 2016 年底，已有 10 余家中资企业在葡萄牙开展各类业务，主要涉及能源、金融、保险、通信、水务、建材、工程设计、餐饮等领域。例如，能源领域有葡电新能源葡萄牙北部风电公司、晶科能源葡萄牙有限公司、葡萄牙电力公司等，金融领域有中国银行里斯本分行、中国工商银行里斯本代表处等，基础设施领域有北控水务集团收购 CGEP 公司等①。

而葡萄牙公司在中国的投资以制造业领域为主。根据英国《金融时报》FDIMarkets 数据库数据，主要投资案例包括葡萄牙萨尔瓦多·卡伊坦诺集团与中国华晨集团合作创立中国金杯卡伊坦诺公司，葡萄牙 Sodecia 集团在大连投资设立一家汽车零部件工厂等。

（四）预期中国对葡萄牙投资将有所增长

葡萄牙经济状况目前总体向好，对中国企业有投资吸引力。2014～2016 年，葡萄牙经济连续 3 年实现正增长，财政赤字逐年下降，就业形势逐步好转。2015 年 11 月，葡萄牙社会党的科斯塔总理组建新一届政府，以发展经济为优先施政方向，不断出台新举措，稳步实施国家改革方案、国家稳定和增长方案，加速"葡萄牙 2020"项目审批，推出铁路等 2020 基础设施投资计划，严格执行国家预算案，巩固银行业发展，积极发展创新创业和初创企业。近年来其经济保持复苏回暖势态②。在过去几年中，中国企业积极参与葡萄牙私有化进程，对葡萄牙投资快速增长。随着葡萄牙经济回暖和中国企业"走出去"经验的提升，中国对葡萄牙的投资将保持增长。

---

① 数据来自中国商务部《境外投资企业（机构）备案结果公开名录》，http：//femhzs. mofcom. gov. cn/fecpmvc/pages/fem/CorpJWList. html，最后访问日期：2018 年 4 月 26 日。
② 资料来自葡萄牙经贸投资促进局（AICEP），http：//www. portugalglobal. pt/EN/InvestInPortugal/Pages/index. aspx，最后访问日期：2018 年 4 月 26 日。

四　中国与安哥拉双向投资现状、特征及趋势

（一）中国对安哥拉投资远超吸收安哥拉投资

中国是安哥拉仅次于葡萄牙、维尔京群岛、荷兰的第四大投资来源地，近年来，中国对安哥拉投资呈整体上升趋势。但是由于政治不稳定，投资受损的情况也时有发生。从图3可以看出，2016年当年中国对安哥拉直接投资流量1.65亿美元，截至2016年末，中国对安哥拉直接投资存量16.45亿美元。而安哥拉对中国投资合作项目较少，2016年对中国投资流量359万美元。英国《金融时报》FDIMarkets数据库数据显示，2017年中国对安哥拉直接投资流量为1100万美元，而安哥拉对中国无直接投资。

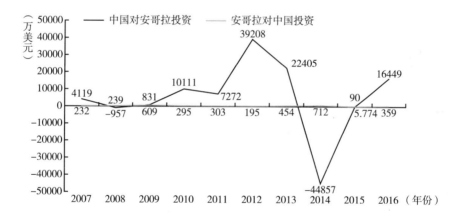

图3　中国与安哥拉双向直接投资流量

资料来源：中国商务部《2016年对外直接投资统计公报》、《2015年对外直接投资统计公报》、中国国家统计局《中国国家统计年鉴2016》。

（二）绿地投资是主要投资方式

从投资方式来看，中国对安哥拉投资以绿地投资为主。目前在安哥拉的中资企业有200余家，主要企业有中石化、青岛佑兴、讯通国际、浙江永

达、金鑫国际、海山国际、马克实业等①。其中，中石化与英国 BP 等石油公司合作，共同开发安哥拉油气资源。根据英国《金融时报》FDIMarkets 数据库数据，其他规模较大的投资包括华为在安哥拉设立分公司、葛洲坝集团在安哥拉设立分公司、中国银行在安哥拉设立分行等。由于在各公开数据库中无法查询到安哥拉对中国投资的具体案例，暂无从得知安哥拉对中国直接投资的主要方式。

（三）基础设施建设等是主要投资领域

从投资的产业分布来看，中国企业全方位地参与了多个项目，但主要分布在基础设施建设领域。除石油项目外，中国企业还对安哥拉的农业、饮用水、渔业、电网、电信、公路、铁路、医院、学校以及其他基础设施建设进行投资。根据英国《金融时报》FDIMarkets 数据库数据，具体投资案例包括新疆特变电工等企业投资能源电力行业，济南宏创博展汽车销售有限公司等企业投资汽车制造业及汽车销售业等。由于在各公开数据库中无法查询到安哥拉对中国投资的具体案例，暂无从得知安哥拉对中国直接投资的具体领域。

（四）营商环境问题制约投资增长

从投资发展趋势来看，安哥拉资源优势突出，农业综合开发空间广阔，制造和加工工业机遇较多，对中国企业具有一定吸引力。但其营商环境改善空间较大，根据世界银行《2017 年营商环境报告》数据，安哥拉在全球190 个经济体中营商环境排名列第 182 位，这也给中国企业投资带来一定障碍。从往年中国对安哥拉投资情况来看，受其政局波动影响，各年度投资流量波动较大。预计未来中国对安哥拉投资仍将受其总体宏观环境影响，尚难以呈现明确的走势。

---

① 数据来自中国商务部《境外投资企业（机构）备案结果公开名录》，http：//femhzs. mofcom. gov. cn/fecpmvc/pages/fem/CorpJWList. html，最后访问日期：2018 年 4 月 26 日。

五 中国与莫桑比克双向投资现状、特征及趋势

（一）投资关系为中国对莫桑比克单向流出

中国目前是莫桑比克最大投资来源国。根据中国商务部公布的《2016年对外直接投资统计公报》和中国统计局公布的《中国统计年鉴2016》，2016年，中国对莫桑比克直接投资流量4425万美元（见图4）；截至2016年底，中国对莫桑比克直接投资存量7.82亿美元（参见表1和表2）。而莫桑比克对中国无直接投资（参见表3）。另据莫桑比克投资促进中心统计，中国在2016年对莫桑比克投资金额占同期外国直接投资总额的30%以上①。

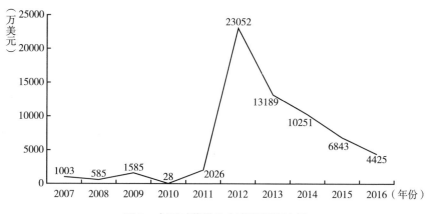

图4 中国对莫桑比克直接投资流量

资料来源：中国商务部《2016年对外直接投资统计公报》、《2015年对外直接投资统计公报》、中国国家统计局《中国国家统计年鉴2016》。

（二）绿地投资是主要投资方式

绿地投资是中国企业在莫桑比克最主要的投资方式。根据英国《金融

---

① 数据来自莫桑比克投资促进中心（CPI），http：//clubofmozambique.com/business-directory/cpi-investment-promotion-centre/，最后访问日期：2018年4月26日。

时报》FDIMarkets 数据库数据，近年来规模较大的投资主要包括中国路桥、中国铁建、中石油等在莫桑比克设立分公司，河南同力水泥股份有限公司在莫桑比克投资水泥项目等。此外，莫桑比克中部贝拉市的莫桑比克贝拉国际经贸合作区由中国安徽省外经建设集团投资开发，占地面积约 10 平方公里，项目一期投资 2.6 亿美元，目前仍在建设中。

（三）投资领域相对分散

根据中国商务部《境外投资企业（机构）备案结果公开名录》中的企业备案情况，在莫桑比克开展投资的中国企业超过 70 家，投资的主要领域包括农业、能源、矿产、房地产开发、酒店、汽车装配、零售业等。但总体来说，由于莫桑比克仍然是农业国家，工业化还在起步阶段，工业基础比较薄弱，中国对其直接投资不太活跃。近年来由于基础设施建设需求的增长，到莫桑比克开展投资经营的承包工程企业数量增长较快，竞争日益激烈。

（四）营商环境问题制约投资增长

从投资发展趋势看，莫桑比克社会保持稳定，经济快速增长，中国企业在莫桑比克存在一些投资机会。但也面临一些问题和挑战，如港口、道路、电力等基础设施不足，医疗卫生条件普遍较差，一些城市和地区社会治安不佳等。世界银行发布的《2017 年营商环境报告》显示，莫桑比克的营商便利程度在 189 个经济体中列第 137 位，较上年下降 4 位。2017 年，国际评级机构穆迪、标准普尔和惠誉均对莫桑比克的主权债务信用评级进行了下调，意味着其债务违约风险较高。这些因素都制约了中国对其直接投资的增长。

总体来说，中国与葡语国家之间的直接投资来往并不密切，而且以中国对葡语国家投资为主，葡语国家对中国投资的存量和流量相对都较小。主要原因是葡语国家除巴西外其他国家经济体量相对小，且部分国家营商环境不佳，对外直接投资能力以及对外商投资的吸引力都相对有限。从过去10年的发展趋势来看，中国对葡语国家直接投资总体增幅可观，但受各国经济、政治环境等因素影响，各年度金额波动较大；而葡语国家对中国投资则平稳上升。预期未来双向投资的增长仍需要基于中国进一步扩大对外开放、葡语国家宏观经济增长、营商环境改善等一系列前提条件。

B.9
葡语国家在中国全球能源战略
格局中的地位与作用

张思遥*

摘　要： 随着中国的全球能源战略格局愈发开放和多元，葡语国家凭借丰
富的能源品种、持续增加的资源储量、迫切的资金技术需求以及
广阔的市场潜力，不断加深与中国的能源战略合作，巴西、安哥
拉、莫桑比克和葡萄牙成为主要合作方。虽然葡语国家整体能源
市场的营商环境有待提升，但是中国与葡语国家具备优势互补基
础，可以实现互利共赢。下一阶段，通过平台搭建、模式创新、
形势研判、惠及民生等方式，双方将继续携手合作，保障能源安
全，夯实产业基础，促进绿色发展，提升能源领域的国际影响力。

关键词： 中国　葡语国家　能源战略

中国能源行业在过去 30 年间发展迅速，伴随生产消费规模扩大，以及
对外开放政策深入，逐渐形成了全球能源战略格局。习近平总书记先后提出
"四个革命、一个合作"战略思想和"一带一路"倡议，展示出与更多国家
就能源消费、能源供给、能源技术和能源体制等开展深入合作的意愿，邀请
更多国家参与能源合作，享受发展成果。葡语国家能源行业与中国存在互补
性，与葡语国家合作符合中国全球能源战略。

---

* 张思遥，国家发展和改革委员会能源研究所助理研究员。

一 中国能源战略在葡语国家的开展情况

虽然葡语国家在中国全球能源战略格局中的比重并不突出，但是在种种利好趋势的推动下，中国与主要葡语国家的能源合作持续拓展和深入。

（一）与巴西的合作现状与最新进展

巴西是葡语国家中第一大经济体，能源品种丰富且数量巨大，近年来行业发展水平不断提升。巴西是中国在南美洲重要的能源合作伙伴，中国对巴西的投资存量达到 400 亿美元①，能源和矿产资源类项目占据多数。

石油和天然气贸易是中巴能源战略对接的切入点。一方面，中国原油对外进口依存度已经达到 67.4%②，天然气消费需求也在快速增加；另一方面，巴西深海油气资源储量丰富，开发潜力很大。2017 年，中国国家开发银行与巴西国家石油公司签署了价值 50 亿美元的石油贸易融资协议。中方以贷款资金支持巴方经济建设，与此同时换取巴方的石油配额，填补中方国内供应缺口。

中国油气企业积极参与巴西油气田勘探开发。2017 年，中国石油天然气集团公司、中国石油化工集团公司和中国海洋石油集团公司参与巴西坎普斯－桑托斯盆地盐下层油气区块招标，并且顺利中标。三家央企所获区块地理位置比较优越，有利于油气资源勘探开发。

中国可再生能源企业尤其是太阳能企业，已经注意到巴西充足的日光资源和广阔的市场空间。阿特斯阳光电力有限公司在巴西圣保罗以合资方式建立了太阳能组件制造厂；比亚迪公司在巴西坎皮纳斯市建立了太阳能组件制

---

① 王正润：《财经观察：中国和巴西务实合作迎来新机遇》，http：//www.xinhuanet.com/2017－06/03/c_ 1121080887.htm，最后访问日期：2018 年 3 月 23 日。
② 侯瑞宁：《中石油：2017 年中国石油对外依存度达到 67.4%》，http：//finance.sina.com.cn/chanjing/cyxw/2018－01－16/doc-ifyqptqw0222152.shtml，最后访问日期：2018 年 3 月 23 日。

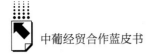

造厂和纯电动巴士底盘生产厂，还与巴西坎皮纳斯州立大学签署合作协议，建立其首个海外太阳能研发中心。

巴西成为中国水电"走出去"的重要目的国，向外输出先进经验。东方电气集团成功中标被誉为"南美洲三峡"的巴西杰瑞水电站左岸项目，提供了自主研发、自主制造，并且拥有完全知识产权的 22 台发电机组。国家电力投资集团成功中标巴西圣西芒水电站，签署了为期 30 年的特许经营权协议。

（二）与安哥拉的合作现状与最新进展

中国视安哥拉为在非洲投资和基础设施建设的重要目的国，至今累计贷款金额已经接近 500 亿美元[①]。"一带一路"倡议提出以来，中国对安哥拉的能源战略投资领域从油气行业上游勘探开发，转移至更为清洁的水电和光伏项目。

中国葛洲坝集团公司于 2017 年开工建设安哥拉卡古路·卡巴萨水电站。该项目是非洲目前最大的水电站，规划装机容量 217 万千瓦，葛洲坝集团公司将负责为期 4 年的运营维护管理服务。电站投入运行后，将可以满足安哥拉约 50% 的电力需求，有效解决能源贫困问题[②]。

中国东方电气集团有限公司与安哥拉电力公司于 2017 年签署了《安哥拉柴油机、光伏互补分布式发电总承包项目合同》，将在安哥拉八省内以工程总承包方式建设 11 座发电站及配套输电线路[③]。安哥拉的石油储量和光照资源丰富，利用柴油和光伏互补，既可以有效利用当地资源，又可以解决可再生能源发电波动性问题。

---

① 吴长伟：《中国企业在安哥拉承建的非洲最大水电站开工》，http://www.xinhuanet.com/
2017 – 08/04/c_ 1121434456. htm，最后访问日期：2018 年 3 月 23 日。

② 郭晓莹、曾恒：《中企承建非洲最大水电站开工》，http://www.chinanews.com/cj/2017/08 –
04/8296295. shtml，最后访问日期：2018 年 3 月 23 日。

③ 《共享"一带一路"红利东方电气集团为安哥拉提供能源解决方案》，http://
www.sasac.gov.cn/n2588025/n2588124/c7411654/content.html，最后访问日期：2018 年 3 月
23 日。

（三）与莫桑比克的合作现状与最新进展

莫桑比克沿海地区蕴藏大量天然气资源，有潜力成为天然气出口大国。虽然中国已经成为莫桑比克第一大投资来源国和最主要贸易伙伴①，但是两国间能源合作尚处初期。莫桑比克政府正在完善法律法规、提供优惠政策、改善投资环境，吸引更多外国企业投资。

中国已同莫桑比克签署了产能合作框架协议以及建设经贸合作区谅解备忘录，莫桑比克–南非天然气管道项目便是其中之一。该项目也称为非洲复兴管道项目，由莫桑比克、南非和中国企业以联合体形式运作，总投资超过60亿美元，莫桑比克境内管道长度约2000公里，设计年输气量160亿~200亿立方米，将为非洲南部国家输送工业和居民用气②。

（四）与葡萄牙的合作现状与最新进展

葡萄牙国土面积小且人口少，中国与葡萄牙的能源战略对接相较于其他几国有显著区别。在中国的全球能源战略格局中，葡萄牙更多地被视作欧洲的一部分。欧洲跨国跨区域电网调度能力优越，葡萄牙很早便制定了能源绿色清洁转型目标。2017年葡萄牙可再生能源发电量占比达到了44%，处于欧洲领先地位③。中国国家电网公司已经入股葡萄牙能源网公司，计划未来开展产学研共同合作。

二　葡语国家能源部门的发展特点

整体来看，葡语国家的化石能源储量丰富，以巴西为代表的可再生能源潜力巨大，能源行业服务水平有待提升（见表1、表2）。

---

① 聂祖国：《莫桑比克期待与中国加强产能合作》，http://finance.sina.com.cn/roll/2017-06-15/doc-ifyhfhrt4368025.shtml，最后访问日期：2018年3月23日。
② 宋敏涛、陈正、王敏壹：《中、莫、南三国企业签协议打通非洲南部能源动脉》，http://www.sohu.com/a/81823897_362075，最后访问日期：2018年3月23日。
③ 《2017年可再生能源占葡萄牙电力消耗的44%》，http://news.cableabc.com/gc/20180115065260.html，最后访问日期：2018年3月23日。

表 1 主要葡语国家 2015 年能源发展概况

国家	能源生产量（百万吨油当量）	能源净进口量（百万吨油当量）	一次能源供应量（百万吨油当量）	电力消费量（十亿千瓦时）	二氧化碳排放量（百万吨）
巴　西	279.4	25.3	298.0	523.0	450.8
安哥拉	99.7	-84.1	15.0	8.7	20.4
莫桑比克	19.1	-5.5	13.0	14.2	5.0
葡萄牙	5.3	18.5	22.0	49.8	47.0

数据来源：International Energy Agency, *Key World Energy Statistics 2017*。

表 2 主要葡语国家 2016 年能源发展概况

国家	一次能源消费量（百万吨油当量）	已探明石油储量（十亿吨）	石油生产量（百万吨）	已探明天然气储量（万亿立方米）	天然气产量（十亿立方米）	水力消费量（十亿千瓦时）	其他可再生能源消费量（十亿千瓦时）	生物质燃料产量（千吨油当量）	发电量（十亿千瓦时）
巴　西	297.8	1.8	136.7	0.4	23.5	384.3	83.9	18551.6	581.7
安哥拉	—	1.6	87.9						
葡萄牙	26.0	—	—	—	—	15.8	16.5	—	60.5

数据来源：BP, *Statistical Review of World Energy Underpinning Data*, 1965 - 2016。

（一）巴西：油气资源丰富，开采技术领先，可再生能源潜力大

巴西不但蕴藏丰富的深海油气资源，而且具有大量水电、太阳能及生物质能源资源，水电在总发电量中的占比超过 70%[1]。兼顾化石能源与新能源发展的巴西，正逐步迈入能源大国行列。

巴西近年来已探明油气储量快速增加。巴西 2016 年的原油生产量为 1.37 亿吨，在全球的占比为 3.1%，成为南美洲最大的原油生产国[2]。2016 年中国从巴西进口原油 1914 万吨，占中国原油进口总量的 5.0%[3]。然而，

---

[1] 林伯强：《中国与巴西能源合作可以互利共赢》，《中国证券报》2017 年 9 月 6 日。
[2] BP, "Statistical Review of World Energy Underpinning Data, 1965 - 2016", https://www.bp.com/en/global/corporate/energy-economics/statistical-review-of-world-energy.html.
[3] 田春荣：《2016 年中国石油进出口状况分析》，《国际石油经济》2017 年第 3 期。

巴西国内石油炼化行业发展滞后，成品油无法自给自足，长期依赖从以美国为主的海外进口。2015 年前后，中国石油天然气集团公司成功开拓了巴西成品油市场，将中国炼化的成品油出口到了巴西。

巴西的深海油气勘探开发技术处于全球领先地位。深海盐下层油气田勘探开发难度大、安全性低，巴西国家石油公司是全球唯一一家有能力开发深海盐下层油气区块的企业。由于企业负债率偏高，可支配资金有限，巴西国家石油公司难以将生产技术大规模商业化运用。中国能源企业普遍具备资金优势，中巴两国的油气资源合作符合双方战略利益。

巴西的生物液体燃料行业发展成就享誉世界，是全球最早开发燃料乙醇的国家之一，也是生产和消费燃料乙醇最多的国家之一。巴西政府出台一系列政策推广燃料乙醇，包括规定汽油中添加乙醇的比例、补贴燃料乙醇生产企业、鼓励民众购置燃料乙醇车辆等。

巴西在太阳能光伏发电领域兼具原材料和市场的双重优势。硅是太阳能光伏面板的重要生产原材料，巴西的硅储量十分丰富。巴西政府出台财政和金融措施支持太阳能光伏发电产业，对中国企业也给予了土地、税收和融资等方面的优惠政策。

（二）安哥拉：能源行业资金短缺，中方创新"安哥拉模式"助力发展

安哥拉是非洲南部最大的石油生产国，也是中国最重要的石油进口来源地之一。安哥拉正处在经济恢复期，基础设施落后，存在巨大电力缺口。安哥拉全国电力接入和供应率仅为 36% 左右，除首都之外更是仅有 18% 左右[1]。安哥拉是中国在非洲的第二大贸易伙伴，中国是安哥拉的第一大贸易伙伴[2]，中方在安哥拉投入大量资金用于能源行业及基础设施建设。

---

[1] 李冉熙：《东方电气集团为安哥拉提供能源解决方案》，http：//www.cinic.org.cn/zgzz/xw/408475.html，最后访问日期：2018 年 3 月 23 日。

[2] 程诚：《"一带一路"框架下中国在非洲的投资类开发金融体系》，http：//www.guancha.cn/chengcheng/2017_ 05_ 12_ 407903_ s.shtml，最后访问日期：2018 年 3 月 23 日。

中方积极响应安方资金需求，采取"贷款换石油"模式提供低息资金。2003 年，中国进出口银行与安哥拉财政部签署 20 亿美元贷款协议用于项目建设。为防止挪用资金贪污腐败，协议规定 70% 的项目必须由经过中国商务部核准的 35 家企业竞标承包，中标企业向安政府提供支出明细①，安政府审核后，中国进出口银行直接给企业支付费用。作为交换，安哥拉向中国提供原油。此种"安哥拉模式"类似官方发展援助，既保障资金安全高效利用，又保障安哥拉石油生产和对中国出口的稳定性。

（三）莫桑比克：计划将天然气行业打造为"朝阳产业"

莫桑比克是中国在非洲的传统友好国家，也是"一带一路"倡议在非洲的承接国，中莫两国已建立起全面战略合作伙伴关系。虽然莫桑比克的经济环境相对脆弱，但是整体呈现恢复增长趋势。国际社会普遍关注莫桑比克丰富的天然气资源，将其视为能源投资潜在热点。截至 2017 年，中国已成为莫桑比克第一大投资来源国，累计投资金额近 70 亿美元②。

（四）葡萄牙：在可再生能源发电及并网消纳领域具有先进经验

葡萄牙在可再生能源发电及并网消纳领域取得了优异成绩。在区域政治一体化带动下，欧洲各国之间依靠电网互联，实现了电力跨国调度和输送。利用各国电力供需的差异化波动，搭配用电负荷预测和电价交易机制，欧洲可再生能源并网的灵活性得以大幅度提升。中国可再生能源行业长期受到电网消纳难题困扰，以葡萄牙为代表的欧洲可再生能源电力系统的做法值得中国参考借鉴。

---

① 程诚：《"一带一路"框架下中国在非洲的投资类开发金融体系》，http：//www. guancha. cn/chengcheng/2017_ 05_ 12_ 407903_ s. shtml，最后访问日期：2018 年 3 月 23 日。

② 中非贸易研究中心：《中国与莫桑比克的产能合作潜力巨大》，http：//news. afrindex. com/zixun/article9778. html，最后访问日期：2018 年 3 月 23 日。

三 中国在葡语国家开展能源战略合作面临的问题

受到经济、文化、地理等多重因素影响，中国与葡语国家的能源战略合作基础有限，主要是葡语国家的营商环境不完善。在能源战略调整和深化的过程中，中方不但要面对葡语国家内部的不确定性，还要处理与外部国家的沟通对接。

（一）政治经济前景不明，收益存在较大风险

1. 宏观经济压力影响能源贸易投资

金融危机发生后，全球经济面临较强的不确定性，大宗能源商品价格下跌，严重影响出口国财政收入，造成部分国家石油公司债务情况恶化。中国与葡语国家能源贸易和投资合作面临的经济风险有所增加。

中国能源企业海外业务的利润空间不断压缩。除葡萄牙外，葡语国家整体的宏观经济形势不佳，政府和企业负债率高，本国货币大幅贬值。短期内多重经济风险叠加，或将影响当地企业收入，难以保障资金回收。

2. 政权更迭与党派博弈左右战略走向

中央企业和大型国有企业是中国与葡语国家能源战略合作的实施主体，一定程度上代表着国家和政府形象，也受到当地政府和党派关系的影响。各届政府和不同党派对待能源战略的态度不同，中国在葡语国家能源战略的长期布局或会有波动。

巴西工人党执政时期，巴西国家石油公司爆出贪腐巨案，涉案金额高达40亿美元①。民众的强烈抗议引发工人党信任危机，造成总统罗塞夫被罢免。考虑到民众情绪，中国企业在巴西的能源业务或将成为反对党关注的敏感话题，面临更为严格的审查。安哥拉在2017年也出现权力更迭，迎来38

---

① 陈威华、赵焱：《巴西国家石油公司亏损96亿美元》，http://jjckb.xinhuanet.com/2016 - 03/23/c_ 135217155. htm，最后访问日期：2018 年 3 月 23 日。

年来首位新总统，政局变动有可能影响能源战略合作。

3.行政效率不高延误宝贵商机

巴西、安哥拉和莫桑比克等葡语国家的行政效率普遍不高。国外投资者在巴西开展项目需要经过严格而冗长的审查。2008年后，巴西政府将石油区块招标次数降至每年三次，且时间不固定。国外企业找不到规律，无法有效进行长期规划，难以顺利中标。

（二）资源民族主义情绪或妨碍深度合作

巴西、安哥拉和莫桑比克三国都曾是葡萄牙的殖民地，在殖民时期遭遇过资源攫取和环境破坏。随着"资源主权"意识觉醒，三国对能源生产提出更多利益诉求，资源民族主义情绪有所抬头。部分西方媒体大肆宣扬中国的"新殖民主义"和"中国威胁论"，造成葡语国家对中国能源活动的抵触情绪。

巴西试图强化对本国油气生产的控制力。巴西政府曾出台规定，要求国家石油公司必须从本国企业购买勘探开发设备，并且巴西国家石油公司必须是盐下层油气区块开发的作业方，严格保护深海钻井技术核心知识产权，在联合体中占股比例不能低于30%[1]。虽然部分政策出现调整，但是仍然显示了巴西政府对本国利益的保护态度。

（三）法律环境不完善易引发商业纠纷

巴西、安哥拉、莫桑比克等国法律体系较为复杂，执行效力十分有限。巴西对石油、天然气、电力、核能和可再生能源等不同品种都单独制定了法律，还出台了各类临时性规章措施。各种法律法规纵横交错，为司法和执法留下了灰色地带。一旦发生纠纷，法院可能利用主观解释空间削弱法律的强制性及执行力[2]。此外，巴西劳工法赋予工会很大的谈判权。中国企业在国内采取的加班加点生产模式难以推广。

---

① 崔守军：《中国与巴西能源合作：现状、挑战与对策》，《拉丁美洲研究》2015年第6期。
② 崔守军：《中国与巴西能源合作：现状、挑战与对策》，《拉丁美洲研究》2015年第6期。

（四）第三国关系处理不当恐动摇合作信心

中国与葡语国家的合作不仅关系到双边利益，还涉及与其他第三国的战略博弈。中国在巴西的能源活动就需要充分兼顾美国和委内瑞拉的战略利益。南美洲是美国的传统势力范围，巴西长期是美国的原油进口来源国。虽然中国与巴西开展的是商业化能源合作，但是美国必然会有所警觉，担心背后所谓的"政治因素"。长期以来，委内瑞拉都是中国油气进口的主要来源国。在有限的市场空间内，如果无法妥善平衡对巴西和委内瑞拉两国的能源合作，中国或许会顾此失彼，疏远传统的能源伙伴国委内瑞拉。

四 葡语国家在中国全球能源战略格局中的前景展望

葡语国家一方面将继续保障中国的能源进口安全，另一方面将成为中国能源绿色转型的受益者，承接优质产能并提供销售市场，彼此携手参与全球能源治理。

（一）巴西和莫桑比克：扩大油气生产，成为重要进口来源

巴西将成为全球石油生产和出口大国，中国从巴西进口石油数量将显著增加。国际能源署（International Energy Agency，IEA）预测，巴西 2035 年日均石油产量将达到 600 万桶[①]。中国在 2015 年成为巴西第一大石油进口国，且进口规模还在快速扩大，巴西超过一半的原油出口至中国[②]。随着 OPEC 采取限产政策，中国为保障能源安全，将会扩大从巴西的进口规模。

中国和巴西在深海盐下层油气开发方面可以强强联合、优势互补。巴方具备勘探开发能力，拥有全球最多的海上平台，掌握管道安装、储油卸油等核心技术，也有水下 3000 米勘探开发经验。中方的水下勘探开发技术仅达

[①] "International Energy Agency", World Energy Outlook, 2013, p. 369.

[②] 陈效卫、张远南：《"三桶油"中标巴西盐下层石油区块，中巴深海石油合作深入》，http://www.thepaper.cn/newsDetail_forward_1846778，最后访问日期：2018 年 3 月 23 日。

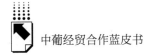

到 1500 米，且不具备自主研发能力。2016 年，巴西解除了对巴西国家石油公司在海上区块最低持股 30% 的限制，以及巴西国有石油公司作为海上区块唯一作业者的限制①。

在莫桑比克，中国能源企业正逐步参与天然气项目的投资运营，未来将以多种方式投资，并部分参与项目运营，通过技术和资金等方式帮助莫桑比克提升天然气产量。

（二）巴西：大力发展可再生能源，打开产品出口潜在市场

巴西政府计划扩大可再生能源利用规模，借助国外资金技术，实现经济绿色发展。巴西政府下一阶段将大力推广可再生能源，计划到 2026 年将可再生能源份额提升至 48%②。中国可再生能源产业发展迅猛，产能快速扩张大幅降低了生产成本。但是，美国、欧盟、加拿大、印度等市场排斥中国光伏产品，实施反倾销和反补贴调查，严重影响中国可再生能源产业海外发展。相比之下，巴西既有发展可再生能源的坚定决心，又有对中国企业的开放态度，是中国企业海外发展的"蓝海"。

中国企业在巴西投资建厂，可以有效转移产能，实现产品生产本地化，一定程度上解决部分国家针对"中国制造"的原产地限制问题。中国光伏企业生产效率高、生产成本低、产品质量佳。为了实现既定的宏伟目标，同时节约资金并创造就业岗位，巴西将接纳更多中国可再生能源企业投资。此外，中国 15 个部门于 2017 年联合印发《关于扩大生物燃料乙醇生产和推广使用车用乙醇汽油的实施方案》，燃料乙醇和车用乙醇汽油行业将快速发展。巴西是燃料乙醇生产大国，两国将就生物质燃料生产技术开展交流合作，提升液体燃料自给率。

---

① 刘朝全、姜学峰：《2016 年国内外油气行业发展报告》，石油工业出版社，2017，第 210 页。
② 《2026 年巴西可再生能源份额将突破 48%》，http://www.sohu.com/a/209183133_418320，最后访问日期：2018 年 3 月 23 日。

（三）安哥拉和莫桑比克：增加基础设施投资，开展全产业链合作

安哥拉和莫桑比克不再只是中国的油气进口来源国。在以往油气开发和产品贸易的基础上，中国将同安哥拉和莫桑比克开展深度合作，投入更多资金和技术，覆盖上中下游多个环节，提升当地能源行业全产业链发展水平。

中国将与莫桑比克拓展能源合作内容，从油气资源上游开发，向中游的管道输送、下游的加工销售延伸，帮助莫桑比克建立完整的产业链。中国将会加大对莫桑比克的基础设施投资，改善当地生产环境，利用贷款融资、人员培训等多种方式，向莫桑比克输出中国工业化发展的成功经验，为莫桑比克建立自主工业化生产能力打下基础。

五　中国在葡语国家开展能源战略合作的建议

中国需要不断提升理念，改进方式，统筹考虑，综合设计，深入挖掘潜在需求，以彼此都认可的成果真正实现能源战略双赢。

（一）善用合作平台，定期交流沟通，共同参与全球治理

双方应当充分利用中国－葡语国家经贸合作论坛等机制，强化能源及环境议题设置，安排来自政府、企业、学界等不同背景的代表参会，从政策、市场、技术等角度介绍各国最新动态。中国与巴西、安哥拉和莫桑比克同为发展中国家，在能源议题上拥有相同或相近立场，但是国际影响力相对有限。在全球能源格局变化、市场不确定性增加、应对气候变化进程艰难的时期，中国和巴西应当携手合作，就共同关切的议题发出声音，代表广大发展中国家和新兴经济体改进现有国际秩序，共同参与完善全球能源治理，实现互利共赢。

（二）创新合作方式，增强葡语国家能源行业吸引力

中国企业应当提高对能源行业中下游环节的参与程度，吸纳国内私营部

门和第三国企业共同合作。中国在葡语国家应当通过能源运输、加工和销售等中下游环节，形成战略合作的锁定效应。与此同时，中国大型央企可以对非公有制企业和外资企业保持开放，几方合作参股共同成立联合体经营，不但有利于获得外资企业的本土化管理经验，还能够淡化央企的政府背景。

中国在葡语国家的能源战略需要与第三方对接，争取多方的支持协作。葡语国家语言文化相同，但国情各异，彼此间也存在互补性。中国能源企业应当重视葡语国家间的联系，在同某一葡语国家开展合作之时，也尝试邀请其他葡语国家参与。比如，中国可与葡萄牙沟通，共同在巴西、安哥拉和莫桑比克等国合作。中国政府和企业还需要与葡语国家之外的第三国沟通交流，阐明能源战略合作意图，消除欧美等发达国家的疑虑。

（三）加强政策分析和过程追踪，兼顾战略利益和经济利益

中方应当及时收集分析葡语国家的基本情况，以信息数据作为决策支撑，提升战略制定的科学性。中国国内有关部委、智库，尤其是澳门特别行政区的相关机构，可以针对葡语国家的能源情况建立国别信息库，收集整理能源经济数据和最新政策法律。在事前判断能源战略和合作项目的风险与收益，在事中和事后记录进展情况及最终成效，以此不断修正研判方法和观点结论。

平衡兼顾国家战略和企业利益，争取整体收益最大化。建议政府在制定能源战略和企业在进行商业决策时，悉心听取智库对葡语国家的研究结论，真正做到"知己知彼"，做出更为科学理性的决策。

（四）提升企业社会责任，改善当地民众生活水平

中国在与葡语国家进行能源战略合作中应当更加注重对当地经济和环境的影响，让当地民众从中国的能源战略中获益。在项目前期可行性研究过程中，认真分析环境影响，多听取利益相关者的意见，尊重当地居民的风俗与文化。能源战略关系到中国和葡语国家双方的民生，中国能源企业应当培养世界公民思维，展现企业的社会责任感。中国能源企业要更多融入葡语国家

当地生活，学会换位思考，以彼此双方认可的适合方式开展战略合作。

进入新时代，中国不断优化调整全球能源战略，与葡语国家间能源合作的广度与深度也在持续增加。巴西、安哥拉、莫桑比克和葡萄牙的能源行业各具特色，这几国在中国与葡语国家的能源合作中必将扮演更为重要的角色。随着发展阶段和发展理念的转变，双方合作将超越资源和资金的单向流动，推动技术研发交流，开启产能和市场建设，改善能源消费结构，加速绿色低碳转型，更多惠及百姓民生，实现共享发展成果。虽然双方合作面临着宏观经济、法律环境、地缘政治等多个不确定因素，但是中国正在加强对葡语国家的能源合作力度，主要葡语国家也积极响应"一带一路"等相关倡议。通过完善体制机制、创新合作方式、增强能力建设等一系列努力，双方能源合作将迎来更加美好的明天。

B.10

电子商务：互联网视野下的中国与葡语国家经贸合作

许英明　邢李志*

摘　要： 中国－葡语国家电子商务发展差异明显，南美洲葡语国家巴西的电子商务实力位居南美之首；欧洲葡语国家葡萄牙的固定和移动网络基础设施建设已经达到较高水平，互联网接入较为普及，电子商务市场发展潜力大；非洲葡语国家电子商务整体环境较为落后；亚洲葡语国家东帝汶经济处于重建阶段，电子商务基础设施有待增强。澳门在中葡网上贸易合作中大有可为，既可以在现有的贸易合作中寻求机会，也可以在"一带一路"倡议中寻求新机会，更可以在优化贸易商品结构中寻求合作机会。葡语国家跨境电子商务市场有自己典型的特征，主要体现在市场、产品、移动、平台与支付等方面。中葡基于良好的经贸合作关系，电子商务将全面助推中葡经贸合作。

关键词： 国际贸易　跨境电商　澳门平台　中葡经贸合作

---

* 许英明，管理学博士，商务部国际贸易经济合作研究院副研究员；邢李志，管理学博士，北京工业大学经济与管理学院讲师。

一　未来已来：电子商务成为国际贸易的新动能

（一）电子商务跨越式发展的时机已经成熟

根据 Internet World States 数据统计，近年来，世界网民数量大幅攀升，2016 年全球网民总数达 36.76 亿人，世界范围内的网民渗透率达到 50.1%，其中发达地区如北美洲、欧洲及大洋洲的网民比例位居世界前列，互联网渗透率分别达到 89%、73.9% 和 73.3%，欠发达的非洲地区网民比例居于最末，互联网渗透率仅为 28.7%（见表 1）。

表 1　2016 年全球以及分地区网民统计

地区	人口数（人）	互联网使用人数（人）	互联网渗透率（%）
亚　洲	4052652889	1846212654	45.60
欧　洲	832073224	614979903	73.90
拉丁美洲	626119788	384751302	61.50
非　洲	1185529578	340783342	28.70
北美洲	359492293	320067193	89.00
中　东	246700900	141489765	57.40
大洋洲	37590820	27540654	73.30
世　界	7340159492	3675824813	50.10

资料来源：Internet World States。

按国别划分，2016 年，中国、印度以及美国网民数量分列全球前二位，印度、印度尼西亚以及墨西哥等国的网民渗透率有较为明显的提升（见表 2）。

表 2　2016 年按国别网民数量统计

排名	国家	2016 年人口数（人）	2016 年网民规模（人）	2016 年网民渗透率（%）	2015 年网民渗透率（%）
1	中　国	1378561591	721434547	52.30	50
2	印　度	1266883598	462124989	36.50	30
3	美　国	323995528	286942362	88.60	87

续表

排名	国家	2016 年人口数（人）	2016 年网民规模（人）	2016 年网民渗透率（%）	2015 年网民渗透率（%）
4	巴　　西	206050242	139111185	67.50	58
5	印度尼西亚	258316051	132700000	51.40	31
6	日　　本	126464583	115111595	91.00	91
7	俄 罗 斯	146358055	103147691	70.50	70
8	尼日利亚	186879760	97210000	52.00	51
9	德　　国	80722792	71727551	88.90	88
10	墨 西 哥	123166749	69000000	56.00	49

资料来源：Internet World States。

全球范围内移动互联网加速发展。根据国际电信联盟（ITU）的数据统计，近10年，全球移动宽带使用比例持续快速增长，远高于固网宽带的使用比例；而且，移动蜂窝电话使用比例已经接近100%（见图1）。

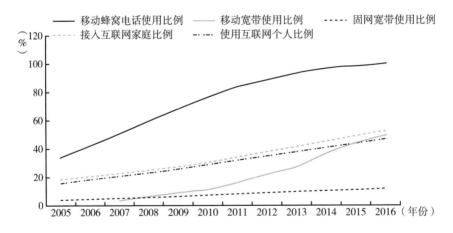

图1　2005～2016 年全球主要信息通信技术变化情况

资料来源：ITU，http：//www.itu.int/en/ITU-D/Statistics/Pages/stat/default.aspx。

（二）全球电子商务市场规模保持稳步上升

全球电子商务继续保持强劲的发展势头，联合国贸易和发展会议公布的统计数据显示，全球电子商务市场规模在 2015 年已经达到 25 万亿美元[①]。美国、日本和中国在电子商务市场发展较快，市场规模较大。

2016 年全球网络零售交易额达 1.915 万亿美元，同比增长 23.7%；2016 年全球零售总额约为 22.049 万亿美元，同比增长 6%，网络零售交易额占全球零售总额的比重由 2015 年的 7.4% 上升至 8.7%。在全球零售整体增长速度逐渐趋缓的大背景下，网络零售的快速发展对拉动全球零售市场持续增长的意义重大（见表 3）。

表 3　2015～2020 年全球零售及网络零售相关数据及预测

年份	总零售额（万亿美元）	总零售额增速（%）	网络零售额（万亿美元）	网络零售额增速（%）	网络零售占比（%）
2015	20.795	5.80	1.548	25.50	7.40
2016	22.049	6.00	1.915	23.70	8.70
2017	23.445	6.30	2.352	22.90	10.00
2018	24.855	6.00	2.86	21.60	11.50
2019	26.287	5.80	3.418	19.50	13.00
2020	27.726	5.50	4.058	18.70	14.60

资料来源：eMarketer。

分区域来看，亚太地区是目前网络零售额最高的区域，且与其他区域的差距仍在不断拉大。自 2013 年成为最大的网络零售单一市场区域后，亚太地区的网络零售年均增速始终保持在 20% 以上的水平，其中中国、印度以及印度尼西亚等新兴经济体的增速最为明显。

发达国家市场由于起步较早，网络零售额基数较大，在近几年也整体呈现上升的趋势。相比较而言，拉丁美洲市场以及中东/北非市场规模要小很多，一方面与其自身的经济体量相关；另一方面这些地区的电子商务市场起步较晚，相关的配套基础设施及上下游产业发展并不完善，但这些地区电子商务市场整体的发展态势良好，有较大增长潜力（见表 4）。

---

① 《联合国贸易和发展会议报告：全球电商规模达 25 万亿美元　中国居 B2C 市场榜首》，http://ltfzs.mofcom.gov.cn/article/bi/201705/20170502568050.shtml。

表4 2012～2016年各地区网络零售额数据

单位：十亿美元

地区\年份	2012	2013	2014	2015	2016
亚　太	392.6	567.3	770	1057	1361
北　美	411.1	452.4	523	644	709
欧　洲	411.7	482.3	567	505	565.8
拉丁美洲	27.3	33.2	37	33	39.8
中东/北非	11.1	14.7	21	26	30.5

资料来源：Ecommerce Foundation。

在电子商务整体蓬勃发展的同时，跨境电子商务尤其是跨境B2C电商市场规模增长显著。从阿里研究院与埃森哲战略联合发布的全球跨境B2C电商市场展望报告可以看出，2014年跨境B2C电商消费人群已达到3.09亿人，2020年将增加至9亿多人，年均复合增长20.4%[①]，占当年全球B2C电商消费人群的44.6%。2015～2020年，全球跨境B2C电商市场规模年均增长率较电子商务整体市场增长率将超过一倍，高达27%，2020年跨境B2C电商市场规模将由2014年的2300亿美元升至9940亿美元，占到当年全球消费品进口的13.4%以及当年全球B2C电商交易额的29.3%。

（三）我国跨境电子商务总体呈现蓬勃发展趋势

2016年，我国货物贸易进出口总值达24.33万亿美元，同比下降了0.9个百分点[②]。其中进口10.49万亿美元，增长0.6%；出口13.84万亿元，下降2%。面对严峻复杂的国际贸易形势，我国跨境电子商务逆势增长，仍然保持了强劲的发展势头，开始成为新的外贸增长点。

据埃森哲数据显示，预计到2020年，全球B2B电商的交易额将达到6.7万亿美元，超过1/3来自跨境交易（约为2.32万亿美元）。其中，中国

---

① 中华人民共和国商务部：《中国电子商务报告2016》，中国商务出版社，2017。

② 海关总署：《2016年我国外贸进出口情况》，http：//www.customs.gov.cn/publish/portal0/portal0/tab65602/info836849.htm。

跨境 B2B 电商交易额将达到 1.24 万亿美元，全球占比超过一半，将成为跨境电商发展的最主要驱动力①。

我国跨境电商的迅速发展不仅体现在市场规模和增速上，也体现在不断扩大全球贸易的过程中。我国跨境电商的贸易伙伴覆盖了全球 220 个国家和地区，同时包含了发达国家和发展中国家。表 5 反映了 2016 年我国跨境电商（出口 B2B）全球 10 大贸易伙伴排名②。

表 5　2016 年中国跨境电商（出口 B2B）全球 10 大贸易伙伴排名

排名	贸易规模	排名	贸易规模
1	美　国	6	加 拿 大
2	俄罗斯	7	法　国
3	巴　西	8	以 色 列
4	西班牙	9	白俄罗斯
5	英　国	10	智　利

资料来源：敦煌网。

二　差异明显：葡语国家电子商务发展呈现异质性

（一）南美洲地区葡语国家：电子商务综合实力独占鳌头

巴西的电信业管理和运营水平相对较高，世界银行最新数据显示，2014 年，巴西固定电话数量、移动电话数量和手机普及率分别为 4500 万、2.8 亿和 138%；2013 年，互联网用户数为 8910 万。

巴西购物类网站排名第一的 Mercadolivre 网是巴西境内规模最大的电商零售平台，其地位相当于中国的淘宝平台，产品种类繁多，包括家居、高科

① 《2017 中国跨境电子商务（出口 B2B）发展报告》，http：//www.dhresource.com/fc/s019/LP/key/2017。

② 《2016 中国跨境电子商务出口 B2B 发展报告》，http：//seller.dhgate.com/industry-trends/c_37302.html。

技产品、鞋、服装等。巴西的 MercadoPago 是南美洲最大的支付平台，类似国内的支付宝软件，涉及的业务范围很广，覆盖巴西、智利、哥伦比亚、哥斯达黎加、巴拉圭、阿根廷、厄瓜多尔、葡萄牙、巴拿马、秘鲁、墨西哥、多米尼加和委内瑞拉 13 个国家和地区。此外巴西还有 Ebanx 的 boleto 在线支付方式。

从电商用户数和收益来看，巴西已具备良好的发展基础。2016 年，巴西电商用户渗透率已达到 38.2% 左右，电商收益为 165.79 亿美元（约合 1117.19 亿元人民币）。从电商热销产品来看，2016 年时尚类电商产品的市场交易额达 56.18 亿美元（约合 378.6 亿元人民币），是巴西最热销的电商产品类别。

同时，巴西在拉丁美洲拥有最大的跨境电子商务消费市场，其跨境电子商务份额占到拉丁美洲总额的 42%。2013 年，跨境电子商务总额达到 96 亿美元。尽管现在美国仍然是巴西跨境电子商务的主要交易国，但这一趋势正逐渐发生转变。2013 年，79% 的巴西消费者曾在美国电商网站上购物，但 2014 年，只有 71.7% 的巴西消费者在美国电商网站上购物。巴西的消费者越来越多地在其另一个主要跨境电子商务交易国——中国的电商网站上购物，消费者覆盖率从 2013 年的 48% 上升到 2014 年的 55.1%。

（二）欧洲地区葡语国家：电子商务市场发展潜力巨大

葡萄牙固定和移动网络基础设施建设已经达到较高水平，互联网接入较为普及。近年来，葡萄牙政府在中小微企业数字化、网络信用、电子发票等方面采取一系列支持和鼓励措施，进一步推动电子商务发展。目前，电子商务持续保持稳定增长的态势，已成为葡萄牙经济发展的重要组成部分。但与英、德等国家的人均网络交易金额（2500 欧元左右）相比仍有较大的提升空间，电子商务面向个人消费者的交易规模占比较低。

从电商用户数和收益来看，葡萄牙电子商务发展比较成熟。2016 年，葡萄牙电商用户渗透率达到了 57.9%，电商收益高达 26.14 亿美元（约 176 亿元人民币），增长率为 12%。如果未来 5 年保持此增长态势，电商交易量将于 2021 年突破 46.34 亿美元（约 312 亿元人民币）。从 2016 年电商畅销产品来看，玩具以及手工这两类商品的交易额达到 7. 12 亿美元（约合 47. 94 亿元人民币），是葡萄牙电商市场中最热销的类别。

从电商平台来看，葡萄牙最大的 B2C 电商平台是 Zalando、德国时尚购物网站 BonPrix、美国线上电子产品商店 Amazon、IBS、欧洲电子巨头 Euronics 等。从支付平台来看，葡萄牙拥有两个支付平台，一个是本地支付平台 Payshop，消费者在线支付时须访问其在加油站和超市的代理商；另一个是操作比较便捷的 MBNet，消费者完成在线付款时无须提供自己的信用卡信息。

从整体发展来看，葡萄牙电商市场在未来几年仍将保持较好的发展势头。国际数据公司（IDC）和葡萄牙电子商务与互动广告协会（ACEPI）共同发布的研究报告显示，传统电子商务总规模将于 2018 年超过 750 亿欧元，将占 GDP 的 45% 左右，其中 B2C 的交易额将达到 40 亿欧元，B2B 和 B2G 的交易总额将达到 692 亿欧元[①]。葡萄牙电子商务市场的未来发展空间非常广阔。

（三）非洲地区葡语国家：整体电子商务生态圈较为滞后

相对于世界上的其他地区，非洲的电子商务整体发展还是比较落后的。在非洲电商最发达的国家南非，电商只占消费品市场的 1.4%。随着移动互联网的普及和经济的增长，电商的情况也在逐年好转（基建的加速、中产的慢慢增加、观念的转变等），但是非洲的电商之路还有一段路要走。

2015 年，非洲的葡语国家安哥拉人口 2300 万，可以上网人口占总人口的 15% 以上，手机用户 800 万左右。电商平台方面，中国的佑兴集团投资了安哥拉当地的电子商务平台 Baobabay，该平台致力于互联网的开发和应用，目前已在中国、美国和安哥拉建立了三大主要数据研发中心，并拥有近百人的专业 IT 团队。平台经营销售包括 LG、夏普、佳能、海尔等知名电器

---

① 中国驻葡萄牙使馆经商参处：《葡萄牙电子商务发展概况》，http：//www. mofcom. gov. cn/article/i/dxfw/jlyd/201409/20140900726419. shtml。

品牌，物流速度也非常快，在罗安达市 3 天内即可送货上门，其他地区的送货时间在 7 天以内。Baobabay 首席执行官 Feng Tao 表示，2015 年该公司已经有 50 个购物中心成员、2 万多名注册用户①。该平台的快速发展主要是由于安哥拉上网人数快速增加，电信和 IT 部门已成为政府首要工作的重要组成部分。

非洲的葡语国家莫桑比克电商基础设施比较薄弱，2014 年推出电商网站 Compra. co. mz，在初期上线了 12000 种电子类商品，但在当时只能在两个城市进行配送。2015 年，该电商网站推出了"黑五"大促活动（西方线上购物节），带动了该国电子商务的发展。

非洲的葡语国家几内亚比绍是一个人口较少、比较年轻的国家，也是世界上最欠发达国家之一。2016 年，总人口为 174.5 万，平均年龄不到 20 岁，只有 19.8。该国电力设施缺乏，首都都没有红绿灯，网民数量也较少，只有 5.7 万人左右，当然网络渗透率很低，只有 3.31%。

非洲的葡语国家佛得角是一个人口只有 50 多万的岛国。网民数量有 20 万左右，互联网普及率达 40.3%，居世界第 102 位，在葡语国家中仅次于葡萄牙（64.4%）和巴西（57.6%），超过圣多美和普林西比（24.4%）、安哥拉（24.3%）、莫桑比克（5.9%）、几内亚比绍（3.3%）和东帝汶（1.1%）②。

（四）亚洲葡语国家：电子商务基础设施有待增强

从整体来看，东南亚地区拥有数个颇具实力的电商，不过和中国的电商巨头相比，东南亚的电商仍处于起步阶段，目前东南亚的网络零售占比仅为 1%。有数据显示，这个总人口约 6.2 亿的地区的电商发展速度较快，潜力较大，目前，上网购物的人数正在直线上升。

---

① 《中国投资者在安哥拉设立电子商务平台》，安哥拉华人网，http：//www. aiweibang. com/yuedu/57195058. html。
② 中国驻佛得角使馆经商处：《佛得角互联网普及率居非洲葡语国家榜首》，http：//www. mofcom. gov. cn/article/i/jyjl/k/201509/20150901125503. shtml。

东帝汶是被联合国开发计划署列为全球 20 个最落后的国家和亚洲最贫困国家之一的葡语国家，以农业经济为主，粮食甚至不能自给，基础设施十分落后，经济也处于恢复和重建阶段，没有完善的制造业和工业体系基础。近年来，东帝汶手机用户数量急速增长，手机渗透率已接近 60%，这为电商发展奠定了良好基础。目前，在互联网市场方面还没有具体数据，增长速度也在放缓，并且线上活动在短期内并不乐观。东帝汶因为人口基数太小，市场还处于相当初期的阶段，不在东南亚电商市场的重点发展范围之内。

三 澳门平台：中－葡网上贸易合作的澳门作用

（一）在现有的贸易合作中寻求机会

中国与葡语国家的贸易合作发展迅速，部分省市如江苏省、广东省、浙江省、北京市、重庆市，已与葡语国家开展多层次、多领域的贸易合作。同时，这些省市在与葡语国家合作的过程中，也面临着语言、法律、人才、合作机会等诸多挑战，澳门可以发挥独特的优势，整合优势资源，积极对接江苏、广东、浙江、北京、上海、福建等发达地区已有的贸易合作企业，吸引内地企业到澳门开设办事处或与澳门企业合作，共同开拓葡语国家市场。

澳门的优势首先是桥梁优势。澳门因其独具葡萄牙的文化背景、得天独厚的地理位置和历史渊源等优势，是最合适 O2O 跨境电商发展之地。八个葡语系国家遍布四大洲，拥有 2.6 亿人口，面积超过欧洲的总和。澳门因历史和发展过程等因素，不仅具备与葡语系国家紧密联系的得天独厚的优势，而且也具备归侨、侨眷的资源优势。澳门如能用好来自 60 多个国家的归侨、侨眷，以及他们广泛的社会关系，发挥其行业多元、融通中外的独特优势，并给予更多优惠政策，将大大有助于澳门在跨境电商中异军突起①。同时，

---

① 《澳门政协委员：发挥澳门优势　与葡语系国家合作共赢》，中国新闻网，http://www.chinanews.com/cj/2017/01－19/8129294.shtml。

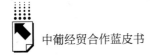

与发达国家相比，葡语国家具有较大的潜在商机，发展中国家贸易壁垒与劳动成本都较低，是很好的合作伙伴。澳门应充分利用与葡语国家之间的合作关系，并结合内地互联网应用成熟的优势，互相合作，创造商机。

澳门虽然面积不大，但经济较发达，在未来的发展中，政府可以带头推动科技创新发展，并加大与珠三角，尤其是与广州、深圳等地的合作，一方面利用澳门自贸区的优势，另一方面利用内地"互联网＋"发展成熟的优势，借助跨境电子商务将葡语国家产品带到全国各地。澳门缺乏科技人才，但内地人才众多，澳门宜从金融方面着手，通过某种形式使跨境电商有国际认可的支付平台，以方便促进贸易。

（二）在"一带一路"倡议中寻求新机会

当前，在政府深入推进丝绸之路经济带和21世纪海上丝绸之路建设的新形势下，中国与葡语国家的经贸合作面临新的机遇，澳门"一个平台"建设也面临新的机遇。

跨境电商是推进"一带一路"建设的重要抓手之一，它具有先导性的作用。作为21世纪海上丝绸之路的重要支点，澳门可以有效对接国家"一带一路"倡议实施的具体措施，并结合葡语国家的发展战略和贸易政策变化，积极寻求在"一带一路"框架下开展跨境电商的合作机会，特别是在产能合作以及中国企业"走出去"等方面，澳门企业可与内地企业共同寻找与葡语国家贸易合作的机会，维护与葡语国家的良好经贸合作关系，继续增强与其贸易合作。

习近平主席指出，"一带一路"的对接与合作，贵在其"新"。而跨境电商这种新型的贸易方式，已经开始在经济全球化和多边贸易体制中发挥越来越重要的作用，成为实施"一带一路"倡议的重要平台。澳门应当发挥中国与葡语国家商贸合作服务平台的作用，加快并促进葡语国家与中国的文化沟通，实现贸易畅通、资金融通。

（三）在优化贸易商品结构中寻求合作机会

中国各省市正根据自身发展需要和葡语国家需要，不断优化与葡语国家贸易往来的商品结构，加强与葡语国家在远洋渔业、基础设施、加工制造业等领域的合作，鼓励企业"走出去"，到相对落后的葡语国家去投资去建设。当然，在这个过程中会遇到一些挑战，这也为澳门"一个平台"建设提出了新的服务需求和开拓了新的服务领域，澳门可以在这些领域与内地一些省市政府和企业合作，了解内地需求，使电商的商业模式、产品、渠道、用户与内地进行更好的融合。双向的产品和渠道整合，可以使用户获得更好的体验，不断深化与葡语国家的贸易往来，进而形成大数据平台整合的基础，促进澳门电商发展。

目前，在澳门特区政府经济局的支持下，澳门中葡电子商务商会推出了"跨境电商一站式服务"，为澳门中小微企业提供处理海关、商检、物流、推广营销等环节的"一条龙"服务，协助澳门中小微企业启动跨境电商业务，为开拓内地市场创造便利条件。此外，澳门中葡电子商务商会与澳门饼食手信业商会于2017年7月签署了《跨境电商战略合作协议》，双方同意加强合作，协助澳门中小微企业将手信产品以跨境电商渠道销往内地①。澳门产品以及澳门企业代理的葡语系国家产品可经此跨境电商渠道送递全国各地消费者，此举有助于充分发挥澳门商贸合作服务平台作用，促进澳门经济适度多元发展。

在跨境电商中，澳门更适合扮演平台角色，可建立高效率、低成本、一体化的通道，即跨境电子商务综合服务体系。可以使各个类别的跨境电商平台通过综合服务体系连接政府四大部门，即通道、商检、结汇、退缴税。在连接的通道上实现真正意义上的单据全程电子化、在线化。可以将产品源头、资金流向、支付平台、需求保障进行线上线下追溯，以实现质量保证、跨境支付、数据可发展系统一体化。

---

① 《澳门产品首次通过跨境电商运往内地》，新华网，http：//news. cqnews. net/html/2017 – 08/17/content_ 42625824. htm。

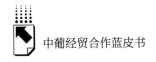
四　发展展望：电子商务全面助力中葡经贸合作

（一）中葡"丝路电商"合作模式蓄势待发

在国内网民数量增速放缓、市场竞争日趋激烈的环境下，利用国内需求优势和产品优势大力发展跨境电商，加速布局全球市场已成为国内电商企业的重要选择。在跨境电商基础设施方面，海外仓、海外运营中心、海外电商园区等都成为电商企业投资的热点，越来越多的海外供应商开始把跨境电商作为进入中国市场的优先通道，越来越多的中国企业也开始利用跨境电商平台创立专属品牌、销售产品，同时中国电商企业海外收购的步伐也在加速，中国电商的国际化程度快速提升。

"十三五"规划明确提出，伴随"一带一路"倡议的逐步实施，加快网上丝绸之路建设，推动跨境电商在"一带一路"建设中逐步发挥先导作用。商务部等相关政府部门将进一步围绕"一带一路"沿线国家电子商务多双边合作领域积极推进"丝路电商"规则协商和多层次合作框架的签署，为我国跨境电商企业开拓新市场打造良好的国际环境①。

（二）中葡产业结构与贸易结构显著互补

从近年来中国与葡语国家进出口总额占中国贸易份额的变化来看，中国与葡语国家的贸易联系日趋紧密，相互依赖加深，特别是对葡语国家中的非洲国家，如安哥拉、莫桑比克、几内亚比绍等新兴市场国家，贸易合作增速更快，合作领域不断拓展。

整体来看，中国各省与葡语国家之间的贸易合作更多地体现为互补性。中国与葡语国家在进出口产品种类上有显著的不同，从葡语国家与中国各省贸易的商品结构来看，葡语国家从中国进口的大多是质优价廉的生活用品和

---

① 中华人民共和国商务部：《中国电子商务报告 2016》，中国商务出版社，2017。

生产资料，中国各省从葡语国家进口的多为矿产品、石油、天然气等资源，因此商品互补性高于竞争性①。中国与葡语国家贸易的竞争性并不强，这主要是因为中国和葡语国家在自然资源禀赋、发展阶段上有所不同，产业结构也存在较大的差异，这种差异在一定程度上导致中国与葡语国家贸易合作的竞争性较弱，而更多地体现为互补性，双边贸易结构具备较强的互补性②。更为重要的是，中葡经贸合作完全可以通过 B2G、B2B、B2C 甚至 C2C 的跨境电商模式加以巩固和完善。

（三）中葡多方政府高度重视跨境电商机遇

中国与葡语国家的贸易合作发展迅速，中国部分省市如江苏省、广东省、浙江省、北京市、重庆市，已与葡语国家开展多层次、多领域的贸易合作。中国各省市正根据自身发展需要和葡语国家需要，不断优化与葡语国家贸易往来的商品结构，加强与葡语国家在远洋渔业、基础设施、加工制造业等领域的合作。

从数据上看，中国与葡语国家的相互贸易往来十分频繁。中国与巴西政府一直在积极推动两国经贸合作与交流，1993 年，中国与巴西确定了"战略伙伴关系"，中巴两国 1992~2012 年的商品进出口交易额年增长率保持在 28% 以上，两国双边贸易额于 2009 年首次超过美国③；中国是葡萄牙在亚洲的第一大贸易伙伴，中葡贸易投资往来十分活跃，中国于 2014 年成为葡萄牙第八大进口来源地和第十大出口市场，是除欧盟国家之外葡萄牙第二大进口来源地和第三大出口市场，如今中国在葡萄牙的投资规模达到了 100 亿欧元④；自 1983 年 1 月 12 日中安两国建交迄今，两国关系日益紧密，双边合作富有成果，中国向安哥拉提供贷款总额已逾 600 亿美元，这些资金用于

---

① 卫灵、王雯：《"金砖四国"中的巴西及中国与巴西双边贸易分析》，《当代财经》2010 年第 10 期。

② 吕宏芬、俞涔：《中国与巴西双边贸易的竞争性与互补性研究》，《国际贸易问题》2012 年第 2 期。

③ 李明玉：《巴西跨境电子商务与中国机遇》，《生产力研究》2016 年第 6 期。

④ 步欣：《四点建议促中葡经贸发展再提速》，《国际商报》2016 年 10 月 12 日。

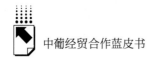

建设诸如电站、公路、桥梁、医院、住房等多个基础设施项目，促进了安国经济发展，改善了当地人民生活①。

（四）中方企业积极参与中葡经贸合作建设

近年来，中国不断提升自己在葡语世界的经济参与度，为葡语国家提供了强大动力。中国企业在葡语国家一直表现活跃，并取得了一定的成果，尤其表现在互联网、金融、保险、经贸等领域。中国与葡语国家的合作，不仅为葡语国家提供了重大发展机遇，同时也为中国在国际产能合作方面和企业"走出去"搭建了一个不可多得的平台。

目前，中国电商在与葡语国家合作方面发挥了重要作用。阿里巴巴集团在 2011 年进入巴西市场后随即开通了葡萄牙语版网页，2014 年习近平主席访问巴西期间，阿里巴巴与巴西主要物流公司——巴西邮政签订了合作意向。

---

① 《过去 35 年中国向安哥拉提供贷款逾 600 亿美元》，http：//www. yxtvg. com/toutiao/5137581/20180112A0JZO300. html。

B.11
欧盟《资料保护总规章》对中国和
葡萄牙相互投资带来的机遇与挑战

杨崇蔚*

摘　要： 为促进外国企业在欧盟投资并将欧盟标准扩散到外国企业日常合规实践中，2018年5月生效的欧盟《资料保护总规章》进一步提升了合规要求、提高了处罚金额、加强了跨国规管，这无疑会给中葡相互投资带来机遇与挑战。通过强弱危机分析可见：中国企业与西方发达国家企业在个人资料保护方面的差距缩小，竞争力相对提高，在葡萄牙投资并购更加有利可图，但也须面对严格规管，更可能因违法而受罚；葡萄牙可以成为中国企业投资设立欧盟分支机构的目的地，也可在华投资设立咨询与法律服务机构，但要面对其他欧盟国家的竞争。澳门拥有相关经验，在发挥中介作用方面具有优势，但须提高积极性才能有所作为。

关键词： 个人资料　对外投资　欧盟　葡萄牙　澳门

一　欧盟《资料保护总规章》与中国
和葡萄牙相互投资概况

在大数据时代，资料（或称数据、信息，以下统称资料）已成为人们

＊ 杨崇蔚，澳门特区政府个人资料保护办公室主任，澳门科技大学社会和文化研究所国际关系专业博士研究生。

生活中不可或缺的一部分，在经济方面的作用越来越大，在新兴的数字经济中已从产品发展成为重要资本。

（一）欧盟《资料保护总规章》

在国际贸易经济方面，资料变得日益重要。资讯通信技术行业的跨国公司均将其利润与企业发展建立在资料收集、储存与处理的成功之上。不同经济范畴与体量的企业都在运用资讯通信科技储存与处理资料，外包与承包并形成庞大产业链。资料跨境流动日益普遍，云端技术令资料使用者难以确知储存资料的实际地点，资料主权一说渐渐冒起，个人资料保护制度的经济职能逐步得到强化。

中国与欧盟的个人资料保护制度在2016年以后发生了重大改变，这直接影响着双边贸易与投资。中国内地虽无成熟的个人资料保护制度，但已逐步意识到资料的重要性。2017年6月生效的《网络安全法》对资料处理做出更多规范，提出境内储存要求并限制资料出境。相关法律目前还是原则性规定，作为配套文件的《信息安全技术数据出境安全评估指南》目前还在征求意见阶段，规管力度未能达到先进国家水平。欧盟在2016年制定的《资料保护总规章》（General Data Protection Regulation）（下称《规章》）于2018年5月生效，《规章》对原个人资料保护制度进行升级，进一步强化对资料的保护，明确将具有欧盟业务的境外企业纳入规管，加强对资料出境的限制，加大处罚力度，加深欧盟单一市场的规则融合，在降低欧盟企业合规成本的同时提高境外企业合规成本，经济手段作用明显。英国将在2019年脱欧，英国企业将丧失原有的欧盟企业优势，存在将部分营运迁移到欧盟国家以降低法律风险或迁移到中国等发展中国家以降低营运成本的诱因。

在此背景下，涉及个人资料处理的中葡相互投资无疑会受到一定的影响。中国近年加大对葡投资力度，不少投资（尤其是服务业）涉及个人资料处理。

（二）中葡相互投资概况

中国、葡萄牙两国政府一直高度重视中葡相互投资，在 2005 年重签了《关于鼓励和相互保护投资协定》，为相互投资合作奠定了基础。葡萄牙在欧债危机后推出一系列改革政策，中国被葡萄牙发展潜力和良好前景吸引，开始了大规模对葡投资的进程，投资领域覆盖能源、电力、通信、民航、金融、保险、水务、工程设计、建材、健康医疗和餐饮等，在葡具规模的中资企业数量从 2011 年的 2 家发展到 2016 年的 13 家，对葡萄牙的经济复苏做出重要贡献。[1] 2010 年后，中国对葡直接投资出现明显增长，在 2013 年、2015 年、2016 年对葡直接投资均超 1000 万美元，至 2016 年末在葡投资存量已达 8774 万美元（详见表 1、表 2）。

表 1　2012～2016 年中国对葡直接投资流量

单位：万美元

年度	2012	2013	2014	2015	2016
流量	515	1494	387	1072	1137

资料来源：商务部、统计局、国家外汇管理局：《2016 年度中国对外直接投资统计公报》，第 59 页。

表 2　2008～2016 年中国对葡直接投资存量

单位：万美元

年度	2008	2009	2010	2011	2012	2013	2014	2015	2016
存量	171	502	2137	3313	4038	5532	6069	7142	8774

资料来源：商务部、统计局、国家外汇管理局：《2016 年度中国对外直接投资统计公报》，第 60 页。

同时，葡萄牙对华直接投资也有一定存量，且没有因欧债危机有所缩减，反而一直温和增长（见表 3）。截至 2016 年末，葡萄牙对华直接投资存

---

[1] 《中国投资助力葡萄牙经济复苏》，《人民日报》2016 年 12 月 8 日。

量已约 2 亿美元①，累计投资共 222 项，但主要投资项目中仅大西洋银行珠海分行属于服务业②，而该行与大西洋银行澳门分行关系密切。

表 3　2011～2015 年葡萄牙对华直接投资存量

单位：万美元

年度	2011	2012	2013	2014	2015
存量	17255	17303	18251	18695	18897

资料来源：中华人民共和国商务部：《对外投资合作国别（地区）指南——葡萄牙》（2017 年版）。

在葡萄牙外来投资方面，在全球和亚洲投资中服务业所占比重都较大；亚洲投资在全球投资中所占比重不大；在亚洲投资中澳门投资所占比重较大，但近年来比重有下降趋势（见表 4 与表 5）。在葡萄牙对外投资方面，对全球投资和对亚洲投资中服务业都占一定比重；对亚洲投资在整体对外投资中所占比重不大；对华投资在对亚洲投资中比重日益增大（见表 6 与表7）。服务业往往更多涉及个人资料处理，相关投资对个人资料保护规管的变化更加敏感。

表 4　2012～2017 年全球各地对葡直接投资流量

单位：百万欧元

来源地	年度（季度）	2012	2013	2014	2015	2016	2016（第三季度）	2017（第三季度）
全球	整体经济	-6386.81	-907.75	-391.06	5131.79	2265.5	1010.44	-921.04
	服务业	-1512.38	1762.48	-213.47	6197.11	1294.85	388.6	50.41

---

① 商务部国际贸易经济合作研究院、中国驻葡萄牙大使馆经济商务参赞处、商务部对外投资和经济合作司：《对外投资合作国别（地区）指南——葡萄牙》（2017 年版）。

② 中华人民共和国外交部：《中国同葡萄牙的关系》，http：//www.fmprc.gov.cn/web/gjhdq_676201/gj_676203/oz_678770/1206_679570/sbgx_679574/，最后访问日期：2018 年 1 月 29 日。

年度(季度) 来源地		2012	2013	2014	2015	2016	2016 (第三季度)	2017 (第三季度)
亚洲	整体经济	245.06	-292.76	11.12	124.92	5.35	-1.07	4.62
	服务业	248.13	-290.26	17.53	102.7	8.04	5.85	5.41
中国内地	整体经济	无资料	无资料	无资料	无资料	无资料	无资料	无资料
中国澳门	整体经济	238.21	-300.23	9.29	52.72	15.52	4.27	4.01

资料来源：葡萄牙银行 BPstat online，2018 年 1 月 31 日。

表 5　2012～2017 年全球各地对葡直接投资存量

单位：百万欧元

年度(季度) 来源地		2012	2013	2014	2015	2016	2016 (第三季度)	2017 (第三季度)
全球	整体经济	43183.59	44044.04	45124.5	52087.71	54621.48	53801.9	54278.76
	服务业	38248.94	41310.21	40745.77	46692.85	48358.21	47594.4	49651.58
亚洲	整体经济	840.99	712.57	1282.86	1471.14	1613.91	1549.31	1455.11
	服务业	717.21	607.99	1175.77	1332.71	1457.72	1398.95	1310.63
中国内地	整体经济	无资料	无资料	无资料	无资料	无资料	无资料	无资料
中国澳门	整体经济	621.8	498.44	752.74	828.35	904.93	854.09	792.9

资料来源：葡萄牙银行 BPstat online，2018 年 1 月 31 日。

表 6　2012～2017 年葡萄牙对外直接投资流量

单位：百万欧元

年度(季度) 目的地		2012	2013	2014	2015	2016	2016 (第三季度)	2017 (第三季度)
全球	整体经济	6894.1	2035	2242.05	6348.04	5600.07	730.75	694.14
	服务业	3486.91	1458.6	670.77	4802.78	3650.25	575.05	423.03
亚洲	整体经济	71.24	333.6	2172.53	1211.15	761.82	111.15	146.49
	服务业	7.5	91.54	1371.07	837.83	258.55	20.4	61.4
中国内地	整体经济	0.44	133.45	724.53	495.82	518.75	87.14	56.54
中国澳门	整体经济	无资料	无资料	无资料	无资料	无资料	无资料	无资料

资料来源：葡萄牙银行 BPstat online，2018 年 1 月 31 日。

表 7　2012～2017 年葡萄牙对外直接投资存量

单位：百万欧元

年度（季度） 目的地		2012	2013	2014	2015	2016	2016 （第 3 季度）	2017 （第 3 季度）
全球	整体经济	86817.75	90690.42	99134.96	107629.23	112580.17	111044.87	120438.01
	服务业	72100.85	73498.05	75031.66	81449.86	84640.22	83561.36	91383.85
亚洲	整体经济	622.08	660.57	3093.4	4191.23	4945.63	4827.1	5852.73
	服务业	202.53	251.13	1698.74	2428.36	2679.63	2656.23	3215.09
中国内地	整体经济	9.37	141.94	879.4	1270.84	1789.58	1685.49	2133.34
中国澳门	整体经济	无资料	无资料	无资料	无资料	无资料	无资料	无资料

资料来源：葡萄牙银行 BPstat online，2018 年 1 月 31 日。

中葡相互投资中还有金融类间接投资。外交部资料显示，截至 2016 年底，中国对葡实际投资累计金额高达 62.88 亿美元①。2017 年 11 月，中国驻葡大使蔡润在"第四届中国－葡萄牙友好合作庆典活动"中指出，中国对葡投资已超 90 亿欧元②。对比表 1 与表 2 数据，再扣除"黄金签证"计划所涉投资金额，能推算出间接投资金额应超过 60 亿欧元。

目前，中葡相互投资存在以下特点与趋势：中葡双方都重视对外投资与外来投资，葡萄牙方面相对更重视外来投资，双方均在经济与外交上有促进相互投资的意愿与具体政策；中国对葡直接投资近年来一直稳定地迅速增长，葡萄牙对华直接投资则稳定地缓慢增长；中国对葡直接投资所涉领域逐步拓宽，中葡相互投资中服务业的重要性日益凸显，对个人资料保护规管的变化更加敏感；澳门在中葡相互投资方面起到一定的中介作用。

---

① 中华人民共和国外交部：《中国同葡萄牙的关系》，http：//www.fmprc.gov.cn/web/gjhdq_676201/gj_676203/oz_678770/1206_679570/sbgx_679574/，最后访问日期：2018 年 1 月 29 日。
② 中国－葡语国家经贸合作论坛（澳门）常设秘书处：《大使：中国对葡萄牙投资超过 90 亿欧元》，http：//www.forumchinaplp.org.mo，最后访问日期：2018 年 1 月 29 日。

二　欧盟、内地及港澳个人资料保护制度近况

（一）欧盟个人资料保护制度的经济作用

因为个人资料与隐私权、人格权等相关，电脑技术发展令资料处理更便捷，欧洲各国从20世纪70年代开始纷纷规管个人资料处理。为促进欧盟单一市场的发展，欧盟于1995年制定《资料保护指令》（下称《指令》），统一各国个人资料保护制度，并使这个制度通过对跨境资料流通的规管而逐步向外国扩展。目前国际上个人资料保护模式基本上可分为三种，即欧盟模式、美国模式、其他未成熟模式。欧盟模式的特点是全面、综合保护；美国模式的特点则是分散保护。

欧盟个人资料保护制度具有类似贸易壁垒的、非常强大的经济作用。它强调欧盟单一市场，容许欧盟内个人资料自由流动，严格限制资料流出欧盟，即使合法流动也要提高合规成本与交易成本。20世纪末数字经济主要存在于欧美等西方发达国家内，制度主要在欧美两大经济体之间产生影响。为应付欧盟数据壁垒，美国与欧盟谈判后制订"安全港计划"，以规范欧美间资料流通，解决了部分问题。但是，各主要美资跨国公司基于法律上的不确定性而纷纷在爱尔兰等欧盟国家建立分公司，专责处理欧盟业务。后来多宗诉讼证明，它们有先见之明。斯洛登事件后，欧盟法院判决"安全港计划"违反《指令》，迫使美国政府重新谈判，各美资跨国公司纷纷提起诉讼，拒绝美国索取其存于欧盟的资料。它们在欧盟设立的分公司直接在欧盟法律规管下，在这些过程中扮演了重要角色。欧盟个人资料保护制度既在防止美国侵犯欧洲人权，也在保护欧盟企业的经济利益及与之直接相关的欧盟就业利益。在全球范围，欧盟制度的扩展基本就是通过这个数据壁垒实现的。各国为维持与欧盟贸易或承包欧盟业务，纷纷模仿欧盟建立个人资料保护制度。在数字经济发展起来以后，这种需求更加明显。

目前难以确切估计在欧盟市场内与个人资料处理相关的经济比重有多

大，但可从一些非个人资料的经济部分看出其重要性。欧盟在 2017 年 9 月提出准备制定专门规则促进欧盟内非个人资料自由流动，估算这能使欧盟的资料经济在 2020 年占其 GDP 的 4%，增长包括制造业 19 亿欧元，批发、零售与酒店行业 45 亿欧元，金融与商业服务业 25 亿欧元，政府、教育与卫生领域 15 亿欧元等[①]。在欧盟法律下个人资料定义非常广泛，数量远多于受限制流通的非个人资料（主要是政府资料），故可想而知与个人资料相关的经济部分应占欧盟经济相当大份额。这就能解释为何美资跨国公司对此类经济一直十分重视，即使面对严格规管也从不放弃欧盟市场。

在投资方面，个人资料保护的重要性也日益显现。这主要归因于数字经济的蓬勃发展。数字经济是全球经济增长的重要驱动力，在二十国集团（G20）国家的国内生产总值（GDP）中占比相当高，如 2016 年在德国、英国与美国的 GDP 占比已经接近 60%，在日本、韩国、法国、墨西哥与中国的 GDP 占比均超过 30%。[②] 除中国外，以上各国大都有较成熟的个人资料保护制度。联合国《2017 世界投资报告》的主题是"投资与数字经济"，突出数字经济在投资中的重要性，提出法律规管框架是投资政策中最重要的考虑之一，且主要涉及网络安全、私隐等五个方面。[③]

（二）《规章》对投资者的影响

2018 年 5 月生效的《规章》提升合规要求、提高处罚金额、加强跨国规管，虽然貌似这仅发生在欧盟，但对其他国家的企业也造成直接、深远的影响。美国、澳大利亚、新西兰等不同国家纷纷向本国企业发出指引，提示大家注意欧盟新规，避免因违法而严重受损。它给投资者带来的影响主要有以下几个方面。

---

① European Commission, *PressRelease-State of the Union 2017: A Framework for the Free Flow of Non-personal Data in the EU*, Brussels, 19 September 2017; European Commission, *Fact Sheet-Free Flow of Non-personal Data*, 2017.

② 中国信息通信研究院：《G20 国家数字经济发展研究报告（2017 年）》，2017 年 12 月 15 日，http://www.sohu.com/a/210847929_735021，第 7~8 页。

③ UNTCAD, "World Investment Report 2017", 2017.

一是改变适用地域。《指令》对域外适用规范模糊，《规章》则规范明确：欧盟境外企业如向欧盟内个人提供商品或服务，即使其没有在欧盟设立分支机构，也要遵守《规章》，须在欧盟指定代表人（如律师）。欧盟采用严格而宽泛的认定标准，采用欧盟语言、货币或自称有欧盟客户，都等于承认"向欧盟内个人提供商品或服务"①。

二是创设问责原则。企业有义务主动对外展现其已符合《规章》规范，责任程度大幅增加，必须有专业人士协助才能达到合规。最近，脸书就被迫制定全新营运模式，向用户公开其私隐处理原则。②

三是创设"一站式"机制。如属同一个案，欧盟各监管当局将指定一个主导者（一般是企业所在国当局），欧盟企业只需应付此主导者，无须同时面对多国调查，合规成本及不确定性都大幅减小。欧盟境外的企业不能享受"一站式"机制便利，无形中就是鼓励它们在欧盟投资设立分支机构。

四是明确拒绝外国长臂管辖。在资料出境规管上，《规章》明确指出：如无适当国际协议，第三国行政或司法机关要求企业用跨境转移方式提供资料的决定或判决都不获承认及不被执行。一般认为这是欧盟针对美国的反制措施，直接效果就是令欧盟企业有直接拒绝美国要求的法律武器。为建立客户信心或降低应付美国的成本，这能促使须处理大量资料的企业投资欧盟设立分支机构。

五是加大处罚力度。《规章》下最高处罚金额是 2000 万欧元或企业上一财政年度全球营业额的 4%（从高）。外资跨国公司除了严格遵守《规章》，还叫考虑采取替代方案，如将欧盟业务分拆给若干欧盟的公司或分支机构，以便一旦面对处罚时尝试避免以母公司业务来计算罚款。这实际上迫使强大的外资跨国公司分拆在欧盟的业务，在欧盟创造就业机会，并提高欧盟企业面对这些跨国企业的竞争力。

---

① Article 29 Data Protection Working Party, *EU General Data Protection Regulation: General Information Document*, p. 3.

② "Facebook in Push Ahead of Tougher Privacy Law", *South China Morning Post*, Jan. 30, 2018, p. B4.

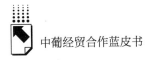

（三）中国内地及港澳的个人资料保护制度近况

目前中国内地还没有系统化个人资料保护制度，近年比较大的制度建设是 2009 年《刑法第七修正案》及最近《网络安全法》立法。后者提出很多个人资料保护新要求，并限制资料出境，对外资造成直接影响。"资料当地化"（data localization）迫使部分外资与中国企业合作设立中国业务数据中心或将中国业务售给中国企业或合作伙伴，美国企业因此提了不少意见①。庞大的中国市场极具吸引力，有欧盟市场经验的跨国公司更多的是主动配合法律要求采取新策略。苹果公司就选择与中国企业合作在贵州设立 iCloud 数据中心，预计在 2020 年投入使用，并会为中方带来每年 10 亿美元以上的稳定收入。② 这也为网络安全行业、个人资料保护行业方面的资金、技术、法律、管理方法、人才等流入中国内地提供了条件与机会。某种程度上，这和欧盟个人资料保护制度一样能够达到一定的经济效果。

港澳特区分别从 1995 年和 2005 年开始实施欧盟模式个人资料保护制度。在欧盟与中国的新规定下，港澳特区为那些不想采用欧盟或中国内部数据中心、数据服务的企业提供了替代方案。有关资料出境限制的规定在香港一直没有正式生效，反而澳门对资料出境的执法相当严格，处罚了包括著名外资跨国企业在内的多个机构。考虑替代方案时，香港在投资环境、商业服务环境等方面优势明显，澳门则在资料跨境流动规管方面更具法律稳定性。

三 《规章》对中国和葡萄牙相互投资的强弱危机分析及建议

面对《规章》带来的影响，对中葡相互投资双方的强弱危机分析可以帮助我们检视它们的机遇与挑战，进而也分析澳门的机遇，并提出一些建议。

---

① "Cyber Rules Raise Infiltration Risk", *South China Morning Post*, Feb. 6, 2018, p. A6.
② 《苹果中国数据中心 2020 年投用》，《贵州都市报》2018 年 1 月 31 日。

（一）中方的强弱危机

在中国内地方面，主要有两大强项、两大弱项、两大机会与两大威胁。

强项方面，首先是中国经济体量大且发展迅速，对外投资及吸引外资能力强。中国资金充足，具有对外投资的强烈意愿与需要，也愿意深化改革开放，吸引更多外资。在"一带一路"倡议及产业"走出去"的国策指导下，中国对外投资比较积极。国家外汇管理局公布，中国在 2018 年 1 月的外汇储备为 31614.57 亿美元。李克强总理指出，中国会加大对外投资力度，预计在 2018~2022 年对外投资金额将达 7500 亿美元，并吸收 6000 亿美元外来投资。[①] 他在第七届中国 - 中东欧国家经贸论坛上致辞时更指出，预计在未来 15 年，中国对外投资 2 万亿美元，并吸收 2 万亿美元外来投资。其次是中国数字经济发展迅速。2016 年中国数字经济规模达 22.6 万亿元人民币，占 GDP 的 30.3%，对 GDP 贡献率为 69.9%。其中，服务业与工业中数字经济占比分别为 29.6% 与 17.0%，服务业数字经济的提供服务者约 6000万人。2016 年中国互联网产业位居全球第二，2015 年中国电子商务交易额为 21.79 万亿元人民币并位居全球第一，数字经济已经成为新的技术经济范式。[②]

弱项方面，首先是中国在个人资料保护制度方面相对落后。中国内地至今还缺乏系统的制度，企业普遍缺乏相关意识与管理水平，资料外泄与买卖情况严重，电话诈骗等罪案多发。其次是中国在对外投资方面缺乏个人资料保护合规意识。商务部网站（http：//policy. mofcom. gov. cn）上提供的各国参考法律中虽有"隐私法"栏目，但不够全面并有错漏。例如，在欧盟法律方面居然没有《指令》与《规章》，将葡萄牙《电信个人资料保护法》误认为《个人资料保护法》。各官方投资指导文件也完全没有提到个人资料保护合规需要。在葡萄牙资料保护国家委员会网站（http：//www.

---

① 《李克强：预计未来 5 年对外投资总额将达到 7500 亿美元》，新华社网站，2017 年 11 月 14日。

② 中国信息通信研究院：《中国数字经济发展白皮书（2017 年)》，2017。

cnpd. pt）上以在葡较知名中资机构的名称对已公布登记与许可进行检索，仅发现"华为""中国银行"两者存有若干记录。虽然可能是因为并购而使用葡方企业身份申请登记与许可，不涉及疏忽违法，但也显示出中资企业在此方面经验有限。

机会方面，首先是中国企业与西方国家企业的差距相对缩小。不少美资企业原已适应《指令》，现又必须重新调整政策以满足《规章》的要求。同样也需满足《规章》要求的中国企业具有后发优势，更容易缩短差距，甚至可能因为没有调整原政策的成本而更具成本效益优势。其次，中国在葡并购活动能吸取原企业经验，更有利可图。欧盟个人资料保护制度非常复杂，葡方企业原有合规经验显得十分珍贵。中资并购葡萄牙企业时既能保留这些经验并加以学习，还能以葡萄牙为企业立足点进军欧盟，以便在其他欧盟国家遇到相关合规问题时能使用"一站式"机制，大幅降低合规成本与不确定性。

威胁方面，首先是中资企业在资料处理上可能遇到严格审查甚至阻挠。因为中国在此方面相对落后，中资企业在葡萄牙的资料处理方面稍有不慎就会不符合《规章》要求，很可能被官方监管当局严格审查、阻挠。其次，中国企业还可能因违规而被严格处罚。没有欧洲市场经验的中国企业有可能在不知不觉中跌入法网，且在面对调查时没有足够经验，有可能因被重罚而影响企业的利润与形象。可参考案例是在美国的中资联想电脑就曾因缺乏私隐保护意识而遭调查，最后被要求支付350万美元和解金，还要付出改正错误的行政成本、商誉成本，并需要接受美国联邦贸易委员会长达20年的监督，随时可因违规而再被处罚。[①]

（二）葡方的强弱危机

在葡萄牙方面，主要有一大强项、一大弱项、三大机会与一大威胁。

[①] "Lenovo Settles FTC, State Ad Software Security, Privacy Claims", Bloomberg Law: Privacy & Data Security, September 5, 2017; "Press Release-Lenovo Settles FTC Charges It Harmed Consumers with Preinstalled Software on Its Laptops That Compromised Online Security", The Federal Trade Commission, September 5, 2017.

强项是个人资料保护合规经验丰富。葡萄牙进入欧盟市场多年,在个人资料保护方面规管严格,企业在这方面具有丰富的合规经验。弱项是资金不足,可供并购优质企业不多。葡萄牙还没有从欧债危机中完全恢复过来,缺少资金对外投资,外国投资者在并购时也缺少优质选择。

机会方面,一是可成为在欧盟提供商品与服务的中国公司投资欧盟设立分支机构的选择地。为满足《规章》要求,在欧盟投资设立分支机构能大幅降低合规风险与不确定性。葡萄牙各项营运成本较低,是中国企业喜爱的投资目的地。二是可成为原在英国设立分支机构的中国公司重新设立欧盟分支机构的选择地。英国脱欧已是定局,部分原在英国设立分支机构的中国公司需要重新设立欧盟分支机构,葡萄牙是很好的选择之一。三是可在中国投资商业服务、法律服务等。部分中国公司选择不在欧盟设立分支机构而以代理人处理合规需要,对欧盟咨询服务、法律服务有一定需求,葡萄牙方面可到中国投资、合资设立相关机构,直接在华提供相关服务。

威胁方面则是其他欧盟国家与葡萄牙的竞争。在个人资料保护方面其他欧盟国家也很有经验,也能成为中国企业投资设立分支机构的选择地,也能在华投资设立咨询服务、法律服务的机构。

(三)澳门:"中葡平台"建设的机遇

澳门是中葡相互投资的渠道之一,政府有意发挥平台作用,国家对此一直大力支持。澳门具有一定的个人资料保护合规经验,也能为中国企业提供咨询服务、法律服务,还能为配对中葡相关需要提供中介。欧债危机后不少葡萄牙律师到澳门谋生,澳门本地法律界不乏精通中葡双语的精英,在这方面很有优势与机会。

然而,澳门业界一直缺乏担当桥梁角色的积极性。主要原因是澳门经济发展迅速、人力资源不足,在成本效益核算经济推动下,业界往往会把资源投放本地业务,缺乏搭建平台的动力。这为澳门能否抓紧机遇带来了很大的不确定性。

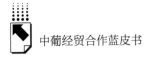

个人资料保护制度实际上有很强的经济属性，欧盟《规章》将对中葡相互投资带来一定的影响，通过强弱危机分析能看到各方既有机遇也有挑战。中国企业与西方发达国家企业在个人资料保护方面的差距缩小，竞争力相对提高，在葡投资并购更加有利可图，但也须面对严格规管，更可能因违法而受罚；葡萄牙可以争取成为中国企业投资设立欧盟分支机构的目的地，在华投资设立咨询与法律服务机构，但也要面对其他欧盟国家的竞争。澳门有相关经验，在发挥中介作用方面具有优势，但必须提高积极性才能有所作为。

中国方面应加强对个人资料保护制度的认识，采用不同方式保障自身利益，合理利用对葡投资，降低欧盟业务的合规成本，通过并购葡方企业学习合规，并以此为基础进军其他欧盟市场。葡萄牙方面应该抓紧机会吸引中国投资和开拓中国市场。澳门方面则应更好地认识自身优势，充分发挥好平台与中介作用。

B.12
中国与葡语国家投资合作的
法律法规与风险规避

易在成　朱　怡*

摘　要：　全球经济仍处在需求疲软、增长乏力的深度调整期，贸易保护主义趋势有所抬头，导致地区间经贸合作的不确定性因素大大增加。近年来，中国政府致力于构建高水平的对外开放格局，加强与"一带一路"沿线国家的经贸合作往来，因此投资领域的法律法规识别以及风险规避非常之重要。葡语系国家作为中国"走出去"投资合作环节不可忽视之目的地，应当立足于东道国投资立法的层面，正确了解、分析、整理、评估葡语系国家国内投资环境及相关法律法规，以进行事前风险规避；应当从中国与葡语系国家双边投资保护协定的层面审查仍然存在的法律风险。投资争端解决机制是投资风险救济的核心环节之一，应将商事仲裁规则纳入投资争端解决体系，为投资者提供更多的争端解决路径选择，形成一套事前防范、事中监控以及事后风险补救机制相结合的系统式的风险防范机制。

关键词：　葡语系国家　经贸合作　投资　法律法规　风险规避

---

* 易在成，澳门科技大学法学院副教授；朱怡，澳门科技大学法学院博士研究生。

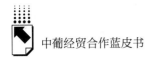

一 葡语国家投资环境与风险防范

投资是国家间经贸合作最重要的一环，正确了解、分析、整理、评估东道国投资环境对于投资风险规避具有重要的预防意义。本节将以几个典型葡语国家为研究对象，简要介绍葡语系国家投资法律环境与政治环境。

（一）葡萄牙

葡萄牙地处欧洲西南部，政局稳定，法制健全，民风淳朴，社会治安良好。在投资法律法规方面，20世纪六七十年代，葡萄牙首次创设外国投资法典。但这一时期的外资保护法存在较大的缺陷，虽然间接投资已经占葡萄牙投资总量相当大的比重，但依照1977年投资法典的相应规定，间接投资似乎并不享有葡萄牙政府财政及额外鼓励方面的优惠。[①] 不过，这一问题近些年来已经引起我国相关部门的足够重视，并通过2005年中葡双边投资保护协定进行了约定，将间接投资纳入政策优惠保护范围。现阶段，葡萄牙可供外国投资者参考的投资法典已十分完善，主要包括《商业法》《商法典》《破产守则及企业重整》《公司法典》《商业登记法》等。另外，"葡萄牙国内投资法律体系还包括土地获得、税收管理、外国公司参与当地证券交易、环境保护、外国公司承包当地工程等方面的法律规定。这也是外国投资者为防范投资风险所要必须了解、分析及认识的"[②]。值得注意的是，《劳动法》是近年来修改幅度较大的法律，投资者应充分识别其中的变动因素。

在外国投资的市场准入方面，关于外资的准入没有限制且外资享有国民同等待遇，较为宽松的准入门槛是葡萄牙政府吸引广大海外投资的主要优

[①] 帕特里克·F. R. 阿蒂西恩、彼得·J. 巴克利、林孟乔：《希腊、葡萄牙和西班牙的投资法规》，《环球法律评论》1985年第2期；李双元译、姚梅镇校《葡萄牙外国投资法典》，《法学评论》1980年第5期。

[②] 《对外投资合作国别（地区）指南——葡萄牙》（2017年版），http：//fec. mofcom. gov. cn/article/gbdqzn/upload/putaoya. pdf。

势。此外，较为丰富的优惠政策亦是葡萄牙吸引海外投资的一大优势，这主要包括政府鼓励政策、投资工业及物流园区的税收优惠政策、行业鼓励政策及地区鼓励政策等。总而言之，葡萄牙国内稳定的政治局势、健全的法律系统、低门槛的投资准入以及高水平的优惠政策使其成为"一带一路"沿线投资的理想选择。

（二）巴西

与葡萄牙较为完善全面的法律投资体系相比，需要注意的是，巴西的电信、能源和交通市场因尚未制定明确的法律法规，因此，中国企业赴巴西投资应重点关注以下问题。第一，巴西虽然欢迎外国投资，但赋予外国投资的优惠政策非常有限。第二，2010 年以来，新土地政策对外资持有土地进行数量限制，这对希望在巴西扩大种植面积的国内企业来说是一个严峻的挑战。第三，巴西投资环境中尚有许多不利因素需要综合考虑：①税收种类多且税率高；②生产成本高，运输服务不完善；③办事周期长；④法令、法规繁多复杂，且经常会颁布一些临时措施，使外资企业难以很快适应；⑤资本成本过高，巴西是世界上四个利率最高的国家之一；⑥基础设施不健全，港口系统发展滞后且费用高。①

（三）佛得角

佛得角是位于非洲西岸的大西洋岛国。自 1975 年独立以来，佛得角政局稳定，社会和谐，经济发展，属于中等收入国家。中佛两国自 1976 年建交以来，经贸务实合作成果显著。中国投资者在佛得角进行投资需要注意以下问题：第一，佛得角独立前后的法律体系存在一定的复杂性，有些法律体系仍沿用原有法律和习惯做法，中国投资者应密切关注这些法律的变动情况；第二，在佛得角投资，公司注册文件繁多，程序复杂，审批时间较长，

---

① 《对外投资合作国别（地区）指南——巴西》（2017 年版），http：//fec. mofcom. gov. cn/article/gbdqzn/upload/baxi. pdf。

这往往会成为外资企业进入的绊脚石；第三，虽然赋予外国投资者较多的投资鼓励政策，但限制条件繁杂；第四，外资企业的赋税成本高；第五，佛得角的工薪成本包括工资和社保基金两个部分，职工社会保险费用是月工资的15%，由雇主支付7%，个人支付8%，当地工会对工薪、社保基金等待遇要求很高，因而企业工薪成本较高。[①]

（四）安哥拉

安哥拉是撒哈拉沙漠以南非洲的第三大经济体和最大吸收外资国家之一。但必须看到当下安哥拉营商环境的一些短板，如总体营商环境不尽完善，社会治安问题突出，抢劫、绑架案件数量与日俱增，行政部门效率不高，物资供应不足，物价畸高等。

因此，在安哥拉投资尚存一些潜在的风险：一是当地基础设施落后，交通拥堵、住房紧缺，房价、物价很高；二是部分核心城市治安情况恶化，会给企业在安哥拉投资合作带来相应的风险；三是办事效率低下，譬如企业注册程序复杂且耗时长，货物出港耗时较长等。需要注意的是，企业应对投资领域的市场情况进行调研，摸清市场现状和潜力，确认合作伙伴的资质、信誉度、资产、银行评价及土地（或场地）使用权，从而在抓住机遇开展投资合作业务的过程中，注意风险防控，以求得利益最大化。[②]

（五）几内亚比绍

几内亚比绍共和国位于非洲大陆西端。多年来，几内亚比绍历届政府试图通过改革财税政策和制定减贫措施等办法，积极发展农业，推行多样化种植战略，但因长期党派纷争，政府更迭频繁，政局不稳，该国经济发展严重滞后，是联合国公布的最不发达国家之一。

---

① 《对外投资合作国别（地区）指南——佛得角》（2017 年版），http：//fec. mofcom. gov. cn/article/gbdqzn/upload/fodejiao. pdf。
② 《对外投资合作国别（地区）指南——安哥拉》（2017 年版），http：//fec. mofcom. gov. cn/article/gbdqzn/upload/angela. pdf。

几内亚比绍现行的贸易投资法律主要有《公司法》《贸易法》《投资法》《海关法》等，因资源和市场开放程度不够，政策不透明、缺乏连续性，加之当地办事效率低下，有法不依，许多法律法规难以有效实施。[①] 可见，几内亚比绍投资环境并不似葡萄牙那般开放与稳定，投资环境缺乏稳定度与透明度对投资者而言是一种较大的风险和挑战。

简而言之，中国开展与葡语系国家投资等经贸合作，不仅要关注相关葡语系国家投资的各项地缘优势，也要关注与投资相关的监管风险、东道国反垄断法、证券法律责任、经营许可、产品责任、知识产权、东道国劳动法、雇佣法、税务风险、汇率、环境责任、政治风险、经济风险、运输及航运风险等，要对此有充分防范，以规避投资经贸合作中的法律风险。

中国商务部"走出去"公共服务平台已经建立起一套较为完备的海外投资风险动态监测机制。这套监测与防范机制详细地介绍了投资东道国的自然人文情况、对外资的吸引力情况、对外国投资合作的法规和政策、开展投资合作的相关手续办理、中国企业及投资者在东道国开展投资合作的注意事项，以及如何与投资东道国建立和谐关系等，全方位且多角度地为我国企业及投资者提供方向与指引，以对投资所涉及领域的风险进行识别与防范。

依笔者之见，东道国投资法律体系的风险识别与防范工作应当定性为事前防范机制，双边投资保护协定应定性为介于事前与事后之间的一种风险识别与防范机制，而投资争议解决机制则是一种事后风险补救机制。因此，在海外投资风险规避监测体制中，不妨加入双边投资保护协定以及投资争议解决机制的监测等相关内容以形成一套充分且完善的风险防范机制。

二 中国与葡语国家双边投资保护协定层级之风险防范

将双边投资保护协定定性为介于事前与事后之间的一种风险识别与防范

[①] 《对外投资合作国别（地区）指南——几内亚比绍》（2017 年版），http://fec.mofcom.gov.cn/article/gbdqzn/upload/jineiyabishao.pdf。

机制，是因为双边投资保护协定文本内容既包含投资者与东道国权利和义务相关之内容，亦包括争端解决机制的相应内容。

外国投资已经被视作经济增长的引擎，外汇收入的来源，当地经济的催化剂和外国技术、信息及专利的来源。因此，东道国与投资母国间应依据相关法律甚至是创造相关法律来为投资者提供特殊的保护。双边投资协定对非商业风险提供的保护和保证对于潜在投资者而言是一种动力，对于已经进行投资的人而言是一种有效的保障。

（一）中国与葡萄牙双边投资保护协定

中国与葡萄牙分别于 1992 年 2 月 3 日以及 2005 年 12 月 9 日签署双边投资保护协定（BIT）。通过纵向比较，2005 年中葡 BIT 可以看作对 1992 年中葡 BIT 的完善与补充。

在投资的定义层面。首先，2005 年 BIT 将投资进一步明确为一方投资者在另一方领土内直接或者间接投入的各种财产，以此明确投资一词的性质应包含直接投资与间接投资等类型，回避了 1992 年 BIT 可能出现的投资性质理解方面的偏差，将间接投资亦纳入 BIT 的保护范围之内。其次，2005 年 BIT 将在一方境内根据其法律法规，按照租赁协议置于承租人支配之下的货物亦纳入直接或间接投资的各种财产之列，可见 BIT 保护范围存在不断拓宽的趋向。

在投资者的定义层面。2005 年 BIT 扩展了条文中关于经济实体的定义，将其定义为包括根据中华人民共和国的法律法规设立或组建且住所在华境内的公司、协会、合伙人及其他组织，不论其是否营利也不论其为有限责任或无限责任，这是 1992 年 BIT 笼统且模糊规定依照中华人民共和国的法律设立，其住所在中华人民共和国领土内的经济组织所欠缺的。这一具体化规定的优势在于有效地避免了因国际投资法律欠缺统一指导标准而形态各异从而无限制扩大仲裁庭关于投资法律的解释权。

在投资者的待遇层面。关于国民待遇与最惠国待遇的内容，2005 年 BIT 较之 1992 年 BIT 在国民待遇与最惠国待遇做出了更加明确的适用限定。例如，两款待遇不应解释为一方有义务将由下列原因产生的待遇、优惠或特权给予另一方投资者及其投资：任何现存或将来的关税同盟、自由贸易区、经济联盟、货币联盟的成员，以及任何建立该种联盟或者类似机构的国际协议；任何双重征税协定或其他有关税收问题的协定；为方便边境地区小额贸易的任何国际安排。除第一点在 1992 年 BIT 中有所涉及外，第二点及第三点均为 2005 年 BIT 之补充规定。这一补充规定有效地避免了"搭便车"形式的投资待遇增加东道国负担的风险。

在征收与补偿层面。2005 年 BIT 在补偿部分进行了完善性的规定，一方面，其将补偿定性为应当包括以正常商业利率计算的从征收发生日起到支付日之间的利息，且补偿应不迟延地支付，并应可有效地兑换和自由转移。1992 年 BIT 并无关于利息补偿之相关规定，此项安排是对投资者经济权益维护的有效保障。另一方面，关于缔约一方的投资者在缔约另一方领土内的投资，如果由于战争、全国紧急状态、暴乱、骚乱或其他类似事件而遭受损失，1992 年 BIT 规定若缔约后，一方采取有关措施，其给予该投资者的待遇不应低于给予第三国投资者的待遇。由此发生的支付款项应能自由转移。2005 年 BIT 规定，另一方给予其在恢复原状、赔偿或其他有价值的补偿方面的待遇不应低于其给予本国或任何第三国投资者的待遇。由此看来，2005 年 BIT 细化了补偿的形式，限定了具体的范围，为投资者、东道国以及争端解决仲裁庭提供选择参考。

在投资和收益的汇回层面。2005 年 BIT 较之 1992 年 BIT 增设了用于维持或扩大投资的原始资本或追加款项的汇回规则。同时，增加了市场汇率不存在的情况，条文规定若市场汇率不存在，则应符合支付时国际货币基金组织特别提款权同有关货币汇率折算得出的交叉汇率等。

在投资争端解决层面。2005 年 BIT 做出了如下改变。首先，完善了 1992 年 BIT 关于各项争议解决方式的时间限定的缺失，将争议解决时间法定化以提升争议解决的效率。其次，在仲裁员的选任、仲裁庭的组成以及法律适用方面进行了细致详尽的规定，这是 1992 年 BIT 所不具备的。再者，在私人投资者与东道国争议解决方面，2005 年 BIT 规定如争议自其被争议一方提出之日起六个月内未能解决，应另一方的投资者的请求和选择，该争议可提交：作为争议一方的国内有管辖权的法院；依据 1965 年 3 月 18 日《解决国家和他国国民之间投资争端公约》设立的"解决投资争端国际中心"仲裁；根据联合国国际贸易法委员会仲裁规则或者其他仲裁规则设立的专设仲裁庭。在 1992 年 BIT 基础之上，ICSID《解决国家和他国国民之间投资争端公约》争端解决方式被纳入 BIT 争端解决体系之中是 2005 年 BIT 在争端解决方面的重大改革，这无疑对投资者权益的维护及风险防范提供了体制性的保障。尽管 2005 年 BIT 在争端解决机制方面进行了相应调整，但现存 BIT 之争端解决机制还是不可避免地存在相应弊端，这一点将在后文具体阐述。

（二）中国与佛得角双边投资保护协定

中佛 BIT 于 1998 年签订，2001 年正式生效。基于中佛 BIT 以及中葡 BIT 的横向比较我们发现，中佛 BIT 关于投资权益的保护程度仅与 1992 年中葡 BIT 相当。简而言之，中佛 BIT 文本部分内容的界定处于不明确、不详尽、不确定的状态。

在投资一词的定义层面，中佛 BIT 未对投资的形式进行明确，这可能会导致拥有自由裁量权的仲裁庭对投资一词进行扩大或限制性的解释。在投资待遇方面，中佛 BIT 仅规定给予投资者公平公正待遇以及最惠国待遇，并无涉及国民待遇的字眼。在征收与补偿方面，首先，高标准保护形式之 BIT 基本上会将按照商业利率计算的利息纳入补偿的范围，但中佛 BIT 关于利息的补偿问题并未提及。其次，高标准保护形式之 BIT 会鼓励受影响的投资者做出以下措施，例如应有权依据征收方的法律要求该一方的司法机构或其他独立机构根据本条款的规定迅速审查该案件，包括其投资的价值和补偿的支付，这一规定是赋予投资者在东道国司法救济与保障的权利，但中佛 BIT 关于这一问题并无涉及。在特定关键词的定义层面，一些国家 BIT 文本已经将"领土"问题进行成文式的规定，例如中葡 2005 年 BIT 文本定义"领土"一词指一方根据国际法和其国内法拥有主权或管辖权的区域，包括领陆、领海及其领空，以及领海之外的海域，包括其海床和底土。在中佛 BIT 文本中，缺失对于"领土"问题的涉及。综上所述，中佛 BIT 实则处于一种尚未详尽规定的状态，因而不可避免会造成因人而异的解读，甚至这种因人而异的解读会成为部分投资争端的导火线。

对于已经签订生效，但文本内容在实践中尚待斟酌的 BIT 文本，建议在 BIT 10 年审查之际以补充协议或是原有文本修改调整的形式加以完善。BIT 文本的漏洞与内容缺失可能成为无限制扩大投资争议仲裁庭权力的本源，同时极有可能成为东道国逃避责任的挡箭牌。以 1998 年签订的中佛 BIT 为例，在即将到来的 2018 年第二个审查周期，建议将投资一词的定义进行清晰解释，把国民待遇原则增至投资待遇章节，在征收与补偿方面增加补偿环节的利息补偿并且以法律条文明确规定的形式将东道国关于征收与补偿的内容进行审查增设进来，在投资领域关键词解释方面，将"领土"等关键词在法律文本中以法律规定的形式详尽明确下来。

至于对尚未与中国签订 BIT 且又与中国存在投资经贸往来的葡语系国家，应加紧与其双边投资协定的谈判。双边投资协定实践的失衡多发生于发展中国家与发达国家之间，基于谈判地位与能力、谈判目标与效果、权力与利益等方面的不平等与不平衡。① 在此方面，同为发展中国家的中国与葡语系部分国家或存在较多的谈判契合点，谈判难度亦小得多。因此，应以"一带一路"为契机，尽早缔结双边投资保护协定，将其作为投资贸易发展的助推器以及投资者权益维护的防护伞。

三 中国与葡语系国家间投资争端
解决机制层级之风险防范

（一）已签订 BIT 之投资争端解决现状分析

中国与葡语系国家投资经贸合作法律风险的规避不仅涉及对东道国投资

---

① 曾华群：《论双边投资条约实践的"失衡"与革新》，《江西社会科学》2010 年第 6 期。

立法的全面了解与分析进行先行的防御，也包括投资争端产生之时选择适当的投资争端解决机制进行事后的弥补。

投资争议解决的去"政治化"倾向并不意味着完全抛弃传统意义上的诉讼方式，而是更加倾向于由 ICSID 投资争端解决以及根据联合国国际贸易法委员会仲裁规则或者其他仲裁规则设立的专设仲裁庭来解决投资争端，这在中国–葡语系国家间商签的 BIT 文本中得以印证。① 由此可见，在已经与中国签订双边投资保护协定的葡语系国家之中，诉讼、ICSID 仲裁以及商事仲裁已成为现存的解决投资争端的主要方式。

联合国贸发会 2017 年一项最新数据统计显示，自有数据显示以来，超过半数的投资者的国家间投资争端通过 ICSID 得以解决。② 近些年来，ICSID 在解决投资者的国家间投资争议方面发挥了无可替代的作用，同时其弊病也逐渐显露无遗。近些年来，投资仲裁的"正当性"以及"合法性"危机已威胁到 ICSID 的健康发展。一方面，以商事仲裁模式为架构基础的 ICSID 仲裁曲解了投资仲裁所涉及的公共利益以及私化了国家公法人人格地位，导致了 ICSID 仲裁的"正当性"危机；另一方面，ICSID 仲裁裁决结果的不一致导致了其"合法性"危机。从长远看，国际投资仲裁现有模式并不足以支撑其可持续发展，除非在仲裁程序和仲裁员的选任中更多地考虑透明度、责任制度、多样性、合法性以及地理上的代表性，否则 ICSID 将不仅面临来自各种施压团体的压力，还要面对来自国家和其他主体的压力。③ 近期一些拉

---

① 2005 年修订的《中华人民共和国和葡萄牙共和国关于促进和相互保护投资的协定》第九条有关投资争议解决中规定了以下几点。一是一方与另一方投资者之间就投资产生的任何争议，应尽可能由争议双方当事人友好解决。二是如争议自其被争议一方提出之日起六个月内未能解决，应另一方的投资者的请求和选择，该争议可提交：①作为争议一方的国内有管辖权的法院；②依据 1965 年 3 月 18 日《解决国家和他国国民之间投资争端公约》设立的"解决投资争端国际中心"仲裁；③根据联合国国际贸易法委员会仲裁规则或者其他仲裁规则设立的专设仲裁庭。三是投资者将争议递交给上述三种机构的决定是终局的。四是专设仲裁庭做出的任何裁决都应是终局的，具有约束力。

② "Special Update on Investor-State Dispute Settlement: Facts and Figures", http://unctad.org/en/PublicationsLibrary/diaepcb2017d1_ en. pdf, visited on 25th Apr. , 2018.

③ 〔尼泊尔〕苏里亚·P. 苏贝迪：《国际投资法：政策与原则的协调》，张磊译，法律出版社，2015。

美国家退出所签订的投资条约与 ICSID 公约，拒绝履行投资仲裁庭所做出的裁决，一些国家开始修订既有条约的程序与实体法内容，[①] 这也从另外一个层面印证了目前 ICSID 国际投资仲裁所面临的困境。

投资争端解决实践过程中，除诉讼及 ICSID 方式外的第三条路径，即根据联合国国际贸易法委员会仲裁规则或者其他仲裁规则设立的专设仲裁庭。2010 年《中华人民共和国政府和佛得角共和国政府关于鼓励和相互保护投资协定》第九条规定，投资者与东道国间投资争议解决路径包括友好协商、诉讼以及仲裁。显然，中佛间投资争端无法通过 ICSID 仲裁进行解决，因而商事仲裁或可成为投资争议解决的首选。国际商事仲裁是一种相对中立的争议解决方法，不容易引起资本输出国和资本输入国的不信任感或直接的对抗和冲突，同时，也是为争议双方当事人都比较容易接受的争议解决方法。国际商事仲裁适用于解决外国私人投资者相互之间或他们与东道国当地投资者或其他相关私方当事人之间的投资争议，的确能够发挥重要作用。在投资争议解决方面面临纷繁复杂的路径选择时，商事仲裁不妨作为一种路径选择。

（二）尚未签订 BIT 之投资争端解决现状分析

在葡语国家共同体中，除葡萄牙和佛得角与中国已经商签双边投资保护协定外，安哥拉、莫桑比克、巴西及几内亚比绍等国均未与中国签订相应双边投资保护协定。双边投资保护协定中关于投资争端解决机制的相关规定可以视作维护投资者权益的最后一道安全门。

国际投资争端解决之"去政治化"倾向已然使作为解决投资争端方式的诉讼的地位逐渐削弱。倘若通过 ICSID 方式解决投资者与东道国之间投资争议，则不得不受到 ICSID 公约管辖权的限制。公约第 25 条第 1 款规定：中心管辖权适用于缔约国和另一缔约国国民之间因直接投资产生的争议。在葡语国家共同体中，如安哥拉、巴西、几内亚比绍均不是 ICSID 成员方，因此相关投资争议自然被排除在 ICSID 管辖之外，且由于中安、中巴、中几之

[①] 丁夏：《国际投资仲裁中的裁判法理研究》，中国政法大学出版社，2016。

间并未缔结双边投资保护协定，所以无法为投资争议解决提供明确的方向指引。

如前文所述，海外投资风险规避的最后一道安全门即投资争端解决机制。基于目前 ICSID 投资仲裁领域所引发的一系列质疑与猜测以及部分葡语系国家并非 ICSID 成员方的现状，不妨将越来越多的商事仲裁规则及商事仲裁机构管辖投资争端纳入争议解决机制范畴。值得关注的是，中国国际经济贸易仲裁委员会以及深圳国际仲裁院已经出台相应的解决投资争议的规则。

但商事仲裁解决投资争议依然面临无法回避的问题。笔者认为，在"一带一路"倡议以及"走出去"政策背景下，为提升我国仲裁体制的国际竞争力，应通过相关配套法律设施的建设来弥补商事仲裁机制解决投资争议所面临之障碍。一方面，通过双边谈判将我国贸易仲裁规则及相关解决投资争议的商事仲裁规则纳入双边投资条约争端解决条款，以突破其管辖权障碍。另一方面，在不背离商事仲裁本质的基础之上，调整相应仲裁规则，包括有限透明度、投资仲裁员选任等方面，使其与投资争议解决之要求更加匹配与契合。

澳　门　篇

Macau

B.13

中国与葡语国家商贸合作服务平台建设：
澳门的人文基础与民间交往

刘　轶*

摘　要： 澳门地处东亚中心，三面向洋，身后是拥有强大经济支撑和深厚文化积淀的中华大地。澳门长期被葡人租居，"华洋杂处"的人口结构和东西荟萃的文化交融使其在中国全方位开放新格局的布局中处于重要位置。澳门社会各界已达成共识，要积极融入国家发展大局。作为"一带一路"建设的重要节点之一，澳门具有人文优势、开放优势和区位优势，要主动对接国家发展战略，加快和务实推进"中葡平台"建设，需要梳理澳门的历史人文基础与民间交往进展，并考察澳门与葡语国家的民间文化交流、商贸社团往来和澳门土生葡人群

---

* 刘轶，澳门科技大学社会和文化研究所国际关系专业博士研究生。

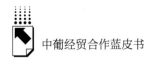

体，为中国与葡语国家文化交流、民间交往、商贸投资及区域合作提供高水平的综合性服务奠定基础，为繁荣中葡文化经贸合作增砖添瓦，提升澳门在国家经济发展和对外开放中的地位，提高澳门可持续发展能力。

关键词： 澳门　中葡平台　人文基础　民间交往

澳门作为四百多年来"西学东渐"的登陆地和中西文化的汇合点，因其特殊的历史人文渊源和与葡语国家共同的语言，成为中国和葡语国家关系最密切的地区。自 2003 年中国－葡语国家经贸合作论坛（澳门）（简称中葡论坛）在澳门举办以来，中国通过中葡论坛不断提升在葡语世界的参与度。澳门要建设好"中葡平台"，需要发挥人文、区位优势，进一步加强与葡语国家的民间性交往，形成自发式、渐进式、可持续的民间交流和互动。

一　澳门建设"中葡平台"的历史人文基础

澳门由于自身特殊的发展历史，与葡萄牙、巴西、东帝汶等葡语国家在历史、文化、族群等方面自然构成了不可分割的血脉关系和紧密联系，因此具备成为"中葡平台"的先天优势。

（一）与葡语国家历史发展进程中的联系，使澳门成为"中葡平台"的历史选择

16 世纪中期，葡萄牙人东来。1553 年，葡萄牙船长索萨与广东海道副使汪柏的谈判获得成功，葡萄牙人随后进入澳门，与中国商民进行合法交易。[①]

---

① 费成康：《澳门：葡萄牙人逐步占领的历史回顾》，上海社会科学院出版社，2004，第 24 页。

1557 年，葡萄牙人开始在澳门建立稳定居留地，并获得港口经营权。此后，澳门葡人大力拓展海上贸易，形成了史称"丝银之路"的澳门－果阿－里斯本、澳门－长崎和澳门－马尼拉－墨西哥三大国际航线，使澳门由一个渔村迅速崛起为远东地区最重要的国际商港。海上贸易的发展，使澳门逐渐成为海上丝绸之路国际贸易的中转站和东西方贸易的枢纽。

葡萄牙人租居澳门后，大力发展与印度、日本和马尼拉的贸易，同时着手开辟澳门与东南亚地区的直达航线，诸如澳门－望加锡－帝汶航线。直至 16 世纪末，澳门商船定期而频繁地前往帝汶收购檀香木，望加锡逐渐成为澳门至帝汶之间的货物集散地。之后，定居望加锡的葡人日渐增多，澳门－望加锡－帝汶航线成为澳门海上贸易的一条固定航线。清朝前期，澳门的海上贸易由盛而衰，正是澳门－帝汶－望加锡航线的贸易使澳门葡人得以渡过难关。17～18 世纪，澳门与帝汶的政治关系亦非常紧密，澳门总督离任后转任帝汶总督的情况不在少数。[①] 澳门和帝汶甚至还曾经属于同一个天主教管区。

葡萄牙的海外殖民活动始于 1500 年。当年 4 月，葡萄牙人的船队沿着瓦斯科·达·伽马开辟的航道抵达佛得角后发现了巴西。至 1548 年，葡萄牙在巴西沿海已经建立了 16 个葡萄牙人定居的村镇，第一任葡萄牙人总督也在巴西就任。在葡萄牙人的统治下，巴西进入了迅速发展时期。[②] 直至 1822 年，巴西才宣布独立。19 世纪初，澳门－巴西航线开通后，澳门商人直接向美洲提供茶叶，甚至将栽种茶叶的技术输入美洲。后来在巴西、墨西哥乃至南美各地广泛种植茶树。[③] 1812 年，巴西里约热内卢植物园获得由澳门寄去的茶种。为了永久纪念到巴西传艺的中国茶农，在巴西里约热内卢蒂

---

① 施白蒂：《澳门编年史（16～18 世纪）》，小雨译，澳门基金会，1995，第 104 页。

② 〔葡〕J. H. 萨拉依瓦：《葡萄牙简史》，李均报、王全礼译，花山文艺出版社，1994，第 148～151 页。

③ 张廷茂：《16～18 世纪中期澳门海上贸易与东西方文化交流》，《海交史研究》2000 年第 1 期，第 3 页。

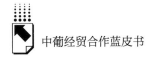
茹卡国家公园建有一座墨绿色的中国亭。[①]

正是因为澳门与葡萄牙、巴西、东帝汶等葡语国家在历史发展过程中有着千丝万缕的联系，澳门成为"中葡平台"的历史选择。

（二）澳门和谐共存的多元文化，为建设"中葡平台"积淀现实基础

贸易航线同时也是文化传播的渠道，商贸往来必然带动文化交流。[②] 葡萄牙人以澳门为基地开展东西方贸易的同时，东西方文化交流也达到了新的高潮。在澳门这个"跨文化场"中，不同文化交汇，和谐共生。四百余年的澳门历史，创造了东西方两种异质文化因相互碰撞的逆向交流而产生的一种具有重大历史意义的特殊区域文化——澳门文化。[③] 故而有学者也把澳门文化称为"咸淡水文化"，生动地说明中西文化在澳门的交汇融合。澳门特有的历史积淀，使其多元文化内涵丰富多彩，既有观音、天后、龙舟、春节、粤菜等中国传统文化特色，又有西式葡国风情的弥撒、圣诞日、天主教堂、花地玛圣像巡游、葡文葡语、葡国菜等西式葡国风情，不同文化背景、不同国籍的人在此生活都能找到亲切感和共同点。

在澳门，多种语言的流通使国际交往更为顺畅。澳门历史上一直是从事国际贸易的自由港，各国的商人都在此从事过商业活动，各种语言交汇流通，相互影响。汉语是澳门所有华人的母语，在澳门社会的影响力最大；葡语在澳葡政府管制时期，已经是澳门社会的官方语言，使用至今已有四百余年的历史，对澳门影响深远。此外，受一水之隔的香港影响，英语在澳门的使用也经历了百余年。

---

① 《太平洋没能阻止友好交往（习近平讲故事）》，《人民日报》（海外版）2017 年 6 月 22 日，第 5 版，http://paper.people.com.cn/rmrbhwb/html/2017 - 06/22/content_ 1784915.htm，最后访问日期：2018 年 5 月 30 日。

② 张廷茂：《16～18 世纪中期澳门海上贸易与东西方文化交流》，《海交史研究》2000 年第 1 期，第 1 页。

③ 汤开建：《澳门文化内涵浅析》，《广西民族学院学报》（哲学社会科学版）1996 年第 2 期，第 66 页。

中西建筑在澳门交相辉映，温馨融合。2005年7月15日，联合国教科文组织正式宣布澳门历史建筑群被列入世界文化遗产名录，并被命名为"澳门历史城区"。四个世纪以来，澳门历史城区不仅见证了中西文化的交流过程，而且保存了其原有风貌和建筑特色。葡萄牙黑白小石铺成的地面，与仁慈堂、民政总署大楼等葡式建筑错落有致地排列在一起，形成独具南欧特色的建筑群，它们与中式传统楼阁建筑交错而立、相互辉映，温馨自然地融为一体。澳门这一特有的建筑形态，让人置身其中时既有到葡萄牙之感，又似漫步在中国古镇。

不同宗教文化共生，为不同信仰人群在澳门长期生活提供了条件。自葡萄牙人入居澳门后，天主教即在澳门广泛传播。澳门历史城区中随处可见的教堂正是西方宗教文化在中国和远东地区传播的历史见证。16世纪中叶到18世纪的两百年间，教堂办学校，带来西洋音乐，传播宗教艺术，圣诞节的节日氛围异常浓厚，澳门几乎完全"基督化"[1]。佛教在澳门的历史也有五百多年，氹仔和路环均建有观音庙。历史上澳门的妈祖崇拜可以追溯到明朝。

澳门的大陆法法律体系，为中葡经贸往来提供了法律保障。澳门作为由葡萄牙管制达数百年之久的中国领土，法律制度以葡萄牙法制为模式建立，遵循大陆法法律传统。澳门法律是将葡萄牙法律、澳葡政府法律、中国法律及香港的某些法律结合起来的法律多元混合体。[2] 澳门有不少律师行与葡语国家律师行签署了合作协议，提供中葡商贸合作过程中法律层面的协助。

（三）澳门土生葡人成为中葡民间交流的使者

澳门土生葡人的源头在葡萄牙，莱萨教授认为，"澳门的葡萄牙人，是亚洲最持久的种族混合"[3]，说明澳门土生族群的形成是一个十分复杂的过程。近年来，许多人经过对澳门土生族群的了解和研究，才知道中国的许多

---

① 汤开建：《澳门文化内涵浅析》，《广西民族学院学报》（哲学社会科学版）1996年第2期，第67页。
② 米健：《澳门法律》，中国友谊出版公司，1996，第7页。
③ 李长森：《明清时期澳门土生族群的形成发展与变迁》，中华书局，2007，第77页。

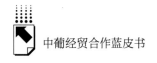

"第一"并非近代列强英美洋人所为，而是澳门土生族群的杰作。①

早期的澳门社会生活表现较为突出的是葡萄牙人文化和土生葡人文化，后期华人文化逐渐成为主体，乃至几乎覆盖澳门社会。② 在澳门葡裔社会中，早期是混有其他种族血缘的澳门土生人占绝大多数，只有澳门土生人才是双栖文化甚至多栖文化的真正传承者，他们作为天主教徒，能操不同语言，继承了双栖文化传统，从而成为两个迥然不同社会之间实质性的联系纽带。③

澳门历史上的中西文化交流，是通过不同人群推进融合的。耶稣会传教士在宫廷显贵中传播西方先进科学知识，只有为数不多的知识分子能接受这些知识，而居澳土生族群则开展了大量自发的民间交流活动。海上贸易活动的发展，使一些土生葡人移居到葡萄牙、巴西、东帝汶等葡语国家。从史料可以看出，许多土生葡人在中西文化的碰撞中不仅成为中华文化的接受者，而且成为西方文化的传播者，成为中西文化民间交流的重要媒介。④

葡语国家通过葡萄牙语这一语言纽带联系在一起。鉴于澳门与葡萄牙、巴西、东帝汶等国在历史发展中的联系，以及和莫桑比克、安哥拉等其他葡语国家共同的语言纽带，八个葡语国家都选择在澳门设立联络处。澳门具备直接与葡语国家沟通交流的优势，加之在宗教、习俗、饮食等方面与葡语国家文化的融合，奠定了澳门成为"中葡平台"的人文基础。

二　澳门建设"中葡平台"的民间交往进展

澳门具有成为"中葡平台"的历史人文基础，澳门社会也高度认同平台建设，普通市民纷纷参与其中。"国之交在于民相亲"，澳门开展与葡语国家之间的民间文化交流、学术交往、商贸往来等活动，可以不断增进中国

---

① 李长森：《明清时期澳门土生族群的形成发展与变迁》，中华书局，2007，第278页。
② 汤开建：《澳门文化内涵浅析》，《广西民族学院学报》（哲学社会科学版）1996年第2期，第67页。
③ 李长森：《明清时期澳门土生族群的形成发展与变迁》，中华书局，2007，第370页。
④ 李长森：《明清时期澳门土生族群的形成发展与变迁》，中华书局，2007，第358页。

与葡语国家民众的相互了解，夯实中国与葡语国家间关系的社会土壤，进而推动中葡经贸合作、人文交流深入展开，是"中葡平台"建设务实推进的有效路径。

（一）以艺为媒连接中葡多彩民间交流

在当今全球互联互通和文明多样化的环境中，以文化活动为载体，加强民间组织文化交流合作，可以形成连接不同文明的纽带，培育民众的情感共同体。通过文化融入和渗透，以文化发展带动经济发展。澳门社会具有"以中为主、中葡结合"的人文特色，中华优秀传统文化和葡语国家的民俗宗教文化在此都有充分体现，借助澳门优势开展的中葡民间文化交流活动更能产生融合效应。

2017 年 6 月 24 ~ 25 日，由澳门土生协会、澳门葡人之家、澳门土生教育协进会等联合举办的第十一届"圣约翰节"庆祝活动在望德堂疯堂斜巷举行。"圣约翰节"是葡萄牙人的传统节日，迄今已有近四百年历史，是澳门重要的非物质遗产之一。活动中，葡萄牙传统音乐表演吸引了不少旅客及居民参与，各国人民共同感受传统葡人的热闹节日气氛。[1]

澳门本土艺术家在中葡文化交流中发挥了重要作用。黎若岚是澳门的导演，其父亲是西班牙人，母亲是土生葡人，婆婆是中国人。跨文化的成长背景使黎若岚懂得多种语言，更懂得尊重多元文化族群。她充分利用自身的语言和文化优势创作作品，纪录片《澳·土》及剧情短片《堂口故事2——爱情在城》都记录了土生葡人的文化。同时，黎若岚还利用业余时间，用自制的学字卡在脸书上教学，保持土生葡语的活性；参加多种论坛讲座，不断为中葡文化交流服务。[2]

---

[1] 《圣约翰节望德堂与众同乐》，《澳门日报》2017 年 6 月 25 日，http：//www. macaudaily. com/html/2017 – 06/25/content_ 1188394. htm，最后访问日期：2018 年 1 月 10 日。

[2] 《专才诞生 土生葡人分享经验》，《澳门日报》2017 年 10 月 22 日，http：//www. macaudaily. com/html/2017 – 10/22/content_ 1216593. htm，最后访问日期：2018 年 1 月 11 日。

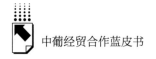

（二）以学为纲助力中葡学术互访交流

澳门具有独特的文化教育资源，葡语教学尤其是中葡翻译人才的培训历史悠久，是中国与葡语国家开展学术交流活动的重要平台。澳门大学、澳门理工学院等高等院校和研究机构在增进中葡学术互动，培养中葡双语经贸、法律人才等方面优势明显。

澳门大学的葡语教学发展迅速。从 1986 年开始连续举办的葡萄牙语言文化暑期课程，吸引了众多澳门及内地学生参加。2017 年的暑期班课程更是吸引了来自中国内地、东帝汶、泰国、美国等国家和地区的数百名学生参与。2017 年 5 月 26 日，澳门大学设立中葡双语教学暨培训中心，旨在加强中葡双语人才的培养。2017 年 11 月 6 日，由澳门基金会等多家机构赞助，在澳门大学举行了第十五届葡语演讲比赛，现场气氛热烈，激发了学生学习葡语的兴趣。

澳门理工学院是中葡翻译教学的百年老校，葡语培训历史悠久。学院注重葡语学生的语言实践活动，并积极开展与葡语国家高等院校的学术交流活动。2017 年 11 月，葡萄牙科英布拉大学代表团访问澳门理工学院，开展了为期一周的学术访问、文化交流和体育训练。访问活动加强了澳门理工学院与葡萄牙高等院校的对接，促进了双方的沟通和联系，有利于鼓励学生进行海外交流，开拓国际视野，为澳门"中葡平台"的发展定位做出贡献。①

2017 年 12 月，澳门国际研究所、澳门中西创新学院及中国社会科学院欧洲研究所签订合作协议，携手在欧洲尤其是葡萄牙推广中华文化，内容涉及书法、音乐、武术、学术研究等多个领域。澳门国际研究所将协助中国社会科学院在葡萄牙和法国寻找推广活动的协办单位，与此同时，研究所也将把中国社会科学院的中文著作翻译成葡语推广、交流。②

---

① 《葡萄牙科英布拉大学代表团访问澳门理工》，中国 - 葡语国家经贸合作论坛（澳门）常设秘书处网站，http：//www. forumchinaplp. org. mo/macau-polytechnic-institute-hosts-university-of-coimbra-delegation/？ lang = tw，最后访问日期：2018 年 1 月 11 日。

② 《中国内地及澳门学院联手在葡萄牙推广中华文化》，中国 - 葡语国家经贸合作论坛（澳门）常设秘书处网站，http：//www. forumchinaplp. org. mo/macau-mainland-china-to-show-off-chinese-culture-in-portugal/？ lang = tw，最后访问日期：2018 年 1 月 11 日。

（三）以社团为桥推动中葡商贸文化往来交流

自中葡论坛举办以来，澳门商贸社团逐步在"中葡平台"建设中发挥日益重要的作用。近几年，澳门相继成立以发挥澳门作为中葡商贸合作服务平台作用为宗旨的商贸社团，包括澳门葡语系国家地区酒类及食品联合商会、澳门葡语系产品商会、中葡电子商务商会、中葡文化商贸促进协会、澳门中欧国际工商协会等。① 其在中葡商贸合作中处于主人翁地位，借助澳门的平台优势，主动发挥桥梁作用，积极寻求与葡语系国家的经贸交流与合作，开拓市场。如澳门商协会在北京市、上海市、广东省、浙江省等发达地区设立产品展示中心，将葡语国家产品成功引入内地市场，并不断拓展新的发展空间。②

2003 年成立的"国际葡语市场企业家商会"，是较早参与"中葡平台"建设的商贸社团。商会大力配合特区政府的政策，积极推动与葡语国家的交往，积极参与澳门、中国内地及葡语国家（安哥拉、巴西、葡萄牙、东帝汶、佛得角等）的不同展览会、商务研讨会及论坛，充分发挥中介桥梁作用，为澳门和内地提供经贸、投资、金融及法律相关信息，致力于促进内地、澳门及葡语国家之间的双边贸易，在中葡商贸合作服务平台建设中发挥了重要作用。2017 年 11 月 16 日，以"阳光的味道·香飘澳门"为主题的四川省攀枝花市杧果品牌推介会在澳门皇冠假日酒店举行。推介会向澳门各界展示了优质晚熟杧果，并推出总投资 1146.38 亿元人民币的 57 个"康养 +"产业项目。会后，国际葡语市场企业家商会、澳门工商联会与攀枝花市农牧局签订了合作框架协议书，各方将在攀枝花特色农产品出口、农产品深加工、招商引资等方面展开深入合作。③

---

① 澳门特别行政区政府印务局，http：//bo. io. gov. mo/bo/ii/2011/31/anotariais_ cn. asp#479，最后访问日期：2018 年 1 月 5 日。
② 《澳门中葡商贸合作服务平台建设取得积极进展》，商务部网站，http：//www. mofcom. gov. cn/article/ae/ai/201702/20170202510729. shtml，最后访问日期：2018 年 1 月 5 日。
③ 《四川攀枝花杧果品牌推介会在澳门举行》，中国新闻网，http：//www. chinanews. com/m/ga/2017/11 – 16/8378638. shtml，最后访问日期：2018 年 1 月 12 日。

2016 年注册成立的澳门中欧国际工商协会是商贸社团中致力于务实推进"中葡平台"建设、把握平台以服务为主、发挥中介人角色的典型代表。陈功伟会长带领商会活跃在澳门与葡萄牙、巴西等葡语国家的商贸活动中，并与当地经贸社团深入开展交流合作。同时，商会还积极参与重庆等内地"一带一路"建设重点省市的经贸交流活动，宣传澳门的"中葡平台"优势。2017 年 5 月，陈功伟参加波尔图"中国－葡萄牙葡语系及西语系国家合作洽谈会 FIN2017"，在探讨中葡合作的切入点及双方发展战略思维主题发言中，提出中葡合作应从"多样性"、"容量"及"能力"三方面切入，即深层次的多元文化包容性、可产生规模效应的市场容量、可把握战略资源及科技的能力。此外，澳门中欧国际工商协会在活动中还成功与葡萄牙星辰基金及葡萄牙 Viniverde 达成经贸合作协议。[1]

三 务实推动民间交往，建设澳门"中葡平台"

特区政府一直致力于积极推动澳门"中葡平台"建设。在中葡论坛等官方机制的保障下，平台建设需要在凝聚民心、集合人气、扩大社会影响力等方面务实推进，形成自下而上推动"中葡平台"建设的强大力量。

（一）引导民众参与平台建设、寻求发展机遇

"中葡平台"建设至今，虽然一些澳门普通市民、中小企业已经加入中葡经贸合作中，切身感受到了平台建设带来的发展机遇，但是精通中葡双语的经贸、法律人才等还远远达不到平台建设需要的服务人才数量，一些中小企业无法参与平台建设。针对人才短缺、缺乏机会等情况，特区政府可采取资助等方式引导市民进行学习，如开办更多的中葡语言交流培训班，提高人们学习汉语和葡语的积极性；政府相关部门及时发布资讯，为中小企业创造

---

① 《中欧工商协访葡洽中葡合作》，《澳门日报》2017 年 6 月 27 日，http://www. macaudaily. com/html/2017－06/27/content_ 1188831. htm，最后访问日期：2018 年 1 月 10 日。

融入平台建设的国际发展空间，如发挥澳门企业的咨询服务等优势，促成中国内地与葡语国家的项目合作。

（二）鼓励社团赴内地走访宣传"中葡平台"形象

澳门作为中国与葡语国家商贸合作的桥梁，只有扎根于广阔的内地，才能有效动员更庞大的经济参与力量。目前，由于宣传不足，在内地缺乏澳门作为"中葡平台"的形象广告，以致中国内地政府官员、企业家对"中葡平台"并不了解，对澳门具有的优势及能提供的服务缺乏全面认识。澳门社会常被人们称为"社团社会"，社团种类多、数量大，可以充分利用社团的民间性、灵活性等特点，发挥民间动能，鼓励社团积极赴内地省区开展深入交流。通过图片、视频等多种形式全面系统地宣传澳门的定位及服务功能，宣传澳门的中葡商贸合作服务平台优势，特别是要宣传澳门是中国唯一可提供中葡双语翻译、法律咨询、商业配对等一站式专业服务的地区。

（三）加强精通中葡双语、法律、经贸人才的培养

人才是"中葡平台"建设的重要保障。澳门现有的葡语教育偏重提高语言能力，缺乏对平台建设急需的通晓中文、葡语等语言文化的贸易投资、经营管理、法律服务等领域的复合型人才的培养路径。因此，澳门各高等院校要发挥能动性，加强与葡萄牙、巴西等葡语国家教育机构的交流协作，适应市场需求，创新招生模式，制订共同培养计划，提高人才培养质量。在增强澳门高等教育国际化的同时，也可以为"中葡平台"的民间交往不断注入能量。此外，澳门基金会也可鼓励和支持澳门高等院校针对中葡双语人才进行专门招生，给予专项奖学金。

（四）推动"中国－葡语国家商贸合作数据库"建设

澳门应建设中国－葡语国家商贸合作数据库，为中国与葡语国家经贸合作的发展提供数据支撑。在国家商务部及澳门特区政府经济财政司的指导下，"中国－葡语国家经贸合作及人才信息网"已于2015年开通，此信息

共享平台提供了在线经贸信息及各个网站功能，链接在线上线下双线并行服务，在一定程度上促进了澳门与内地、葡语系国家的合作商机。但信息网还缺乏全方位的商贸资讯决策数据，需要建设系统的中葡商贸合作数据库。数据库中的信息构成包括：反映市场行情的信息内容、研究报告、各地产品、经贸咨询、法律法规等数据资讯；提供网上商贸咨询服务的商贸联系资料库，用户可按国家、行业性质、产品服务类别等快速查询业务伙伴的资料；大型基础设施招标和投资信息；外经贸统计、外资统计、进出口统计、国外经济合作统计等信息。澳门应发挥地缘优势，打造统一平台，建立中葡商贸合作服务平台的专门网站或服务机构，把分散在各地方、各部门、各论坛的有关中葡贸易和投资的信息进行归集，使澳门成为国内外企业了解中葡信息、澳门政策法规、各类中介服务的窗口及首选地。

（五）联结民众情感，夯实平台建设

积极发挥土生葡人、归侨侨眷的作用，通过丰富的民间活动在祖国内地宣传葡语国家文化艺术，在侨居的葡语国家传播中华文化，促进中国与葡语国家民众的相互了解。如通过开办讲座、拍摄视频、组织参观等方式，介绍平台建设成果；可安排土生葡人到内地宣传葡语国家民族文化风情，加深内地民众对葡语国家及澳门的认识；设立奖励机制，对促进中国内地与澳门和葡语国家文化交流并取得成就的机构和个人予以奖励，形成民众积极参与平台建设的良性互动。今天生活在世界各地的澳门土生人并没有忘记他们的根在澳门，为了使子孙后代永远记住澳门，在南美的巴西、北美的加拿大和美国、大洋洲的澳大利亚，甚至在葡萄牙，都设立了联系族群的"澳门之家"。无论他们走到哪里，都不会忘记澳门土生族群帕图阿语一句古老的谚语："喝了亚婆井的水，离开澳门迈不动腿。"①

民间交往是"中葡平台"建设的重要基础。内地企业对葡语国家经贸、法律、文化以及澳门"一平台"的作用缺乏了解，如果葡语国家民众与中

---

① 李长森：《明清时期澳门土生族群的形成发展与变迁》，中华书局，2007，第420页。

国内地民众、澳门市民之间相互了解不够，甚至抱有猜忌态度，澳门"中葡平台"就难以在葡语国家顺利发挥作用。只有充分发挥土生葡人、研究智库、特色社团、侨联侨会等民间力量的作用，积极配合"一带一路"倡议，才能实现真正意义上的民间交往契合，夯实平台建设的根基。

澳门建设好"中葡平台"，是对"一带一路"的最好参与和最大贡献。澳门位于粤港澳大湾区城市群建设的中心地带，是"一带一路"倡议的关键节点之一。"一带一路"倡议是"中葡平台"建设的强大助推器，澳门应积极将平台建设与"一带一路"倡议有机融合，发挥叠加效应。港珠澳大桥建成通车后，便利的交通设施既能联通民心，又将深化民众交往。通过湾区建设，澳门的"中葡平台"功能将辐射至内地省区，形成共建平台的合力。

B.14
"一带一路"视野下澳门"一个平台"的建设与发展

叶桂平*

摘　要：　"一带一路"倡议具有丰富的理论和实践内涵。澳门作为"一带一路"的重要节点，拥有多元文化共存的重要资源，也是连贯中国与葡语国家的商贸合作服务平台。澳门作为"中国与葡语国家商贸合作服务平台"应和"一带一路"建设有机结合起来，形成可以相互带动和促进的叠加效应。

关键词：　"一带一路"　中葡平台　澳门

　　"一带一路"沿线有 60 多个国家和地区，在 21 世纪海上丝绸之路沿线，邻近澳门的省份就有广东省及福建省，"一带一路"有很多可让澳门参与的发展机遇。其中，如何把澳门作为"中国与葡语国家商贸合作服务平台"和"一带一路"建设有机结合起来，努力形成叠加效应，以及澳门如何进一步发挥平台作用，积极协助内地企业开拓葡语系和拉丁语系国家等市场，加强与东盟的交流与往来等问题，是中葡经贸论坛和澳门特区政府应当尽快研究的课题。

一　"一带一路"倡议对澳门特区提出具体要求

　　澳门一直发挥着中西文化交流的门户作用，国家倡导"一带一路"建

＊　叶桂平，经济学博士，澳门城市大学协理副校长、葡语国家研究院院长、教授。

设，为澳门区域协作提供了衔接历史与现实、联结本地与外地的契机，通过区域协作带动产业成长也是澳门实现经济适度多元、保持可持续发展的可行路径。① 目前，中央已批准澳门参与国家"一带一路"的工作。② 澳门特区政府已于 2016 年 9 月发布了首份《澳门特别行政区五年发展规划（2016～2020 年）》，确定了与国家"十三五"规划对接的发展战略，更把参与国家"一带一路"建设放在重要的位置。未来澳门特区将巩固和拓展现有合作机制，根据上述规划参与国家"一带一路"建设的方向、目标来开展工作。

事实上，作为古代海上丝绸之路重要节点的澳门，把握"一带一路"国家发展倡议，通过打造"世界旅游休闲中心""中国与葡语国家商贸合作服务平台"挖掘自身的潜力，通过加强区域合作寻找发展机遇，携手参与"一带一路"建设，已成为澳门特区未来几年的重点施政方向。对此，澳门特区政府在过去一年来亦从多方面加强与"一带一路"沿线国家和地区的联系，包括组织澳门及内地企业到多个东南亚国家和地区考察，在澳门多个大型会展活动中加入更多"一带一路"元素，例如举办主题活动、更多地邀请"一带一路"国家和地区参展参会等。

澳门回归祖国已有十八个年头，在中央政府的大力支持下，澳门保持了经济上的繁荣和社会的稳定，居民安居乐业，成为成功落实"一国两制"方针政策的热土和样板。为继续支持澳门的长远和可持续发展，解决澳门在经济结构等方面的深层次问题，国家在制定"一带一路"倡议时，主动将澳门纳入其中，重视发挥澳门在"一带一路"建设中的作用。2015 年 3 月 28 日，国家发改委、外交部和商务部联合发布了《推动共建丝绸之路经济带和 21 世纪海上丝绸之路的愿景与行动》，明确要求澳门发挥独特优势，积极参与及助力"一带一路"建设，打造粤港澳大湾区，并借此优化产业结构，适度多元发展。

李克强总理于 2016 年 10 月来澳门参加"中国 - 葡语国家经贸合作论

---

① 《澳寻"一带一路"方略推文产》，《澳门日报》2016 年 6 月 7 日。
② 澳门特区政府新闻局：《行政长官：中央充分肯定特区政府的工作》，http：//www.gcs.gov.mo/showNews.php？DataUcn＝107415&PageLang＝C。

坛"第五届部长级会议期间，宣布了加强与深化中葡经贸合作的十八项新措施以及中央支持澳门的十九项重要政策措施，明确表示将全力支持澳门发挥好"一带一路"支点作用。本届部长级会议亦首次引入了"一带一路"的倡议和理念，同时为切合中国企业走出去的大趋势，以加强未来的投资和产能合作为大会亮点，进一步凸显了澳门作为中国与葡语国家商贸合作服务平台在"一带一路"建设中的独特作用。

"一带一路"建设是近年国家所确定的长远和重大的发展战略部署。它对推动中国经济的长期可持续发展，促进中外贸易和"一带一路"沿线国家的共同繁荣进步，提升中国在国际政治、经济、文化活动中的话语权，以及提高中国的综合国力和对外影响力，都具有重要的战略意义，并将对今后世界政治经济格局产生深远的影响。国家让澳门参与和助力"一带一路"建设，澳门更应抓紧机遇，积极发挥好"一国两制"的制度优势、区位优势和自身的独特优势。

首先，制度优势包括"一国"的优势和"两制"的优势。"一国"的优势，就是澳门背靠祖国，以国家的支持作为坚强后盾，用好用足国家所给予的各项政策；"两制"的优势，就是要发挥好基本法所赋予澳门的自由港地位、单独关税区、实施自由贸易政策和低税政策等制度上的优势。其次，区位上的优势指的是澳门地处珠江口西岸，是泛珠三角地区和粤港澳大湾区的重要城市，背靠祖国大陆腹地，面向东南亚地区。最后，就是澳门自身的独特人文优势，这包括澳门基于历史原因拥有的归侨侨眷人脉网络及与葡语国家的紧密联系，和谐稳定的政治与社会环境，以及澳门作为"一个中心，一个平台"的发展定位。①

二 "一带一路"与"中葡平台"有机结合并形成叠加效应

澳门参与和助力"一带一路"建设，最重要的切入点莫过于"一个中

---

① 鲁言：《"一带一路"鸿篇巨制中的澳门角色》，《澳门日报》2017年2月17日。

心，一个平台"发展定位，特别是"一个平台"。澳门要凭借有众多归侨侨眷、与葡语国家及东南亚等地有紧密联系的优势，协助本澳和内地企业拓展与"一带一路"沿线国家、相关区域以及葡语国家之间的经贸合作、基础建设合作，在"走出去"和"引进来"中，争取通过"一个平台"与"一带一路"结合发展方式形成叠加效应，并找准可结合的"接驳点"。具体着力点如下。

（一）投融资业务的参与

国家"一带一路"倡议具有庞大的资金需求，而目前澳门公、私营部门资金充足，具备条件及潜力为国家推进战略发展提供所需的部分资金。例如，澳门特区财政储备正计划通过参与国家开发银行的融资项目，以及与广东省和福建省磋商合作，将财政储备资金的一部分投资到其省级平台的优质项目中，既保本保回报让财政储备保值增值，同时又可配合和参与国家"一带一路""中葡平台"等重要举措。

2016年，亚洲基础设施投资银行投入运作，澳门正积极配合中央政府的倡议进程，争取在随后几轮的成员审议中以中华人民共和国澳门特别行政区的身份申请为普通成员或观察员，以中央构建的平台参与"一带一路"的建设。2017年第八届"国际基础设施投资与建设高峰论坛"安排多项与葡语国家相关的交流活动，包括"中葡合作发展基金总部揭牌仪式""中国－葡语国家产能和金融合作研讨会"等，会上签署多个涉及中国与葡语国家的合作项目，为内地及澳门企业与"一带一路"沿线国家以及与葡语国家开展国际产能投融资合作创设重要平台。① 长远来看，这个举措对澳门的经济适度多元、拓宽国际发展空间亦有裨益。

（二）区域优势角色

澳门特区经过十八年的发展，"一个中心、一个平台"的定位和作用正

---

① 澳门特区政府：《澳门特别行政区政府2018年财政年度施政方针——经济财政范畴》，2017，第97页。

逐步显现。它正朝着"世界旅游休闲中心"迈进，一方面，可完善与"一带一路"沿线国家和地区的旅游合作，促进商务旅游，争取多边、双边的旅游合作机会。另一方面，它正积极发挥澳门商贸合作服务平台的功能，做好"引进来"的工作，为国家企业引进合作伙伴。同时借"一带一路"的机遇，进一步协助国家企业"走出去"，共同开拓海外市场，特别是市场潜力巨大的葡语国家市场。例如，澳门的两家发钞银行已签订了中国及葡语国家市场业务合作协议，有助于支持澳门进一步发挥中国与葡语国家经贸合作服务平台的作用。

通过积极深化与内地，尤其是与泛珠三角、广东、福建、江苏等区域的合作，持续推进中国与葡语国家商贸合作服务平台的建设，澳门特区为内地企业开拓"一带一路"沿线国家和地区包括葡语国家市场提供相关专业服务；同时，为葡语国家等"一带一路"沿线国家和地区开拓内地市场搭桥牵线，发挥平台功能。澳门特区政府在中葡论坛框架下协助葡语国家与会国积极参与"一带一路"建设，深化跨国互联互通。此外，配合中央将"国际基础设施投资与建设高峰论坛"打造成澳门参与"一带一路"建设的重要平台，该论坛继续邀请更多"一带一路"沿线国家或地区及葡语国家代表参会，2017年吸引63个国家和地区1700多名业界精英与会，同场举办"一带一路"相关主题活动，推进各方在产能和基础设施领域互利合作。本届论坛还发布国际上首个以"一带一路"国际基础设施发展前景为标的的指数——《"一带一路"国家基础设施发展指数报告（2017）》。

特别是与广东省携手参与"一带一路"建设，更能发挥互补优势。在2016年的粤澳合作联席会议上，两地签署了《粤澳携手参与国家"一带一路"建设合作意向书》，粤澳两地政府亦已设立联络办公室，为"一带一路"建立联络机制。在相关合作框架下，澳门加强与广东省在有关方面的合作，共同研究参与国家"一带一路"建设的工作部署，重点依托澳门作为世界旅游休闲中心和中葡平台，加大力度与广东共同组织企业前往"一带一路"沿线有关国家交流考察；同时，把握广东自贸试验区建设和粤港澳大湾区城市群建设等发展机遇，助力"一带一路"建设。

（三）依托历史和人脉渊源

澳门拥有众多华侨及与东南亚地区联系密切、熟悉当地环境等优势，这也是它参与和助力"一带一路"建设的独特元素。澳门是中西文化交汇的城市，华洋和谐共处，居民中不少是东南亚华侨。澳门的归侨侨眷来自 50多个国家和地区，而且占澳门人口的比重也不少。作为古代海上丝绸之路的重要起点之一，澳门与中国内地和海上丝绸之路沿线国家的紧密经贸合作从未间断，如何通过发挥好归侨侨眷的作用来促进国家"一带一路"建设，是一个值得思考的问题。

具体来说，澳门可以充分发挥归侨侨眷的人脉关系优势，以"侨"为"桥"，通过多种形式加强与"一带一路"沿线国家的交流合作，尤其是可重点利用澳门归侨侨眷在东南亚等地的人脉网络优势。一是澳门归侨侨眷联系面广，他们遍布"一带一路"沿线国家和地区，有广泛的社会关系，从事行业多元，很多生意、产业仍在沿线国家地区，熟悉当地语言文化。因此，可以利用他们与侨居国的紧密联系，以及对侨居国经济社会环境的熟悉，扩大与"一带一路"沿线国家的交流与合作。如广泛开展文化交流、学术往来、人才交流合作、媒体合作、青年和妇女交往、志愿者服务等，开展文化、艺术、教育、体育、医疗、法律、人才培养等多领域合作，向当地社会宣传"一带一路"建设，做好政策推动的倡导工作。为深化多边合作奠定坚实的民意基础，同时为发展中国与当地商贸、文化、教育等领域交流交往提供重要桥梁。二是澳门可利用澳门归侨侨眷在海外的经济实力以及与当地主流社会的关系，促进华人经济实体与当地企业的合作，尤其在东南亚国家，很多华人都在当地具有一定的经济实力，并且与主流社会有不错的关系，如果发挥好他们在当地的影响力，不但可促进"一带一路"建设，而且有利于他们自己在当地事业的发展，对当地经济发展也是促进，容易达至双赢甚至多赢。

（四）以主题会展促进经济适度多元发展

澳门参与"一带一路"建设，将有利于自身的经济适度多元发展。过去一段时间，依托澳门本地品牌展会的优势，澳门特区政府及业界努力搭建起了"一带一路"基建、投资合作平台。例如，在"澳门国际贸易投资展览会"（MIF）、"粤澳名优商品展"等大型品牌展会场内继续设置东盟馆、葡语国家馆，或组织相关国家的企业参会，并举办"一带一路"主题活动等，以进一步促进"一带一路"沿线的东南亚国家、地区的多双边投资合作，以及促进中葡与"一带一路"沿线国家、地区之间的商贸合作。2017年10月举办的"中国与葡语国家省市长圆桌会"，亦以"一带一路"倡议为主题推动中国与中葡论坛与会国间的经贸合作与交流。此外，继续支持世界华商高峰会在澳门举办，发挥华商在"一带一路"建设中的人脉优势。

此外，继续深化与东盟等"一带一路"沿线重点国家地区的合作。加强与本地及东盟地区的商会合作，举办澳门与东盟经贸交流活动，除邀请当地企业和经贸机构等来澳参展参会外，亦组织企业到当地交流考察，协助澳门企业实地了解营商及投资环境，政府相关部门亦继续加强与东盟、欧盟、葡语系国家等经贸单位和商会的交流与合作。

澳门在参与和助力"一带一路"的建设过程中，加强了与内地相关省区及21世纪海上丝绸之路沿线国家的旅游合作，为澳门的旅游业发展增添新的动力和开拓更广阔的空间，从而巩固澳门作为世界旅游休闲中心的发展定位。除了旅游、经贸外，也会推动文化、教育等方面的交流合作，以促进澳门与"一带一路"沿线国家，尤其是与葡语国家、东南亚国家的友好往来。

中葡发展基金总部已于2017年6月正式落户澳门，依托自身的人民币清算行，澳门特区政府和金融界积极推动与内地金融机构合作，发展特色金融，共同为"一带一路"沿线国家和地区提供金融服务。

三 对强化中葡平台与"一带一路"倡议深度结合的建议

不可否认，中国的"一带一路"倡议将为各国提供巨大的商机，其中基础设施建设、对外贸易投资等商机更是无限。澳门应借着自身作为中葡平台的有利条件，与"一带一路"倡议紧密结合，可使"一带一路"倡议更为延远，达致更为深远的腹地，渗透更多的市场。澳门企业应利用好国家的支持政策和自身资金、人才、技术等优势，参与其中，这有助于将自身业务拓展到"一带一路"沿线国家和地区，以至世界各地。

澳门特区政府和社会各界应抓住机遇，顺势而为，积极部署，在特区制定的首份五年规划中把参与"一带一路"建设确定为特区发展战略，并与自身的"中葡平台"角色高度契合。在国家一如既往的支持下，在澳门特区政府与社会各界的共同努力下，通过数年的深化和落实，一方面能为中国和葡语国家利用澳门平台开展贸易、投资、会展、文化、培训、教育等多个领域合作提供更多的有效支持，有助充实澳门作为中葡商贸合作服务平台的内涵；另一方面，可使澳门更好地参与中国与葡语国家的合作，将澳门真正打造成中国与葡语国家合作的纽带和坚实的桥梁，为促进澳门经济适度多元可持续发展，尤其在培育新兴产业、服务中小微企业、鼓励专业人才和青年人拓展方面创造更广阔的空间。

（一）特区政府经贸部门应积极提供适切的支持

澳门参与"一带一路"建设，可为中小企业带来重大的发展机遇，但不可否认的是，澳门属于典型的微型经济体，本土企业面对资金实力有限、规模较小、不太熟悉"一带一路"沿线法律法规和营商环境等条件的制约，十分需要澳门特区政府经贸部门的支持，并助力它们将自身特色元素融入"一带一路"中，强化澳门与内地及葡语国家等经济体的多元合作及对接。

为此，澳门特区政府经济局、金融管理局和澳门贸易投资促进局等经贸部门应努力加强与内地政府的沟通和联系，及时给予适切的支持，提供拓展相关市场业务方面的信息。建议通过与内地相关部门的沟通和协调，放宽经澳门机场入境的东南亚国家和葡语国家旅客进入内地的规定，允许他们以"个人游"免签证72小时的方式进入珠海横琴旅游，鼓励更多优质商务旅客途经澳门。允许赴澳内地旅客在签注有效期内，在澳门与横琴之间多次往返，促进粤澳两地的旅游交流。在 CEPA 框架内，取消澳门在内地独资设立经营内地居民前往香港及澳门以外目的地（不含台湾）团队出境游业务的旅行社不得超过 5 家的限制，让更多优质的澳门旅游企业能够参与开拓"一带一路"旅客市场，并推动澳门旅游业界开拓内地出境游的庞大市场。

另一方面，建议澳门特区经贸部门积极与内地相关部门协商，争取让国家在澳门落户更多"一带一路"的品牌会展活动，尤其将中国与葡语国家各领域的中小型会议安排在澳门举行，拓宽澳门商务旅客的客源，提升国际社会及澳门社会对"一带一路"的认知和参与度，也促进其自身经济适度多元和社区经济的发展。同时，建议支持澳门在内地省市对澳门金融业优势的宣传推广工作，鼓励内地大型金融机构落户澳门，为澳门构建中国与葡语国家金融服务平台奠定更深厚的市场基础。建议参照内地与香港基金互认安排，以基金互认等方式，准许内地优质的理财产品在澳门销售，并将澳门理财产品以先行先试方式引至内地，强化澳门本地资产管理业的内涵，为澳门延揽内地、东南亚国家及葡语国家财富管理市场创造条件。

（二）特区政府相关部门加强与中葡论坛秘书处的合作

澳门特区政府已于 2016 年设立由行政长官办公室牵头的专门工作委员会，专责统筹澳门参加"一带一路"的工作。当前，最迫切的问题是要让政府各级官员与社会各界人士提高对"一带一路"工作的思想认识，作为专门工作委员会的成员更要身体力行地推动各部门、各单位以至社会各界正确认识国家"一带一路"倡议，以形成更广泛的行动方向和共识。建议澳门特区政府相关部门多注重统筹协调"一带一路"的工作，系统地把《澳门特区五年发展规划（2016~2020 年）》、"一个中心，一个平台"建设、"粤港澳大湾区城市群"建设等与"一带一路"建设结合起来。其中，建议澳门特区政府尽力完善"一带一路"工作的支撑体系，正确处理好中央与澳门、政府部门之间、政府与社会团体的关系，强化共商、共建、共享的氛围，让居民在参与国家发展中提升自身水平和有更多的获得感。

2018 年是中葡论坛在澳门成立十五周年，澳门特区政府相关部门应加强与中葡论坛常设秘书处的沟通与合作，开展中葡论坛成效与展望的第三方评估，以更好地总结分析发展经验。尤其在促进中国与葡语国家间的产能及人力资源合作方面，应共同携手落实中葡论坛第五届部长级会议签署的《经贸合作行动纲领》《中葡论坛关于推进产能合作的谅解备忘录》，举行和参与相关的交流洽谈活动，继续为葡语国家官员和技术人员举办研修班，开办实习班及组织走访内地省市，将澳门打造成中葡双语人才的培养基地。对此，澳门特区相关教育部门要加强培养中葡双语专业人才，更多样化地为建设"一带一路"提供会计、税务、设计、法律、咨询等方面的专业服务。

此外，针对内地、澳门与葡语国家企业在开展中葡业务初期面对的实务问题，建议澳门特区政府相关经贸部门与中葡论坛常设秘书处联手设计，推出相应的商贸导航服务，完善澳门的进出转口信用保险制度，为业界提供必要的办公硬件设施和沟通联系、项目开发与磋商、商业配对等方面的支援服务，推动澳门成为中国与葡语国家企业的商业纠纷仲裁地点，加强外来企业与澳门法律、会计及其他商业顾问专业机构的服务对接。同时，建议澳门特区政府财政部门继续跟进《多边税收征管互助公约》扩展适用于澳门的相关工作，积极通过中葡论坛常设秘书处连接内地商务部门的渠道，推动澳门特区与尚未与澳门签署《对所得避免双重征税协定》的葡语国家、"一带一路"沿线国家协商，以更好地促进经贸合作交流。

（三）搭上国家发展高速列车，积极融入国家发展大局

国家"十三五"规划、"一带一路"倡议等国家发展政策的相继出台，为澳门在主动融入国家发展战略、深化澳门与内地合作提供了基础。特别是继续推动《内地与澳门关于建立更紧密经贸关系的安排》（CEPA）升级，加快开放现时尚未实现国民待遇的服务业，扩大专业资格互认，推动澳门企业更快更好进驻内地市场，都是澳门特区政府经贸部门应重点关注的着力点。建议于粤港澳大湾区规划中延伸"飞地经济"，由广东拨出部分区域作为飞地，以"共建共享、共同规划、澳门管理"的形式，打造更多粤澳企业共同参与的合作园区，为澳门中小企业营造熟悉的发展环境。同时，鼓励

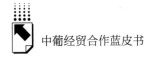

澳门金融机构为大湾区、葡语国家和"一带一路"沿线国家和地区提供特色金融服务。

澳门特区政府亦可与内地有关部门积极协调，组织官员、商界和民间代表出访"一带一路"沿线国家和地区，竭力与当地政府建立联系、打通人脉，为打开这些新市场做好前期铺垫工作。另外，澳门还可选择与内地大型企业进行合作，以便充分利用国企的政治经济影响力、人才等资源。在大型国际投资项目中，澳门自身影响力不足以规避各类政治性商业性风险，也不足以争取良好条件，因而可与内地大型企业，特别是大型央企结伴"出海"，分享良好条件。特别是国家将澳门定位为中国与葡语国家的经贸合作平台，若把"一带一路"与葡语平台有机结合，将会更加相得益彰。

B.15
特色金融：中葡金融服务平台建设的
进程与趋势

王　耀*

摘　要：　中国与葡语国家金融服务平台是澳门特色金融的"特"之所在，也是澳门发展特色金融业的最佳切入点和重要组成部分。中葡金融服务平台可以将"一个平台"和经济适度多元紧密结合，相互促进，对特区未来发展有着至关重要的意义。在中央及特区政府的支持下，中葡金融服务平台雏形已现，葡语国家人民币清算中心成功运作，葡资与中资银行平台作用得以发挥，面向葡语国家的投融资平台方兴未艾。未来需要进一步理清思路，转变"等、靠、要"心态，精细定位，有所侧重，以建设中葡投融资平台为主要发展方向，并加快完善法律法规，培养和引进专业人才，善用现有的各类平台，为中葡金融服务平台建设打好基础。

关键词：　澳门　特色金融　中葡论坛　中葡金融服务平台

澳门特区政府 2015 年 11 月发布的《二〇一六年财政年度施政报告》首次正式提出"结合澳门优势，发展特色金融产业"。具体包括："推动澳门金融产业发展，在'一带一路'中发挥应有作用，与澳门建设成为中国

---

* 王耀，现供职于澳门某大型银行。

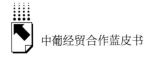

与葡语国家商贸合作服务平台的发展定位结合，更好地参与国家整体发展规划，并增加就业和推动澳门产业适度多元化。"同时亦提出要"搭建中国与葡语国家的金融服务平台"。

虽然坊间对于澳门发展特色金融有不同的看法，例如，有人指出，特色金融的概念模糊不清，但从施政报告的有关阐述可以看出，特色金融起初是在"一带一路"和"一个平台"的大框架下提出来的，为"一个平台"服务是特色金融的主要内容。笔者认为，澳门特色金融最大的特色就在于"一个平台"，中葡金融服务平台是澳门特色金融的"特"之所在，并是其最重要的组成部分。

一 中葡金融服务平台的建设与发展

结合澳门的定位及优势，中葡金融服务平台建设大概包括以下几个方面的内容：葡语国家人民币清算中心及人民币业务、中资银行①与葡资银行的平台作用、中葡合作发展基金等投融资平台等。

（一）葡语国家人民币清算中心及人民币业务

澳门在人民币跨境业务方面具有先发优势。香港和澳门两个特区是最早进行境外人民币业务试点的地区。2004 年 8 月，中国人民银行正式宣布为澳门个人人民币业务提供清算安排。之后，选定中国银行澳门分行为人民币清算行。随着人民币国际化进程的加快，跨境人民币业务相关政策不断放宽，澳门人民币业务的范围逐步扩展到跨境贸易结算以及投融资等领域。

受内地人民币政策变化、人民币汇率预期、境内外人民币利差及汇差等多方面因素影响，澳门人民币业务规模出现很大波动。澳门金融管理局（简称澳门金管局）统计数据显示，澳门银行的人民币存款最高时曾达 1644

---

① 按资本来源地划分，澳门本地资本、中国内地资本、香港资本、台湾资本在澳门设立的银行都可广义地称为中资银行。由于历史的原因，澳门坊间一般把中国内地资本称为"中资"。为便于表述，除非特别说明，本文中的中资银行特指中国内地资本的银行。

亿澳门元（2014 年 4 月末），年跨境贸易人民币结算总额最高峰时达 2581.9 亿元人民币（2015 年）。截至 2017 年末，澳门银行的人民币存款余额折合为 397.4 亿澳门元，全年跨境贸易人民币结算累计金额为 670.5 亿元人民币（见表 1）。

表 1　澳门银行人民币业务统计数据

年份	人民币存款（年末余额，亿澳门元）	跨境贸易人民币结算（当年累计总额，亿元人民币）
2013	1089.2	1495.6
2014	1288.9	2269.8
2015	791.6	2581.9
2016	420.2	1209.8
2017	397.4	670.5

资料来源：澳门金融管理局。

2015 年 8 月，中国人民银行批准同意中国银行澳门分行为葡语系国家银行提供人民币清算服务。2015 年，中国银行澳门分行为葡语国家银行办理人民币清算量达 76 亿元人民币。截至 2016 年 1 月，该行已与巴西、葡萄牙、安哥拉、莫桑比克、佛得角、东帝汶的 35 家银行建立了代理行关系，初步建立了覆盖葡语国家，辐射伊比利亚半岛、非洲和南美洲的收付清算网络，基本实现了对葡语国家同业代理渠道的全覆盖。[1]

2016 年 3 月 7 日，澳门人民币即时支付结算系统正式上线，实现与内地人民币支付清算系统的对接。该系统由 28 家金融机构参与，为银行客户的人民币汇款及银行间的人民币资金汇划提供即时结算服务。澳门金融管理局称，这套系统投入服务，不仅有利于澳门人民币资金清算风险的管理以及清算效率的提高，而且将进一步推动区域金融合作和人民币跨境使用，促进澳门发展成中国与葡语系国家贸易人民币结算平台。

[1] 《"中葡贸易人民币结算平台"建设成效显著》，http://news.xinhuanet.com/gangao/2016-01/20/c_128649820.htm，最后访问日期：2017 年 12 月 9 日。

（二）中资银行和葡资银行平台作用日益增强

澳门回归以前，以大西洋银行为代表的葡资银行在澳门金融体系中扮演着重要角色。1999 年底，澳门 23 家银行中（不含邮政储金局，下同），有 7 家为葡资银行，其中包括一家持离岸银行牌照的葡资银行。葡资银行存款、贷款分别占全部银行的 15.3% 及 13.3%。[①] 至 2017 年 9 月，澳门 28 家银行中有 4 家葡资银行[②]，包括大西洋银行、葡萄牙商业银行澳门分行、BPI 银行、储金行。后两家银行分别是葡萄牙两家大型银行的离岸分支机构。[③] 葡资银行的存款、贷款市场份额分别为 5.1% 及 3.5%（见表 2）。

表 2　以资本来源地划分澳门银行及其所占存贷款市场份额

资别	2015			2016			2017		
	个	存款占比	贷款占比	个	存款占比	贷款占比	个	存款占比	贷款占比
内地资本	10	83.4%	85.2%	10	85.7%	85.7%	10	87.6%	86.4%
葡萄牙资本	5	8.1%	4.2%	5	6.8%	3.8%	4	5.1%	3.5%
香港资本	5	3.1%	4.6%	5	2.7%	4.7%	6	2.4%	4.6%
台湾资本	3	0.2%	0.8%	3	0.2%	0.6%	3	0.2%	0.6%
其他资本	5	5.2%	5.2%	5	4.6%	5.2%	5	4.7%	4.9%

资料来源：不含邮政储金局。2017 年为截至第三季度末数据，其他为当年第四季度末数据。根据澳门各银行刊登于《公报》季度财务数据统计。

大西洋银行积极响应特区政府发展特色金融、建设葡语国家人民币清算中心和中葡金融服务平台的号召，于 2017 年初在珠海横琴自贸区开设分行，成为首家于内地开设分行的澳门本土银行，填补了澳门金融机构在 CEPA 的

[①] 作者根据澳门各银行刊登于特区《公报》1999 年第四季度财务数据统计整理。

[②] 葡资的必利胜银行股份有限公司是葡萄牙圣灵银行于 1996 年在澳门成立的子行，2014 年更名为新银行亚洲股份有限公司。2017 年 5 月被香港立桥金融控股集团及另外几个财团收购，2017 年 9 月起更名为立桥银行股份有限公司，新银行亚洲股份有限公司只持有立桥银行 25% 的股份，不再为葡资银行。

[③] 澳门金融管理局刊登于 2018 年 1 月 24 日特区《公报》第 4 期第二组的第 001/2018 – AMCM 号通告显示，该两家离岸分支机构"已结业，正撤销许可"。

优惠政策下筹建内地分行的空白。

葡萄牙商业银行（BCP）澳门分行的前身是葡萄牙商业银行澳门离岸分支机构，于1993年成立。2010年5月，BCP澳门分行由离岸银行转为在岸的一间全能牌照分行，并被集团确定为中国与葡语系国家的业务发展平台，通过其集团各葡语系地区网络，向集团客户提供相关服务及产品，包括作为证明银行向中国内地公民提供符合葡萄牙"黄金签证"政策在当地投资的相关服务，参与澳门的相关融资项目，以及重点开拓中资企业与葡语企业间的商贸业务等。

以中国银行澳门分行为代表的中国内地资本银行（泛称中资银行），其业务规模在澳葡时代就已经占有相当的份额。至1999年回归之时，澳门共有中资银行4家，存款、贷款分别占58.1%及57.4%。[1]回归以后，中资银行数量和规模更是迅猛发展。至2017年9月，澳门中资银行增加至10家，[2]中资银行合计的存款、贷款份额分别占全澳银行的87.6%及86.4%。

作为澳门金融业的主体，中资银行在建设中葡金融平台方面发挥着主力军的作用。市场份额超过三成的中国银行澳门分行除了担任葡语国家人民币清算行以外，还推出了"葡语国家金融服务"，通过特别设立精通葡语的专业队伍，专门为中葡商贸客户提供存贷款、结算、清算、贸易融资、资金交易等产品齐全的商业银行服务。通过中银集团遍布全球的机构与清算网络，为客户提供投资银行、保险、资产管理等全方位的金融服务。

2015年6月25日，中国银行澳门分行与大西洋银行签订了中国及葡语系国家市场业务合作协议，以建立更加深入的全面合作关系，通过两家银行的集团网络，创建信息交流平台和沟通渠道，分享中国与葡语国家市场商贸信息，实现业务互介，加强在结算、授信等方面的业务合作。

2017年，澳门银行业"北上发展"取得实质性进展。澳门国际银行广

---

[1] 作者根据澳门各银行刊登于特区《公报》1999年第四季度财务数据统计整理。

[2] 2017年12月18日澳门特区《公报》第51期第一组发布的第117/2017号行政命令，许可中国农业银行股份有限公司在澳门设立分行。

州分行于 2017 年 4 月 12 日正式开业，成为澳门银行业首家进驻广州的机构。时任澳门金管局主席丁连星出席开业仪式时表示，该分行的开业，可通过跨境紧密联动，为客户提供更多优质便捷的服务，为粤澳金融合作注入新活力；也一定能把握新的发展机遇，紧密配合国家战略实施，为澳门"中葡金融服务平台"的建设及粤澳金融合作的深化，做出更多积极贡献。①2017 年 6 月 22 日，大丰银行上海分行举行开业仪式，标志着大丰银行正式进入内地市场并成为第一家在上海设立经营性分支机构的澳门银行。

（三）中葡合作发展基金等投融资平台建设

中葡合作发展基金（以下简称中葡基金）是 2010 年 11 月在中国－葡语国家经贸合作论坛第三届部长级会议上中方宣布的中葡合作六项举措之一，基金总规模为 10 亿美元。② 中葡基金于 2013 年 6 月 26 日正式成立，由国家开发银行和澳门工商业发展基金共同出资设立，中非发展基金受托管理。中葡基金设立的目的，是支持中国（含澳门特区）企业与葡语国家企业开展投资合作，引导中葡论坛成员国企业间的直接投资，提升投资企业总体实力，促进成员国经济发展。基金投资遵循市场化原则，在成员国范围内自主选择投资项目，独立决策并承担相应投资风险，追求稳定的投资回报，并在基金存续期内退出。

2017 年 6 月 1 日，中葡基金总部正式落户澳门。中葡基金已在莫桑比克、安哥拉、巴西投资支持了一些项目，带动当地农业现代化建设，以及制造业、能源等领域的产能合作。中葡基金已经逐步成为中葡合作论坛框架下，促进中葡经贸合作的重要投融资平台。基金总部落户澳门，将有力提升澳门作为中国与葡语国家商贸合作金融服务平台的作用，也为澳门的企业更多地参与葡语国家的项目投资提供了机会。

---

① 《澳国际银行穗设分行》，《澳门日报》2017 年 4 月 13 日。
② 《中葡合作发展基金》，http：//www.mofcom.gov.cn/article/i/jyjl/k/201608/20160801375561.shtml，最后访问日期：2018 年 1 月 10 日。

二　中葡金融服务平台发展的主要特征

（一）中央明确支持，特区政府高度重视

2016 年 10 月，李克强总理视察澳门并出席中国－葡语国家经贸合作论坛相关活动，提出了多项惠澳政策，其中包括支持在澳门建设葡语系国家人民币清算中心和设立中葡合作发展基金总部等。李克强同时宣布了之后三年中国同论坛葡语国家深化合作的 18 项具体举措，其中一项就是"支持在澳门成立中国－葡语国家金融服务平台"①。

澳门特区政府一直非常重视中葡商贸平台相关工作，并将其作为施政的一项重要内容，研究和制定了一系列措施及政策，较好地发挥了中国和葡语国家经贸合作、社会与政治交往的桥梁和纽带作用。从过往几年特区政府施政报告的相关内容可以看到，特区政府对建设中葡金融服务平台日益重视，提出的政策和措施亦越来越具体，内容更加丰富（见表3）。

表3　澳门特区政府施政报告中关于中葡金融服务平台的内容摘录

财政年度	关于中葡金融服务平台的内容
2016 年	结合澳门优势，发展特色金融产业 推动澳门金融产业发展，在"一带一路"中发挥应有作用，与澳门建设成为中国与葡语国家商贸合作服务平台的发展定位结合，更好地参与国家整体发展规划，并增加就业和推动澳门产业适度多元化 将推动中资银行与葡资银行的联动、葡资银行进入内地、澳门的人民币清算平台、葡语国家银行及企业通过澳门进行人民币贸易结算以及投融资业务等工作，搭建中国与葡语国家的金融服务平台

---

① 《李克强在中国－葡语国家经贸合作论坛第五届部长级会议开幕式上的主旨演讲》，http：//www.xinhuanet.com/gangao/2016－10/12/c_1119697875.htm，最后访问日期：2017 年 12 月 1 日。

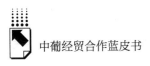
财政年度	关于中葡金融服务平台的内容
2017年	推动特色金融产业发展,助力"一个平台"及"一带一路"建设 推进"中国与葡语国家商贸合作金融服务平台"的建设。向葡语国家推广人民币和人民币结算业务,争取与葡语国家有业务往来的内地客户、与内地有业务往来的葡语国家客户使用澳门银行服务。通过澳门人民币实时支付结算系统为中国与葡语国家商贸往来提供服务 计划在"第八届国际基础设施投资与建设高峰论坛"举办以金融为主题的活动,搭建中国与葡语国家间的金融洽谈对接平台
2018年	加快发展特色金融,打造"中葡金融服务平台",助力"一带一路"建设 加快推进及完善配套政策,重点支持融资租赁、财富管理及葡语国家人民币清算等业务发展,着力打造"中葡金融服务平台",在维护金融安全稳定的前提下,促进澳门金融业的发展,为特区产业多元化及国家金融业做贡献,并为澳门本地的专业人士、青年等提供更多中高端职位,创造就业发展机遇 着力推动"葡语国家人民币清算中心"的建设,推动葡语国家企业及机构使用人民币金融业务,配合推动人民币国际化

资料来源:澳门特区政府施政报告。

　　特区"五年规划"在"一个平台"方面,也用一定的篇幅介绍中葡金融合作,包括积极发挥澳门作为中国与葡语国家商贸合作金融服务平台的作用,培育澳门特色金融业,发展融资租赁、资产管理等业务;协助葡语国家或机构参与人民币金融业务,发挥中国与葡语国家人民币清算平台的角色,配合推动人民币国际化;通过"中葡合作发展基金"投资葡语国家交通、电信及金融等项目,积极推动中葡经贸投资合作及建设,协助内地企业通过澳门"走出去",促进中外交流及共同发展。

(二)澳门在建设中葡金融服务平台方面具有比较优势

　　除了中央支持和特区政府高度重视外,澳门自身也具备一定的基础条件和独特优势,包括很高的经济自由度,法律与会计制度等与国际接轨,税制简单,金融业的开放程度和国际化程度很高,金融监管制度与国际接轨且得到国际监管机构认可,等等。

　　经过十几年的发展,澳门银行对于人民币业务的操作与管理积累了相当丰富的经验。此外，澳门还具有其独特优势，其中包括澳门一直奉行自由市场经济制度，不实行外汇管制政策，保障金融市场和金融机构的经营自由以及资金的流动和进出自由，为跨境人民币业务的发展在制度上提供了便利与基础；澳门一直在中国与葡语国家之间的经贸合作中发挥着重要的联系平台作用，是中国唯一一个与这些国家保持如此特殊关系的城市。①

澳门金融业以外资为主，绝大部分银行属于外资银行的附属或分支机构，资本来源地也非常多元化，除了葡萄牙，还包括中国内地、中国香港、中国台湾、美国、英国、法国、德国、新加坡等。银行业经过多年的发展，行业规模及经营能力均有所提高，专业服务能力和风险管理能力也不断提升。葡萄牙海外汇理银行（Banco Nacional Ultramarino）于1902年8月在澳门开设分行，初期中文翻译为"大西洋国海外汇理银行"，澳门市民称其为"大西洋银行"，后来该行以此为中文名称。它在1905年取得澳门元的发行权，于1906年正式发钞，还承担了政府公库的角色。直至1970年澳门颁布第一个银行法，在法律上大西洋银行是澳门唯一的银行。大西洋银行现在的母公司葡萄牙储蓄信贷银行（Caixa Geral Depositos S. A.，简称CGD）是葡萄牙的第一大银行，在全球八个葡语系国家中的七个设有分支机构，并在其中五个国家处于市场领先地位。凭借CGD与葡语系国家庞大的金融网络以及紧密的商业联系，大西洋银行在担当中国与葡语系国家之间贸易与投资平台方面具有先天的优势。葡萄牙商业银行（Banco Comercial Portugucs S. A. 简称BCP）是葡萄牙最大的私立银行，在莫桑比克和安哥拉设有子行。

（三）投融资渐趋成为中葡金融服务平台的重点领域

进出口贸易是中国与葡语国家经贸合作的基础和重要组成部分。当前世界经济复苏艰难曲折，大宗商品价格深度调整，全球贸易和投资低迷，各种形式的保护主义有所抬头，给各国发展带来严峻挑战。在新的形势下，中国

---

① 澳门金融管理局丁连星主席在"跨境人民币业务与企业国际化发展机遇"论坛上的发言，广州，2012年6月28日。

与葡语国家必须通过扩大和创新经贸合作形态，促进双方实现更高层次的共赢共进。据统计，截至2015年，中国对葡语系国家各类投资近500亿美元。2016年，中国对葡语国家直接投资流量总额3.99亿美元，同比增长263.7%；直接投资存量总额56.99亿美元，同比增长26.5%。其中，中国对外直接投资流量增长最快的国家是巴西、安哥拉、东帝汶，直接投资流量分别增长297%、85%、63.6%。①

李克强总理在中葡论坛第五届部长级会议开幕式上指出：葡语国家大多处于工业化的重要阶段，都有加强基础设施建设、完善产业体系的迫切需求。中国拥有完整的工业制造体系、高性价比的装备产能、强大的工程建设能力。加强产能合作，是实现优势互补、互利共赢的捷径。中国愿充分发挥丝路基金、中国与葡语国家合作发展基金等融资平台作用，尽快实施一批重大项目。李克强总理宣布的中央18项政策中，除了支持在澳门设立中葡合作发展基金总部，还包括研究支持澳门以适当方式，与丝路基金、中拉产业合作基金、中非产业合作基金展开合作。可见，中葡合作发展基金只是一个开始，因应中国与葡语系国家经贸合作的升级和深化，投融资平台已渐趋成为中葡金融服务平台建设的重点领域。

三 中葡金融服务平台建设的趋势与建议

中葡金融服务平台，一方面是澳门建设"一个平台"的迫切需要，符合国家对澳门的战略定位；另一方面是发展特色金融业的最佳切入点，并通过壮大金融业来促进澳门经济适度多元。它可以将"一个平台"建设与经济适度多元紧密结合，相互促进，互动发展，对于特区未来可持续健康发展有着至关重要的意义，还有很大的发展空间。回顾过往几年中葡金融平台的发展

① 《2017年中国与葡语国家经贸合作情况综述》，中国－葡语国家经贸合作论坛（澳门）常设秘书处网站，http://www.forumchinaplp.org.mo/presentation-about-economic-and-trade-cooperation-between-china-and-portuguese-speaking-countries-in–2017/？lang=zh，最后访问日期：2018年1月10日。

状况，客观地讲，中葡金融平台至今仍然处于起步阶段，还存在很多的问题与不足。今后应该理清思路，转变心态，精准定位，有所侧重。

澳门特区政府 2015 年正式提出发展特色金融业，除了葡语国家人民币清算中心和人民币业务，又提出重点支持融资租赁和财富管理业务。如前文提到，澳门各界对于特色金融的概念以及如何发展特色金融，仍未形成统一认识。一般来讲，一个地区某个产业能够成功的前提是要具备竞争优势，不管是绝对优势还是相对优势。在金融业方面，与全球性或区域性的金融中心相比，或与邻近地区相比，澳门最大的优势还是在制度方面，具体来讲就是"一个平台"的独特优势，既有一定的历史渊源，也是国家赋予的政策优势。特区政府从一开始就提出"结合澳门优势，发展特色金融产业"，"在'一带一路'中发挥应有作用，与澳门建设成为中国与葡语国家商贸合作服务平台的发展定位结合"。之后两年的施政报告分别指出"推动特色金融产业发展，助力'一个平台'及'一带一路'建设"；"加快发展特色金融，打造'中葡金融服务平台'，助力'一带一路'建设"。可见，基本的逻辑和思路是："一个平台"是澳门发展特色金融的优势，中葡金融服务平台是手段或抓手，服务"一个平台"和"一带一路"是出发点和目的。

另外，建设中葡金融服务平台，需要转变心态。受自身条件所限，如果缺少中央政府的支持和帮助，澳门确实会遇到很多困难。但如果澳门总是抱着"等、靠、要"的心态，认为只有中央政府提供足够多的支援和帮助其才能发展，那就会使澳门越来越缺乏进取心和竞争力，不仅不能使自身得到发展，对别人的发展也不能提供有效帮助。在这方面，澳门需要自我检讨。[①] 在澳门举办中葡论坛，设立葡语国家人民币清算中心，设立中葡基金总部等，中央政府其实已经提供了不少的支持和帮助，要将这些优惠政策落地，并产生实效，需要特区政府制定相关的配套政策，更需要社会各界的积极参与和具体实践。

特区政府涉及特色金融、中葡金融服务平台的政策措施，经常同时提及

---

① 李晓平：《参与"一带一路"建设需要转变心态》，《九鼎月刊》2017 年第 4 期，第 11 页。

"一带一路"和"一个平台"。考虑到国家对澳门的明确定位以及澳门的辐射能力有限，在执行层面上，澳门应该有所侧重，选准着力点，主要面向葡语系国家。因此，"一带一路"倡议是起点更高、视野更宽、影响更大、范围更广的合作大平台，澳门定向服务葡语系国家符合"一带一路"的大原则和总体方向，"一个平台"可以看作"一带一路"的区域性合作平台。

在业务定位方面，向葡语国家推广人民币以及人民币结算，做好葡语国家人民币清算中心，是国家赋予澳门的使命，也是澳门建设中葡金融服务平台的起步点，不容有失。由于目前中国与葡语系国家的进出口贸易很少经过澳门中转，加上境外人民币政策不断放宽，人民币结算日益普遍，从长远来看，澳门葡语国家人民币清算中心的优势难免会被削弱。中国与葡语系国家经贸合作已经由一般商品贸易向加工贸易和产能合作升级，从工程承包向基础设施、工业园区建设和经营融资服务等中高端领域迈进，投融资也正从政府主导转向以企业投融资合作为主。因此，将澳门打造成为中国与葡语国家投融资平台应该是今后中葡金融服务平台建设的主要方向。

结合上述思考，提出中葡金融服务平台建设的具体建议。

（一）加快完善及丰富澳门金融法律体系

澳门的《金融体系法律制度》和《保险活动管制条例》分别颁布于1993年和1997年，个别法例甚至更早，如颁布于1983年的金融公司相关法例。法例的许多条款已经明显不合时宜。除了要尽快修订和完善现有的主要金融法规以外，还要考虑制定证券法、信托法、离岸金融法等。应尽快制定金融改革创新法案，对金融监管、金融业务的法律法规进行突破性修改，进一步放开外地金融机构来澳设立机构的条件，提高牌照审批效率，给予银行、保险、证券以及其他金融机构更多的自由，增强竞争力；加紧制订推动金融科技（FinTech）的法规，鼓励金融创新。

（二）善用现有的各类合作平台

在中葡论坛下设"中葡金融合作分论坛"，在中葡论坛部长级会议期间召开"中国与葡语国家央行行长峰会"；已成功举办七届的国际基础设施投资与建设高峰论坛将来可以葡语国家基建设施投融资为重点，办出特色。除了中葡合作基金以外，积极与丝路基金、中拉产业合作基金、中非产业合作基金等沟通联系，寻找合作机会。设立澳门特区投资发展基金的相关工作已经启动，将来可以考虑与上述中央政府主导的基金合作，或者通过设立政府引导基金的方式，与其他各类投资基金合作。特区政府向中央政府申请，澳门以适当方式参与亚洲基础设施投资银行（亚投行）、金砖国家新开发银行。

（三）培育和引进相结合，解决金融人才短缺问题

设立金融人才发展基金，对于金融专才或获得国际认证的金融人才给予奖励或津贴；澳门特区政府人才委员会把金融人才列入优先吸引澳门本地人才回流的范围；鼓励本地高校开设金融、商务、会计等专业课程，除了面向在校生，也可以和专业团体、金融机构合办在职培训和认证课程；鼓励金融从业人员参加在职培训或脱产进修；与发达地区和内地政府协商，选派人员赴外地金融机构实习或参加专业培训；为葡语国家培训金融人才，加强双方金融从业人员的相互交流，增进了解。为金融人才提供工作签证便利，为其家属就学、就业提供帮助；在保障本地金融从业人员权益的前提下适量引进金融专才。

B.16
澳门国际贸易投资展览会的
现状、特征与趋势

陈 青 陈子樱*

摘　要： 澳门国际贸易投资展览会至今已举办22届，在澳门特区政府
贸易投资促进局的大力推动下，该展览会面向海内外展示澳
门的优势，逐步发展为参展商进行全方位、多层次经贸投资
交流合作和推动澳门发展多元产业的综合性国际会展。为推
进"中葡平台"建设，展会中持续注入葡语国家元素，各种
中葡特色论坛会议汇聚，搭建了连接中国与葡语国家经贸合
作的"黄金桥梁"。

关键词： 澳门会展　中葡平台　MIF

澳门国际贸易投资展览会（以下简称MIF）由澳葡政府于1996年创立。
澳门回归后，自2000年第五届展会开始，MIF由特区政府贸易投资促进局
主办，每年一届，至今已连续举办22届。围绕"贸易"与"投资"两大主
题，MIF不断发展完善，尤其是2002年赌权开放后，MIF逐步加入论坛、
推介会、采购配对、展销等元素，展会品质不断提升，并在2005年"全球
展览业协会年会"上获得全球展览业协会（UFI）认证。MIF为促进澳门经
济适度多元发展，专业展区不断增加，国际影响力逐年提高，至今已发展成

---

* 陈青，一级会展策划师，澳门中西创新学院荣誉教授；陈子樱，澳门大学行政管理专业硕士
研究生。

为立足澳门经济、拓展内地市场和联通中国与葡语国家经贸合作的综合性国际会展。

一 第22届 MIF 及2017PLPEX 评述

2017 年 10 月 19 ~ 21 日，"第二十二届澳门国际贸易投资展览会"（第 22 届 MIF）和"2017 年葡语国家产品及服务展（澳门）"（2017PLPEX）在澳门威尼斯人会展中心成功举办。本届展会以"促进合作、共创商机"为主题，共有来自中国内地、葡语国家、"一带一路"沿线 50 多个国家和地区的政府机构、企业客商参加；设展位 1720 个；在配对洽谈区进行了 389 场洽谈，签约 67 项。展会的展区展品、论坛活动充分体现出澳门积极融入国家发展大局，发挥出澳门作为"中葡平台"的服务功能。

（一）展会亮点众多，契合国家发展战略

展会特设"伙伴国"——安哥拉主题展馆和"伙伴省"——广东省主题展馆。安哥拉罗安达省政府率领 80 多人的代表团莅澳出席活动，安哥拉投资及出口促进局组建了 300 平方米的"安哥拉馆"，还与广东省和澳门合办了"安哥拉 - 广东省 - 澳门贸易投资论坛"；广东省亦组织 250 人的代表团莅澳，省商务厅组建了超过 1500 平方米包括广州、深圳、佛山、珠海、中山、长隆等展区的广东馆，重点展现广东改革创新、积极参与粤港澳大湾区建设的最新成果，同时还举办了"粤港澳大湾区建设下珠海旅游会展业发展交流会"等。

（二）展区内容丰富，侧重提供资讯服务

第 22 届 MIF 展馆面积达 2.7 万平方米，分为展示区和现场销售区。展示区除特设"伙伴国"与"伙伴省"主题展馆外，还分为国际展区、内地省市展区、澳门中小企业展区、中国台湾展区及专题（专业）展区（详见表1）。

表1 22届MIF展区设置及展示内容

类别 展区 数量	资讯/服务 (机构提供)	文化创意	产品/服务 (经贸公司提供)	科技/网络	备注 参展单位或产品领域
安哥拉馆	1				安哥拉投资出口推广局
广东馆	17	3	5	1	含5市及长隆展区
澳门馆	25				主协办及澳门官方机构
澳门工商经贸馆	2		2		澳门工商"四会"
葡语国家馆	8				中葡论坛秘书处
欧洲馆	12				香港欧洲商务协会
东盟馆	12				澳门东盟国际商会
美国馆	5				澳门美国商会
加拿大馆	16				澳门加拿大经贸促进会
拉丁美洲馆	14		7		澳门亚太拉美促进会
德国馆	1		20		澳门德国商会
韩国馆	1				大韩贸易投资振兴公社
北京馆	5	3	5	5	科技文化医疗药业
福建馆	1				福建国际投资促进中心
重庆馆	1				重庆市商务局
江苏馆	2	1	8	10	丝绸、科技、新材料
云南馆	1		3		茶、药、农业开发
辽宁馆	1		1	1	中国贸促会辽宁省分会
湖南馆	2		6	3	陶瓷、科技、化工
安徽馆	2	2	10		茶、工艺品、保健品
黑龙江馆	2				省商务厅哈尔滨经贸办
上海馆	2				虹口区商务委旅游局
浙江馆	1		5		家具、工艺品
内蒙古馆	1	2	12		民乐器、农牧品
沈阳馆	1		6	1	食品、酿酒、进出口
山西馆	2		10		食品、农业
江西馆	2		3		食品
宁夏馆	1		6		绿色食品、农牧、酿酒
甘肃馆	1		1		农业、科技、食品、茶叶
海南馆	1		2		茶叶、椰壳
广西馆	1				中国贸促会钦州市支会

展区 \ 数量 \ 类别	资讯/服务 (机构提供)	文化创意	产品/服务 (经贸公司提供)	科技/网络	备注 参展单位或产品领域
澳门服装节	1				专题展区（下同）
健康产业展	5		17		医药设备、生物科技
国际文化艺术品展区	1		11		江苏省文艺界联合会
澳门国际设计联展	1				澳门国际设计联合会
国际贸易投资促进机构展	4				南非、印度、德国等
企业与国际展区	19	1	9	2	澳门商会社团公司
澳门国际印刷商品展	1		5		澳门印刷贸易公司
北京老字号展区	1		7	6	曲艺、杂技、小吃
澳门中小企业展销区	9	8	91		现场销售
中国民族商品文化工艺展区	1				中国民族团结促进会
台湾馆	1	1	32	7	现场销售
国际中小企业展区			5		现场销售
美食体验区	1		3		现场体验
2017 全澳青年创业创新大赛			10		母婴、医疗、设计、科普
总计	189	21	302	36	共 548 个参展商，含现场销售区

资料来源：根据第 22 届 MIF《大会指南》统计。

在 548 个参展单位中，提供经贸投资资讯与服务的非经济实体有 189 个；提供科技网络、文创和经贸服务的经济实体 212 个；仅做现场销售的商家 147 个。总体上，超过半数的参展商提供政策咨询、技术或服务。

2017PLPEX 首次独立成展，展览面积超过 3000 平方米，共设 220 个展位，来自安哥拉、巴西、佛得角、几内亚比绍、莫桑比克、葡萄牙等葡语国家的企业和已在"信息网"注册的澳门本地代理葡语国家食品及专业服务供货商参展，主要涉及食品饮品、旅游、电子商务、保健产品及投资等多个行业。展览分四大展区，即"政府/贸促机构及商协会展区""食品类产品展区""非食品类产品展区"和"服务展区"，并安排了专题论坛研讨会和葡语国家时装表演、葡语国家美食体验、葡语国家特色文化展示等活动。

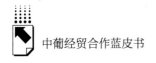

（三）论坛活动多样，彰显平台功能

展会的论坛活动紧扣对"一带一路"沿线国家的关注，凸显澳门作为中葡商贸合作与服务平台的功能。如"泛珠会展城市联盟'一带一路'圆桌会议""中国－葡语国家省市长圆桌会""第七届江苏－澳门·葡语国家工商峰会""福建－澳门－葡语国家经贸交流会""中葡中小企投资与贸易撮合会"等。展会共举办45场论坛活动，其中涉及葡语国、内地－澳门－葡语国投资经贸服务内容的论坛15场，占33%。展会结束后，贸促局安排MIF及PLPEX客商参观了澳门会展场地以及"葡语国家食品展示中心"，并组织葡语国家客商赴珠海和中山进行了考察，借此加强企业间相互交流，宣传粤港澳大湾区发展规划。

（四）支持青年创业，推动经济多元发展

展会主办方为支持青年创业，邀请"全澳青年创业创新大赛"的获奖队伍参展MIF，并举办"青年创业比赛－餐饮篇系列活动"和"第三届中国－葡语国家青年企业家论坛"；"健康产业展"是展会的另一单元，展区面积达400多平方米，30多家内地与港澳台企业参展，"2017中国（澳门）传统医药国际合作论坛"也同时进行；为推广本土文创产业，展会设置了"2017澳门服装节""澳门国际设计联展""澳门国际文化艺术品展"等展区，举办了"深圳·澳门首届国际文化旅游创意产品设计大赛""CPTTM时装设计及制作"等活动。

（五）展会场馆独特，现场服务周到

展会举办地威尼斯人度假村会展中心，由展览中心、会议室及会议厅和宴会中心构成，总面积逾10万平方米。会展中心与度假村内的剧院、酒店、博彩、美食及零售区相连，且邻近国际机场与码头，便于人员、展品流动；展会搭建"网上商业配对服务平台"，设置现场采购洽谈中心，为参展商提供免费商业配对服务；展会首次推出并试运行了"澳门会展通"；展会还提

供多项配套服务，如免费注册、免费乘坐穿梭巴士、免费 WIFI 等，并专设了停车区。

第 22 届 MIF 与 2017PLPEX 同场共展，虽资源互补，但内容也有重叠。主要存在以下问题：有的本地企业同时参加两个展览，人员不足造成展位空置；葡语国展区缺乏足够多的现场葡语翻译人员；实物展品的减少直接导致展览内容空洞，缺乏有意向观摩目标客户的展品、科技、服务并交流洽谈的专业观众；多个论坛活动同时举办，造成参会人员不均衡，如"2017 中国（澳门）传统医药国际合作论坛"，虽邀请国师级专家进行现场演讲，但参与论坛的澳门传统医药研究领域专业人士数量很少，没有发挥出论坛效益。

二　MIF——促进中葡商贸合作发展的重要窗口

自 1996 年举办第一届"澳门国际贸易投资展览会"，连续六届展会中均没有葡语国家企业（以下简称葡企）参展。回归祖国后，澳门经济快速发展，尤其是中国内地市场显现巨大商机，葡企参展态度愈趋积极。葡萄牙驻港澳助理总领事、高级商务专员谢立德指出："近年葡企参与 MIF 的比例倍增，因葡企看好澳门的平台角色，希望开拓中国大陆市场。回想 2001 年时还没有葡企参加，2002 年有 8 家、2003 年有 12 家、2004 年有 18 家、2005 年有 32 家，增至今年超过 50 个企业及商会代表参与。"[①]

近年来，中国企业快速发展，拓展海外尤其是葡语国家市场的需求不断增强，为澳门建设中葡平台和发展 MIF 带来机遇。2004 年，中葡论坛常设秘书处与澳门贸促局在 MIF 首设"葡语国家馆"，MIF 正式成为"中葡商贸合作服务平台"的重要组成部分。每届展会上，葡语国家都派常驻代表到场并设置展位，随着经贸投资效益逐年增强，参与 MIF 的葡企数量持续增加。中葡官方机构、社团企业也将 MIF 作为增进了解、促成合作的平台。MIF 不断注入更多葡语国家元素，第 19 届 MIF 上，首次设置"葡语国家产

---

① 《半百葡企代表踊跃参与 MIF》，《澳门日报》2006 年 8 月 21 日。

品和服务"专题展区；第 20 届 MIF 上，以"展中展"形式设置"葡语国家产品及服务展"。同时，MIF 举办多个中葡特色论坛及会议，成为连接中国与葡语国家经贸合作的"黄金桥梁"。

1."福建－澳门－葡语国家经贸交流会"

自 2007 年起，福建省每年都组团参加 MIF，并在展会期间由福建省商务厅、福建省国际投资促进中心与澳门贸促局等联合举办"福建－澳门－葡语国家经贸交流会"。活动以促进福建、葡语国家及澳门经贸交流为目的，充分利用澳门商贸平台，拓展葡语国家市场，深化闽澳合作。通过互动交流，福建企业可直观了解葡语国家的市场特点和需求，葡语国家也可了解中国市场、结识贸易伙伴，为葡语国家、福建及澳门的经贸部门、商会及企业提供了经贸交流合作机会，共创商机。其中，第 16 届 MIF 举办了"葡语国家－福建－澳门经贸交流暨福建电机产品推介会"，会上福建成功推动福安电机等企业与葡语国家企业互动交流，建立联系渠道，签订合作项目；第 20 届 MIF 的交流会则以葡语国家经贸、电子商务、电子科技、咖啡与茶产业为主题，葡语国家、福建及澳门三方共同探讨合作机遇。2015 年，福建省与葡语国家贸易总额达 41.1 亿美元，成为内地省份与葡语国家开展经贸合作的典范。①

2."北京·澳门·葡语国家合作项目对接圆桌会"

北京市 2010 年首次参加 MIF，由北京市港澳办、北京市文化局、北京市文化创意产业促进中心、北京市文化创意产业企业等单位联合组织了最大的参展团队，并取得项目成交量第一的丰硕成果。北京市参加 MIF 的主题定位为文化创意，这与澳门大力发展文化创意产业、促进经济适度多元发展相契合。参展文创企业涉及艺术品交易、文艺演出、新闻出版、工业设计、文化旅游、动漫游戏六大行业。通过 MIF 搭建的平台，北京的文化创意产业可以与欧盟和葡语国家建立联系，参与国际竞争，走向世界，并促进京澳两地优势互补，共同推动文化的大繁荣。2014 年，第 19 届 MIF 举办了"北

---

① 《去年闽葡经贸逾四十亿美元》，《澳门日报》2016 年 10 月 21 日。

京·澳门·葡语国家合作项目对接圆桌会",有国际葡语市场企业家商会、澳门中小企业协进会及澳门中华总商会等30多家商协会代表和企业界代表到会,代表们就如何利用澳门促进中港澳企业家与葡语国家贸易发展建言献策,切实推动北京市企业与澳门和葡语系国家的经贸合作。2016年第21届MIF开幕当天,举行了"2016北京·澳门合作伙伴行动"签约仪式,在同时举办的"葡萄牙-北京-澳门贸易投资研讨会"上,北京市与葡萄牙2家贸易促进机构签署了友好合作协议。

3. "江苏-澳门·葡语国家工商峰会"

自2011年起,每届MIF都举办由江苏省政府、澳门特区政府联合主办的"江苏-澳门·葡语国家工商峰会"。这种新的峰会合作机制由两地或三地政府首脑直接面谈、多个政府职能部门及金融机构协同支持,促成了江苏、澳门和葡语国家政府与企业间的多项合作。2015年,江苏与澳门的贸易进出口额为2.06亿美元,同比增长22.9%;与葡语七国进出口总额109.85亿美元,约占中国与葡语国家贸易总额的11%;澳门在江苏省投资项目505个,葡语七国在江苏省投资项目共148个;江苏省在澳门设立企业17家,在葡语七国设立企业79家,其中徐工集团在巴西设立的企业投资总额超1亿美元。2016年,苏澳两地在江苏省常州市合作开发建设苏澳合作园区,将园区建设成为苏澳全面深化合作的实践平台、中国与葡语国家合作项目的承接平台、澳门青年在内地创业创新的落地平台、苏澳两地青年公务人员交流学习和提升专业能力的锻炼平台。①

4. "安哥拉 广东省-澳门贸易投资论坛"

安哥拉是中国在非洲的重要贸易伙伴之一,拥有丰富的天然资源和广阔的土地空间,发展潜力巨大,近年与中国的双边经贸关系和经济技术合作不断深化。2016年,中安进出口贸易总额达156亿美元,落户安哥拉的中资企业超过百家。2017年1~7月,中安双边贸易增长近50%,中国对安哥拉融资贷款超过100亿美元,对安哥拉开展了多个重要的基建项目,合作发展

---

① 《苏澳葡峰会促多领域合作》,《澳门日报》2016年10月23日。

态势良好。广东省经济实力强大，工商业发达，向来与澳门经贸往来密切，交流互动频繁，2017 年 7 月签署的《深化粤港澳合作推进大湾区建设框架协议》，进一步深化了粤澳的合作，为两地的经贸合作和发展带来了重大的机遇。

"安哥拉 – 广东省 – 澳门贸易投资论坛"是第 22 届 MIF 的重点活动之一，由安哥拉投资及出口促进局、广东省商务厅、澳门贸易投资促进局主办，安哥拉企业家联合会、广东省对外经济合作企业协会协办。安哥拉、广东、澳门三地约 250 名企业家、政府官员及商协会代表参加论坛，三方分别介绍各自的市场环境和发展优势，展示最新经贸环境，解构投资政策，探讨经济新形势下如何通过各方合作，共谋发展。论坛成为粤澳和安哥拉等葡语国家开展更紧密合作的新平台。

5. "中葡中小企投资与贸易撮合会"

在第 22 届 MIF 活动期间，澳门贸易投资促进局与中国银行澳门分行联合主办"中葡中小企投资与贸易撮合会"专场活动，参会者通过"网上商业配对服务平台"可以与有合作意向的企业进行配对，帮助企业开展交流对接。主办方通过搭建这样的撮合平台，为澳门、内地及葡语国家之间的中小企业跨境洽谈注入金融元素，协助解决企业"引进来，走出去"过程中遇到的金融问题，从而进一步发挥澳门在中国与葡语国家之间交流的桥梁与纽带作用，并带动澳门中小企业的发展。

此外，MIF 中开设的相关论坛还有"中国民营企业发展海外论坛""世界华商高峰会"等。其中，"中国民营企业发展海外论坛"自 2002 年起由中华全国工商业联合会与香港《大公报》在香港共同主办。2006 年，论坛进驻第 11 届 MIF，借着澳门与葡语国家的独特关系，共同探讨中国民营企业的发展形势及中国民营企业与世界葡语国家的经贸合作发展前景，并与澳门工商界建立紧密联系，探讨在澳门以至葡语国家的发展商机;[1] 在第 14 届 MIF 世界华商高峰会上，37 个国家和地区的 1500 多位华商代表出席，包

---

[1] 《MIF 亮点：民企与葡语国商机》，《澳门日报》2006 年 9 月 22 日。

括许多成功的台湾商人,"大数据时代的产业及区域经济合作"的会议主题紧扣国际经济发展新形势。通过 MIF,包括世界华商在内的各地投资者都可利用澳门"一国两制"的制度优势和中西文化交融、归侨与侨眷众多等特色,参与"一带一路"建设。MIF 成为连接大中华市场与葡语国市场的"关键纽带",同时也是葡语国家企业开拓内地新市场的"试水区"。

三 MIF 的发展趋势及相关建议

作为 MIF 的主办单位,澳门贸促局在 2017 年对内部章程做了修改[①],把本地中小企业推广业务转到经济局,从而使贸促局更加注重发挥澳门作为中葡平台的作用,融入国家"一带一路"及粤港澳大湾区的发展大局。

从 MIF 的参展商结构、展示内容的变化及众多成功个案可以预测,未来广东、福建、江苏、北京等省市级大型参展团队会越来越多,省级大中型参展企业数量也会逐渐增加;MIF 主办单位与内地省市政府及企业家联合组团出访葡语国家,内地-澳门共建合作园区等成功合作模式将会不断涌现。

通过 MIF,大中华地区与葡语国家商贸交往会不断深入,彼此会找到更多更好的符合城市环境、产业特点和彼此发展方向的合作项目,构建出更科学高效的管理体制和开放包容的运营机制,让更多省级乃至国家级合作项目在这个平台上落地。MIF 在未来中国与葡语国家共同市场建设中将成为一个真正的高端平台。

MIF 是政府主导型的综合性展会,对外是澳门会展业的代表,对内是行业龙头,是澳门会展业发展的风向标和澳门经济发展的晴雨表。衡量展会成功的重要标志是市场化程度的高低,而衡量展会市场化程度高低的一个重要指标是"企业会展支出占总支出的比例"[②],即展会营运支出中非政府支出的比例,政府支出越少代表展会的市场化程度越高、生命力越强。

---

① 澳门特别行政区《公报》第 51 期第一组发布的第 91/2017 号经济财政司司长批示,2017 年 12 月 18 日。

② 陈青:《澳门会展项目策划与管理》,澳门商报国际传媒集团有限公司,2008,第 6 页。

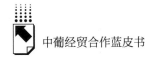

目前，MIF 存在展会营运成本逐年增加、现场展品品质较低、没有国家大中型企业参展等问题，这将直接影响展会的可持续发展能力。为提升 MIF 的商业价值和社会效益，可考虑通过采取以下措施提高展会的市场化程度。

第一，设立现场元素评价机制。结合专业中立机构现场问卷、主办方现场考察（含历届记录）、现场公众投诉和网上问卷等设立评分标准和淘汰制度。对展览现场所有元素进行评分，在保留优质元素的同时，淘汰部分无吸引力、长时间空场、不能提升 MIF 社会效益和商业价值的展区及活动。

第二，增强创新品牌意识。除加强展区展馆、会议活动及服务内容的设计创新之外，对参展商进行优化升级，增加优质供给。如委托政府设在目标市场的经贸机构加大招展、招商、宣传力度；吸引与澳门有直接航班的国家与地区的大中型企业参展等；努力培育澳门优良而稳定的参展商队伍。

第三，控制政府展区数量。政府间会展资源互换，彼此免费参展，虽然便利，但政府展区以形象宣传为主，往往在开幕式后就出现空场现象，因此要控制此类展馆的比例，并将展会现场的中心位置留给核心展品展区。

第四，提高国际展区质量。委托给澳门商会筹办的国际展区，要明确提出要求，提高当地优质客商直接参展的比例。此外，还可邀请周边城市和海外目标市场，尤其是葡语国家的专业媒体参加展会，在展会现场设置开放式意见箱、投诉站和网上问卷调查。

第五，逐步剥离现场销售区。可在展会中设置专业日和公众日（一两日）。公众日可让中小企业在展场试卖展品，以探测市场反应，同时可规定现场试销展品的种类与份额，并加强现场监督管理。此举既可鼓励海外参展商丰富展品种类，增加参展商处理展品的方式，又可扩展采购商的选择空间。

第六，增设产品设计专区。为协助本地中小企业改善产品设计和营销模式，加深公众对澳门创意产品和葡语国产品的了解，可以在展会中增设现场讲座、广告设计专区等。如"知彼知己话创业"、葡萄酒和橄榄油知识（品尝）讲座等。

　　MIF 急需使展会内容增值，如增加符合市场需求的展品数量，增加传统目标市场大中型参展商的数量，多办专业展区，多办经贸形势分析交流会、投资项目洽谈会，让展位成为热销产品，让会议议题成为热门话题，让展品走向系列化、专业化，逐步培育本地品牌，提升展会品质，使展会有足够的亮点与卖点吸引周边及国际业界媒体追踪报道。

B.17
中国（澳门）高等院校葡语
人才培养的现状与特征

李长森*

摘 要： 中国一向重视葡语人才培养，从20世纪60年代就在高等院校
开办葡语专业。澳门高校开设葡语课程较晚，但由于特殊的历
史环境，澳门一直十分重视中葡双语人才的培养，翻译教学历
史悠久。同时，由于优越的人文环境，公立高等院校设立后便
迅速将葡萄牙语作为重点发展学科，不仅培养大量本地双语人
才，而且为内地中葡双语人才的培养提供重要补充，并且在支
援内地葡语人才培养方面发挥着不可替代的作用。

关键词： 中国 澳门 葡语人才 葡语教学

一 中国内地高等院校葡语教学发展概况

目前，葡语是世界上最为重要的国际交往语言之一。全世界有8个国家
2.1亿人以葡语为官方语言，包括葡萄牙、巴西、佛得角、几内亚比绍、安
哥拉、圣多美和普林西比、莫桑比克以及东帝汶。另外，中国的澳门特别行
政区和非洲的赤道几内亚亦将其定为正式语言之一。同时，葡语也是葡语国
家共同体、欧盟、南方共同市场和非洲联盟的正式语言之一。由于历史的原

---

* 李长森，历史学博士，教授，澳门理工学院理事会学术顾问。

因，葡语国家全部位于海上丝绸之路沿线地区，对中国实现"一带一路"倡议意义重大。因此，中国一向重视葡语人才培养，在高等学校开办各种葡语专业或课程。

中国内地高等院校的葡语教学发轫于 20 世纪 60 年代。当时，中国与葡语国家尚无外交关系，非洲葡语国家仍处于葡萄牙殖民统治之下。大学开办葡语专业主要为了配合国家独立自主的外交政策，支持葡属殖民地解放组织争取民族独立的武装斗争。在这种情况下，国家于 1960 年 9 月在北京广播学院（现中国传媒大学）开办了中国首个大学葡语本科专业（学制四年），接着，于次年在北京外国语学院（现北京外国语大学）开设另一个葡语本科专业（学制五年）。1977 年，上海外国语学院（现上海外国语大学）亦开设了葡语专业。

从 1960 年至 2000 年的 40 年里，中国一直由上述三所高校交替开办葡语专业，共培养 400 多名中葡双语人才，平均每年仅有 10 名毕业生，主要服务于外交或外事单位。显而易见，这对于有 10 多亿人口的泱泱大国来说远远不够。尤其进入 21 世纪后，中国崛起，令人刮目，同葡语国家的交往日渐密切，对中葡双语人才的需求更加旺盛。从 2005 年北京第二外国语学院开设葡语专业始，全国各地高校掀起开设葡语专业、培养葡语人才的热潮。仅 10 年工夫，中国内地开设葡语专业的高校已达 30 多所，每年仅招生就达千人。

二 澳门公立高等院校葡语教学的发展

由于澳门高等院校出现较晚，澳门高等院校的葡语课程设置远落后于内地。然而，仅从语言培训角度看，澳门的葡语教学历史悠久。尤其是中葡翻译人才的培训更可追溯到明末清初的华政衙门时代。早在 1627 年，澳葡当局的议事会就制定了培训中葡翻译员的官方规例。① 到 20 世纪 60 年代，为

---

① 李长森：《近代澳门翻译史稿》，社会科学文献出版社，2016，第 69~71 页。

了满足新中国对葡语人才的需求，作为内地高校开设葡语专业的补充，中央政府利用澳门有利的语言环境，通过南光公司开办了六期葡文培训班，培养了近百名中葡双语专才。虽非正规高等教育，但学员多由国家教育部派出，其中多人成为驻葡语国家的外交官。

20 世纪 80 年代初，澳门第一所现代意义的大学——东亚大学首次在其下属学院开设高等专科学位的葡文课程，正规的学士学位葡语课程则到 20 世纪 90 年代初东亚大学改制为公立的澳门大学和澳门理工学院后才出现。澳门回归祖国后，澳门高等教育的葡语教学主要由澳门大学和澳门理工学院承担，近些年才有部分私立大学加入葡语教学行列。

澳门大学由原东亚大学改制而成，因此该校葡语教学可追溯到 20 世纪 80 年代东亚大学时期。但东亚大学主要用英语教学，葡语培训并非主要学位课程。然而，不能否认的是，澳门早期许多葡语人才都有在东亚大学接受培训的经历。澳门大学成为公立学校后，葡语教学得到了迅速发展。目前，澳门大学在人文学院下设立葡文系，开设学士、硕士及博士课程。

学士学位课程研究方向主要是葡萄牙语言文化，学制四年。硕士课程有葡萄牙语言文化和翻译研究、跨文化研究，以及第二语言习得研究等。博士课程学制为四年，主要有两个研究方向：语言学和文学。由于博士课程名额有限，加之内地尚无条件开办葡语博士课程，一直无法满足社会需求。因此，澳门大学多以澳门本地和内地高校在职葡语教师及其他符合条件的人士为优先录取对象，同时考虑给予博士生更多优厚待遇，包括学费减免 30%，并提供 4 万澳门元奖学金。该款项分三期发放，最后一笔待论文答辩通过后方可获得。此外，还可从导师研究经费中获得资助，但须为学校提供服务或参与导师研究项目。导师为葡文系教学人员，并外聘葡国知名大学教授联合辅导。

澳门大学葡文系师资力量较强，目前有教授 1 人、副教授 3 人、助理教授 7 人、高级讲师 15 人、讲师 1 人，客座副教授 1 人，共 28 人。其中双语教师 5 人，占教师总数 18%。外籍教师多来自葡萄牙和巴西，亦有个别来自非洲葡语国家。澳门大学从 1986 年至今已举办 32 届葡萄牙语言文化暑期课程，增强澳门及内地学生对葡萄牙语言文化的兴趣。2017 年暑期班课程吸引来自东帝汶、泰国、美国、韩国、摩尔多瓦、印度、中国内地和港澳地区等地数百名学生参与，报读人数为历届之冠。

澳门大学在加强中葡双语人才培养方面的一项重大举措是 2017 年 5 月 26 日设立中葡双语教学暨培训中心。该中心的设立，使澳门大学葡文系从内部单一葡萄牙语言文化教学走向对外合作及服务。然而从成立半年来的情况看，该中心的"架构仍处在初建阶段"[1]，除中心正副主任由葡文系教师兼任外，目前尚无实体人员。尽管如此，该中心仍准备在 2018 年"举办讲座、出版书籍、开办培训课程"，并相信"作为平台的中心未来前景一定十分光明"[2]。

在葡语教学方面，澳门大学注重教师的学习与交流。2016 年 12 月 9 日，澳门大学举办主题为"从教师开始：葡语作为外语的师资培训"的学术研讨会，邀请澳门及内地外语教学专家学者聚首澳大，共同探讨构建科学性及专业化的葡语师资培训系统，以响应 21 世纪澳门作为中国与葡语国家平台对双语人才的需求和挑战，通过院校合作逐步构建亚太地区葡语人才培训体系。该研讨会由北京外国语大学、里斯本大学、澳门科技大学协办，并得到澳门高等教育辅助办公室的支持和赞助。

澳门大学注重学以致用，鼓励学生参加各种实践活动和竞赛。2016 年 11 月，澳门大学葡文系学生张可欣荣获葡萄牙驻华大使馆举办的第二届"全国葡萄牙语专业学生竞赛徐日升奖[3]"一年级优秀奖。该竞赛分为笔试和口试，难度颇大。澳门大学亦每年举办一届葡语演讲比赛，赛事主要接受

---

① "Jornal Tribuna de Macau：Maria José Grosso, Centro bilingue da UM pode ter 'futuro brilhante'", pp. 10 – 11, https：//jtm. com. mo/record/2017/11Nov/22 – 11 – 2017. pdf.

② "Jornal Tribuna de Macau：Maria José Grosso, Centro bilingue da UM pode ter 'futuro brilhante'", pp. 10 – 11, https：//jtm. com. mo/record/2017/11Nov/22 – 11 – 2017. pdf.

③ 徐日升（Tomás Pereira），17 世纪葡萄牙耶稣会传教士。曾于康熙朝任宫廷西洋乐师，并署理钦天监。徐日升奖由葡萄牙驻华大使馆 2015 年设立，旨在奖励中国高等院校各年级最优秀的学习葡语的学生。

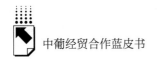

澳门高校葡文学生参加。第十五届葡语演讲比赛于2017年11月6日在澳门大学举行。9名来自澳大、理工学院和科技大学的学生同场比拼，吸引众多师生到场观赛。赛事得到澳门基金会等多家机构赞助。

澳门理工学院是澳门地区另一所培养葡语高端人才的高等院校。虽然该校与澳门大学同日诞生，但葡语培训历史悠久，远早于澳门大学。这是因为，理工学院承担葡语培训任务的是其属下语言暨翻译高等学校，而该校前身为政府的"华务司技术学校"，其历史可追溯到150年前。早在1865年，澳葡政府华政衙门就设立了翻译培训队，1905年正式成为翻译学校，后逐渐演变成"华务司技术学校"。1992年，该校正式划归澳门理工学院，专门培养政府中葡翻译员。目前在澳门特区政府工作的绝大部分中葡翻译员都毕业于该校。

同澳门大学相比，澳门理工学院的葡文课程具有不同的特点。该校课程注重翻译，特别是要求学生掌握口笔译理论、技巧和实践，以培养政府机构或公司企业的翻译人员为目标，故在课程设置方面加大翻译技巧和实践的比重。开设的课程主要有葡中/中葡翻译学士学位课程、国际汉语教育学士学位课程、葡萄牙语学士学位课程，以及中国与葡语国家经贸关系学士学位课程等。考虑到澳门生源的特点，上述课程将母语来源不同的学生分配到不同的班级，并设计了不同的教学编排和学习计划。

澳门理工学院拥有多达45人的中国最大葡语师资阵容，为内地七八所高校葡语教师的总和。仅语言暨翻译高等学校就有专职葡语教师29人，其中教授4人、副教授5人、讲师13人、实习讲师6人、语言教师1人。考虑到注重翻译教学的特点，其中谙熟中葡双语的教师就有14人，占总数48%，亦为全国最多。另外，葡语教学暨研究中心有专职学术人员10人，包括教授2人，副教授5人，讲师3人；公共行政学校5人；以及中西文化研究所1人。

除此之外，澳门理工学院还与葡萄牙里斯本大学合办笔译及会议传译硕士学位课程，以培训笔译及会议传译领域的高级专业人员，提高其学术、技能和技术方面的各种能力。学习计划包括理论教学部分，为全面训练笔译及口译实践能力提供必要的理论基础。由于该硕士课程由政府专款资助，故录取对象主要为澳门特别行政区公职人员。[①] 根据报读者与澳门特区行政公职局签署的协定，入读该课程之澳门特区公职人员的学费由行政公职局承担。一般情况下，内地有兴趣者暂不可报读该硕士课程。

澳门理工学院一直注重葡语培训和教育，从建院时起便将其定位为学院重点发展学科之一，并不断加大各种资源的投入力度，使该院早已具备开办硕、博士课程的条件。然而，由于受到回归前高教法和学院章程的限制，一直未能开办上述课程。2017 年 8 月 7 日，澳门特区政府已颁布新的《澳门高等教育制度》[②]，为澳门理工学院的葡语教学开辟了更加广阔的前景。根据该项法律，澳门理工学院将有权开设博士和硕士课程。新法律将于颁布一年后正式实施，因此澳门理工学院目前正在紧锣密鼓地进行各项准备工作。

在办好本校葡语课程的同时，澳门理工学院一直从大局出发为澳门乃至全国葡语教学提供学术及教学上的支持和帮助。为此，学院经过数年筹备，在 2012 年 11 月 6 日成立了葡语教学暨研究中心。该中心不仅根据国家"一带一路"倡议的精神向中国内地蓬勃发展的葡语教学提供服务，亦顺应学科的发展推动学术领域的研究，特别是葡国与中国教学方法、思维习惯、文化传统相结合的研究。一旦时机成熟，还将配合学院规划开设相关硕士及博士研究生课程。毫无疑问，该中心是目前中国规模最大的葡语教学研究中心。

澳门理工学院于 2017 年在澳门本地和内地先后出版全套《环球葡萄牙语》高等学校葡语教材，完成中国葡语教学半个世纪以来的最大工程，结束了高校葡语教学没有统一系列教材的历史。为使社会各界认识到该套教材在中国葡语教学领域的重要意义，发挥教材的最大作用，澳门理工学院于 2017 年 6 月底举行了《环球葡萄牙语》全套教材的发行仪式。该会教材共

---

① 该课程获社会文化司司长第 240/2013 号批示核准开办。
② 即第 10/2017 号法律，详细内容见 2017 年 8 月 7 日第 32 期澳门政府《公报》。

六册，并带有教学光盘和教师用书，由澳门理工学院和葡萄牙里斯本大学根据欧盟葡语教学的标准和要求合作编写，并由内地商务印书馆出版发行。

澳门理工学院十分注重葡语学生的语言实践活动和研讨活动，营造浓郁的校园学术氛围。仅在 2017 年就举办十多项学术活动。例如，2017 年 4 月举办了第十二届葡语诗歌朗诵比赛。该活动始于 2006 年。最初是一项本地活动，后来规模逐渐扩大，已成为澳门和中国内地一项较为重要的葡语竞赛活动；2017 年 7 月 1 日，澳门理工学院、巴塞罗那孔子学院基金会、北京外国语大学、中国孔子研究院联合举办了中国和伊比利亚半岛早期（15～19 世纪）文化交流学术研讨会和文化沙龙系列活动。

2017 年 7 月初，理工学院以最大阵容组团赴京协助中国传媒大学举办第四届中国葡语教学论坛；7 月中旬，理工学院与欧盟委员会口译总司合办第七届会议传译研修班，10 多位内地和澳门高校的葡语教师以及外交部的翻译人员参加了为期两周的高阶口译培训；7 月底，该院葡语教学暨研究中心成功举办第四届中国内地葡语教师培训班，对 22 位青年教师进行了为期 10 天的暑期培训；8 月 9 日，举办翻译工作坊，邀请巴西、葡萄牙、内地及澳门 30 所高校近百名师生和专家学者就葡语语言及翻译的最新发展趋势和应用实践进行学术交流。

2017 年 9 月底，为纪念国际翻译日，该院语言暨翻译高等学校举办题为"翻译和多样化"的学术研讨活动；10 月中旬，澳门理工学院与欧洲委员会传译总局联合举办题为"传译及笔译：经验、现实与展望"的研讨会；11 月中旬，葡语教学暨研究中心举办庇山也诞辰 150 周年及教研中心成立 5 周年纪念研讨会，邀请葡国及本地学者就澳门土生葡人庇山也的一生及文学创作活动进行研讨；11 月底，学院葡语教学暨研究中心举办第八届中国及亚洲地区高校葡语辩论比赛，来自澳门、中国内地、韩国及越南的 11 所高等院校派出队伍参加比赛。

在中葡翻译应用技术研究方面，澳门理工学院亦处于全国领先地位。为填补中葡翻译应用软件研发的空白，澳门理工学院于 2016 年与语言大数据联盟（LBDA）合作在澳门理工学院设立中葡机器翻译实验室，由该院提供人力和物力资源开展中葡翻译应用程序的研发工作。全国政协委员、中国翻译协会常务副会长黄友义教授赞扬说，实验室将会打造中葡机器翻译引擎，成为全球领先的中葡机器翻译系统，为"一带一路"及"中葡商贸服务平台"提供全球领先的语音识别技术。并希望实验室加快研发，早日为澳门的语言服务做出贡献。[①]

澳门理工学院中葡机器翻译实验室的设立亦为世界瞩目，特别受到葡国及欧盟的重视。2016 年 10 月 11 日，葡萄牙总理科斯塔亲临澳门理工学院为中葡机器翻译实验室揭牌，并发表热情洋溢的讲话。2017 年 10 月 9 日，欧盟委员会口译总司司长贺尔哲（Florika Fink-Hooijer）博士和笔译总司司长代表布列特（Maria Preter）女士一行访问澳门理工学院，参观中葡机器翻译实验室和同声传译实验室，赞扬理工学院打造先进的中葡机器翻译引擎，为口笔译工作提供专业的机器翻译技术支援。

为配合中葡翻译机器实验室的建设，进一步推动中葡翻译教学与科研的最新成果在澳门、中国内地以及"一带一路"沿线葡语国家的应用，同时为了加强世界各地高等院校中葡翻译教学和翻译技术的交流，澳门理工学院与澳门特区政府高等教育辅助办公室于 2017 年联合举办首次世界中葡翻译大赛，并得到语言大数据联盟的支持。该次大赛反响强烈，世界各地学习中葡翻译的数百名高校学生组成 87 支队伍参加比赛，在三个月时间里翻译了近千万字的各种题材书稿，开创了世界翻译史上在校学生同时进行翻译的先河。

2017 年 8 月 9 日，世界中葡翻译大赛颁奖典礼在澳门理工学院隆重举行。来自巴西、葡萄牙、中国内地及澳门从事葡语教学及科研的专家学者，以及参与是次比赛的高校师生百余人出席了颁奖典礼。世界中葡翻译大赛的成功举办大大激励了中国学习葡萄牙语和葡语国家中葡翻译专业学生学习和

---

① 黄友义教授 2017 年 8 月 9 日参观澳门理工学院中葡机器翻译实验室的谈话见《中国翻译协会常务副会长黄友义教授访理工中葡机器翻译实验室》，澳门政府新闻局网站，http://www.gcs.gov.mo/showCNNews.php? PageLang = C&DataUcn = 114744，最后访问日期：2017 年 11 月 15 日。

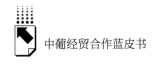

参赛的热情。为巩固比赛成果，进一步调动学生学习葡语的积极性，主办单位决定 2018 年举办第二届赛事，并增加奖项和提高奖金额度。2017 年 12 月 6 日，澳门理工学院举行新闻发布会，正式宣布将于 2018 年举办第二届世界中葡翻译大赛。

三 澳门私立大学葡语教育的兴起

除上述两所公立高等学校外，目前澳门开设葡语专业或与葡语国家文化有关专业的高等院校还有澳门科技大学、澳门圣若瑟大学和澳门城市大学。

澳门圣若瑟大学属葡萄牙天主教大学，其许多教师和教学管理人员来自葡萄牙，照理说葡语教学应该是其强项，拥有天然优势。然而，该校选择英语作为主要教学语言，葡萄牙语言文化学科并非其发展的重点，更未开设葡语学位课程。虽然该校一直宣传以开设语言课程为主，但葡语培训方面仅在预科开设葡语推广课程，供有需要的学生修读。2016 年，澳门特区社会文化司司长通过 41/2016 号批示和 114/2016 号批示核准该校人文学院分别开设葡萄牙与中国研究（语言及文化）学士学位课程和葡中翻译副学士文凭课程。

葡中翻译副学士文凭课程主要为本地培训初级葡语人才，学制两年。第一年课程涵盖葡语语音和语法细节，以作为初级翻译的基础。葡语的语音训练将提高学生的语言听觉和发音的准确性。同时，学生通过基本阅读和写作技巧训练，扩展他们对葡语词汇的掌握和语法结构的认识。第二年的课程将集中于写作和翻译技巧与实践，包括学习词汇和句子结构，并将其应用于不同文体。另外，学生还可通过探索不同的写作风格来提高中文写作能力。学生须在两年内修满 74 个学分方可取得葡中翻译副学士学位。

葡萄牙与中国研究（语言及文化）学士学位课程于 2016 年春开设，致力于培养中葡双语人才。从课程名称看，似乎属国际关系范畴，但从课程设置看，应属语言范畴。根据该校课程介绍可知，要求学生在导师教导下迅速发展其葡语沟通技巧，达到精通葡语的水平，并在毕业后能够翻译基本文本。该课程学制四年，实行全日制授课。学生修满 148 个学分即可毕业。该课程对入读学生汉语水平有一定要求，粤语水平须达到 C1 级，普通话水平须达到 B1 级，且无须拥有葡语级别。由此可见其生源特点。

圣若瑟大学人文学院葡语教学虽然起步较晚，却设有层次较高、与葡文有关但非语言学的葡语国家文学硕士学位课程。该课程与语言教学无任何关系，因为课程简介明确指出："本课程为与葡语国家有关的外交工作、国际组织和专业团体培养学术文化人才。"① 全部课程以葡语及英语教学，内容主要是葡语国家文学和文化，毕业论文须以葡文撰写。显而易见，该课程虽与葡文有关，但并非专门教授语言的课程，葡语只不过是教学语言。因此，熟练掌握葡语和英语是报读该课程的先决条件。除此之外，该校还设有葡语法律写作课程。

澳门科技大学是一所年轻的私立高等学校，建校于澳门回归后的 2000 年。建校后发展迅速，短短 10 多年便成为澳门地区在校学生人数最多并且对内地颇具影响力的综合型大学。在葡语培训教育方面，由于该校成立较晚，其属下国际学院于 2012 年才正式开设葡语学士学位课程。虽然该课程历史不长，但极具特点。一是在传统外语教学基础上，发展学生"双外语"能力，即在学好葡语的基础上另学一门外语。二是根据学生的专业兴趣适量增加专业课程的全英语教学，以此培养具有"双外语 + 专业副修 + 实践"的复合型外语人才。

尽管澳门科技大学的葡语专业仅有五年历史，但从政府核准的教学编排和学习计划看已相当成熟并具有明显特点。首先，该课程重视语言的学习而非翻译的实践。整个学习计划中葡文语言科目占了修课学分中很大比重，达 67%，侧重于语言基础和听说读写的基本训练；英语亦占 20%。说明该校重视外语复合型人才培养，方便拓展就业市场。其次，翻译科目所占比例较小，仅占 8.5%，说明制订教学计划时，充分考虑到澳门地区葡语人才培养

---

① "Mestrado em Estudos Lusófonos de Literatura"，澳门圣若瑟大学网站，https：//www.usj. edu.mo/zh/courses/mestrado-em-estudos-lusofonos-de-literatura/，最后访问日期：2017 年 11 月 18 日。

市场的布局及各高等院校葡语课程的分工特点，扬长避短，将有限的资源投入最需要的领域。

为加强学生的语言实践能力，澳门科技大学还与相关语言国家的大学建立合作伙伴关系，安排学生到海外进行不少于一个学期的短期实践活动或调研学习。葡文学生主要派往葡萄牙的大学进行实践和调研学习，这些大学为学生提供学以致用的环境和条件，帮助他们在进一步提高专业水平的同时，强化语言能力。在师资力量方面，目前澳门科技大学葡语学士学位专业共有5名专职教师，其中包括两名外籍教师，积极开展与葡语培训有关的各项教学及研究活动。

近年来，澳门科技大学葡语专业的学生十分活跃，经常出现在澳门的各种活动中，而且成绩不俗。2017年4月20日，澳门理工学院和高等教育辅助办公室联合举办第十二届中国高校葡语诗歌朗诵比赛。参赛者多来自澳门理工学院、澳门大学、北京语言大学、天津外国语大学等外语教学历史悠久的高等院校。然而出人意料的是，来自澳门科技大学葡语专业四年级的彭盈盈一人独揽高级组冠军和东方基金会特别奖两个奖项，为该赛事有史以来罕见。2017年10月，澳门科技大学还举办了题为"针对汉语为母语者进行葡语教学"的国际研讨会。

在葡文学士课程方面，澳门城市大学仍属空白。然而，该校在葡语国家研究方面却走在前面，建立了葡语国家研究院，在该院开设两年制的葡语国家研究硕士和三年制的博士课程，并为此同葡萄牙新里斯本大学和米尼奥大学建立了友好合作关系。

虽然这两个课程并非语言培训课程，但研究对象是葡语国家，从这个意义上讲，这两个课程是澳门特区高等院校葡语国家文化教育的一种补充。从博士课程的教学计划看，绝大部分科目与国情研究和国际关系研究有关，如葡语国家国情比较研究、澳门与葡语国家关系研究、葡语国家治理研究、葡语国家社会经济发展研究、中国与葡语国家经贸和文化交流研究、葡语国家与国际组织关系研究等。硕士课程亦包括葡语国家转型比较研究、巴西发展研究、亚非葡语国家发展研究、中国与葡语国家法律体系比较研究等内容。

毫无疑问，上述课程属于国际关系范畴，是澳门地区唯一开展葡语国家研究的课程。虽然是非语言类课程，且研究过程中使用的语言主要是中文和英文，但在研究过程中会涉及大量葡文书籍文献、参考资料以及葡文原始档案，仅掌握汉英两种语言是远远不够的，更遑论取得高质量的研究成果。因此，要求学生入读该两个学位课程前须掌握一定水平的葡文阅读和理解能力。为此，葡语国家研究院通过该校人文社会科学学院通识教育部开办葡语培训课程，以弥补研究人员葡文阅读能力的不足。本科专业为葡语者，入学后可免修葡语课程。

近五个世纪以来，澳门一直是中国连接葡语国家的重要平台，葡语人才培训历史悠久。宝贵的教学经验和资源使得澳门拥有天时地利的优越条件。尤其是先进的教学设施和多元化的教师队伍已占中国半壁江山。澳门大学和澳门理工学院是目前吸引内地30多所高等院校百余名葡语教师学习交流的重要平台。每年在澳门举办的各种学术研讨和教师培训活动成为他们频繁聚会的重要场所。新修订的《澳门高等教育制度》将赋予澳门高等院校更大的自主权和灵活性，让院校所提供的课程更趋多元。相信在葡语培训教育方面，各校都会根据新的高教法制定或优化与葡萄牙语言文化有关的各种课程。借助中葡论坛的东风和澳门新高教法颁布的有利条件，澳门高等院校在中国葡语人才培养的过程中将会发挥越来越大的作用。

案 例 篇

Case Studies

B.18
国家电网深度参与葡语国家输变电
基础设施的投资建设

王是业*

摘 要： 国家电网以成为当地电力行业长期、稳定的战略投资者为基本定位，在巴西、葡萄牙等葡语国家开展了一系列输电项目投资建设、输电特许资产并购运营、能源企业股权并购等投资经营活动，在充分运用技术和管理能力、提升国际化水平的同时，为改善当地企业经营状况、提升电力设施技术水平、增强电力供应保障能力、扶贫减贫做出了积极贡献。国家电网秉持可持续发展理念，坚持企业本土化运营，注重技术交流和合作，积极履行社会责任，为东道国社会创造一系列经济、社会和环境价值。同时，国家电网在葡语国家的投资经

* 王是业，管理学博士，商务部国际贸易经济合作研究院助理研究员。

营也面临着当地政策稳定性不足、营商环境亟待改善、自然环境条件艰苦等困难。

关键词: 国家电网 跨国投资建设 社会责任

依托在特高压、智能电网、新能源等领域的技术优势,以及大电网建设和运行管理的丰富经验和在技术、资金、人才、管理、装备等方面的综合优势,国家电网不断提高国际化水平,已经成为中国开展对外投资合作规模大、地域分布广、投资效益优的企业之一。截至 2017 年 6 月底,国家电网已成功投资运营巴西、菲律宾、葡萄牙、澳大利亚、意大利、希腊和中国香港七个国家和地区的骨干能源网,境外投资 195 亿美元,境外权益资产 600 亿美元。[①]近年来,国家电网将葡语国家作为开展海外投资建设的重点区域,以成为当地电力行业长期、稳定的战略投资者为基本定位,秉持可持续发展理念,坚持企业本土化运营,依靠当地管理团队,注重技术交流和合作,积极履行社会责任,为东道国社会创造一系列经济、社会和环境价值。在实现国际化水平不断提升、国际经营能力不断增强、国际资产配置日益优化的同时,国家电网已成为践行互利共赢发展的重要载体和拉近中国与世界经济发展的桥梁。

一 国家电网在葡语国家投资建设的基本状况

国家电网将巴西、葡萄牙等葡语国家作为开展国际经营的重要目的地,主要通过绿地投资建设运营输变电特许项目、并购运营输配电和发电企业等方式开展跨境投资运营活动(见表 1)。

---

① 《境外投资概况》,国家电网国际发展有限公司网站,http://www.stategrid.com.cn,最后访问日期:2018 年 1 月 28 日。

表1 国家电网在巴西、葡萄牙的投资建设情况

国别	工程中标或并购交割时间	标的	投资方式	合作方式
巴西	2010年12月	7家输电公司及其资产,包括16条总长3173公里的500千伏输电线路及若干变电站、开关站	输电特许资产并购、运营	独立开展
巴西	2011年12月	500kV路易斯安那(Luziânia)变电站、230kV尼格(Niquelândia)变电站扩建项目	特许权项目投资、建设、运营	与巴西COPEL公司、FURNAS公司组成联营体
巴西	2012年3月	特里斯皮尔斯流域送出工程特许权项目A标段、B标段	特许权项目投资、建设、运营	与巴西COPEL公司组成联营体
巴西	2012年5月	西班牙ACS公司属的7个巴西输电特许权资产100%的股权	特许权资产股权收购、运营	独立开展
巴西	2013年12月	007/2012号输电特许权项目G标段	特许权项目投资、建设、运营	与巴西COPEL公司、FURNAS公司组成联营体
巴西	2014年2月	巴西美丽山水电特高压直流送出项目	特许权项目投资、建设、运营	与巴西国家电力公司组成联营体
巴西	2015年7月	巴西美丽山水电±800千伏特高压直流送出二期特许经营权	特许权项目投资、建设、运营	独立开展
巴西	2016年4月	特里斯皮尔斯流域水电送出工程二期项目	特许权项目投资、建设、运营	独立开展
巴西	2017年1月	收购巴西CPFL公司54.64%的股权	配电和新能源发电企业收购、运营	独立开展
巴西	2017年12月	增持CPFL公司40.11%的股权	配电和新能源发电企业收购、运营	独立开展
葡萄牙	2012年8月	收购REN公司25%的股权	能源网公司资产收购、运营	独立开展

资料来源:作者根据国际发展有限公司网站相关信息整理。

国家电网深耕巴西市场,2010年11月,国家电网在巴西里约热内卢成立巴西控股公司(以下简称国网巴控公司),开展输电业务投资、建设、运营开发等业务。2010~2012年,国网巴控公司先后完成了对当地14家输电特许权公司的全部股权收购,线路主要位于巴西经济最发达的东南部地区,覆盖巴西利亚、圣保罗、里约热内卢等负荷中心。同时,国网巴控公司还积极推进绿地输电特许权项目开发。通过股权收购与绿地投资相结合，国网巴控公司在巴西投资运营输电线路约1.2万公里、在建输电线路4000公里，是仅次于巴西国家电力公司的第二大输电公司。[①] 2012年，国家电网启用里约办公大厦，集中监测中心投入运行，实现了对巴西资产的远程集中监控。

国家电网积极加强与当地企业互利合作，稳妥融入当地市场，克服制度环境差异引发的潜在经营障碍。国家电网先后与COPEL公司、FURNAS、巴西国家电力公司等当地主要电力企业建立了稳定的合作关系，组建联营体参与特许经营权项目的投资、建设和运营。基于自身在电力产业价值链条上的全面业务能力以及丰富的跨国投资经验，国家电网不断拓展在巴西的经营领域和模式，既涵盖输变电特许项目的绿地投资建设，也包括对现有输变电资产的并购运营和发电，以反对输变电企业股权投资。截至2017年末，国家电网实现了巴西市场输电、配电、新能源发电、售电等业务领域的全覆盖，资产组合进一步丰富，抗风险能力显著提高。

国家电网在巴西市场参与了大量特许输变电项目绿地投资、建设和运营，这是由巴西市场电力需求增长旺盛、电力设施基础相对落后等客观市场环境决定的。相比之下，位于欧洲的中等发达国家葡萄牙，其电力市场相对饱和，但电力企业受金融危机影响而陷入财务困境，电力设施虽相对完备却亟待改造升级，因此国家电网主要采取并购运营既有能源网络公司资产的方式进入葡萄牙市场，以其资本优势、技术优势、效率优势与当地企业形成资源互补。2012年5月，国家电网成功收购葡萄牙国家能源网公司（REN）25%的股权，成为其第一大股东，这是中国企业首次以战略投资者身份成功投资欧洲的国家级能源网，为开拓后续欧洲市场奠定了基础。成立于1994年的REN，是葡萄牙国家级能源传输公司，业务主要包括电力和天然气输送，拥有员工610人。REN拥有葡萄牙全域输电网50年特许经营权，主要负责国内电网的规划、建设、运营、维护以及研发。REN运营输电线路8863公里，变电容量36636兆伏安。REN还拥有葡萄牙国家级天然气高压

---

① 数据来源：国家电网。

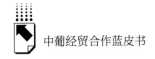

输送网络 40 年特许经营权，提供天然气的接收、储藏和液化天然气气化等服务，相关资产包括 1375 公里的输气管线和 3 亿立方米地下储气容量。此外，REN 还拥有波浪发电、能源衍生品交易管理、通信服务等业务[①]。

二 国家电网对葡语国家经济社会发展做出的贡献

（一）输入先进输变电技术，共享科技进步福祉

2013 年 6 月，国家电网与葡萄牙电网（REN）联合组建研发中心，开展电力系统仿真分析、智能电网技术、可再生能源管理、能源市场等领域的研究。依托国家电网特高压、智能电网等领域的优势，借助欧洲高端电力技术人才，研究中心将创新一批有应用价值的电网技术及知识产权。根据协议，中方向技术研发中心投资 1 亿元人民币[②]。研发中心的建立将增强葡萄牙电网公司的研发能力，提升其技术管理水平。目前，该研发中心的部分研究成果已应用于葡萄牙输电网调度中心；未来，该研发中心将成为欧洲有较强影响力的专业化的电网技术研发机构。

2017 年末，国家电网参与投资建设的巴西 ±800 千伏美丽山特高压直流输电一期工程投入运行，巴西成为继中国之后第二个应用特高压直流输电技术的国家，为巴西积累了更多的能源绿色发展理念和特高压输电技术经验。

（二）实施管理经营提升措施，改善当地企业运营状况

国家电网是全世界最大的公用事业企业，在中国经营区域覆盖 26 个省级行政区，占国土面积的 88%，服务人口超过 11 亿人[③]。在建设和运营庞大输变电网络的过程中，国家电网积累了丰富的电网运营和电力调度经验，

---

① 数据来源：国家电网。
② 《和葡萄牙电网共同组建技术研发中心签约仪式在里斯本举行》，商务部网站，2013 年 2 月 28 日，http：//www.mofcom.gov.cn，最后访问日期：2017 年 12 月 4 日。
③ 国家电网网站，http：//www.sgcc.com.cn，最后访问日期：2018 年 1 月 17 日。

管理能力和管理效率突出，连续 13 年获评中央企业业绩考核 A 级企业。国家电网将长期积累的管理和经营能力应用于其在葡语国家的相关投资，推动当地企业改善经营水平和财务状况，提高竞争力。

2012 年，在欧债危机持续发酵，葡萄牙经济衰退、融资成本上升的背景下，国家电网积极协助 REN 向中国国家开发银行申请贷款，REN 成功获得 10 亿欧元授信。2013 年，REN 与中国国家开发银行签署了 8 亿欧元优惠贷款协议，有效减轻了 REN 的流动性压力，降低了 REN 的融资成本。[①] 此后，国家电网继续协助 REN 向中国银行和中国工商银行等多家中资银行申请融资，中资银行的加入使得 REN 的融资渠道更加多元化。自项目圆满交割以来，葡萄牙 REN 项目总体运营平稳，REN 财务状况良好，股价稳中有升，信用评级稳步提升，全国输电网和高压输气网安全稳定运行，电网综合可用率等主要技术指标有所提高，运营成本逐年降低。国家电网参股葡电网后，双方合作顺利且富有成效，协同扩展至巴西和非洲市场，为三方市场开发做出了有益示范。在国家电网的支持下，葡萄牙国家能源网公司信用评级得到改善，惠誉、穆迪、标普三大信用评级公司均上调其信用水平至投资级别，有效降低企业融资成本。

自 2017 年 1 月成功收购巴西 CPFL 公司 54.64% 的股权后，国家电网制定了接管整合方案，从国内派出高管团队，保障运营管理实现平稳过渡。在国家电网 CPFL 管理提升小组的支持和推动下，CPFL 公司制定了提升经营效益的系列措施，全面开展提质增效工作。2017 年 8 月，惠誉和穆迪两大评级机构上调 CPFL 集团公司的信用评级，分别给予 AAA（巴西评级）和 Ba1（国际评级）的信用等级，均高于巴西国家的信用评级。2017 年 11 月，CPFL 公司先后获得"2017 年度巴西最佳配电公司"系列奖项、2017 年巴西最佳生物质能电力交易公司奖、2017 年巴西企业"声誉红利报告"最具声望企业能源类第一名等多个重要奖项。旗下 7 家配电公司分别荣获"最佳配电公司奖""最佳营销服务奖""最佳进步奖""最佳线损管理奖"，显

---

① 数据来源：国家电网。

示其在供电可靠性、设备可用率、综合线损率、用户投诉率等方面的领先地位。旗下专门从事电力交易的子公司 CPFL Brasil，凭借自主建设、市场化运作的电力交易中心，成为巴西第一大新能源电能销售商，凭借优秀的销售业绩和稳妥的风险管控，连续 7 年获得巴西最佳生物质能电力交易公司奖。CPFL 公司在巴西配电行业的领先地位获得广泛认可，显示国家电网在接管运营 CPFL 公司以来实施的管理提升措施取得了成效。

（三）提升当地电力设施水平，缓解电力供求矛盾

巴西国土辽阔，人口与能源分布不平衡，80% 的用电负荷分布在南部和东南部发达地区，北部亚马孙河流域水电资源极为丰富，但人口稀少，经济发展水平滞后，对电能的需求有限却无法将电力传输到南部地区。近年来，随着经济不断增长，巴西南部、东南部地区电力需求快速增长，电力供应缺口不断拉大。巴西政府一直设想通过"北电南调"实现电力资源的优化配置，但受限于本地输电技术和建设能力，长期以来一直无法实现远距离输电，即便勉强完成输电线路建设，也将面临电能损耗过高等问题。

国家电网掌握全球领先的特高压直流输电技术，具备输送距离长、输送容量大、控制灵活、能量损耗低、可靠性高等优势，为解决巴西本国电力供需失衡提供了有效路径。国网巴控公司输电资产位于巴西经济发展较快的东南部地区，供电区域涵盖巴西首都巴西利亚及里约热内卢、圣保罗等地区，通过运用高效输电技术，实现跨区域电力资源流动。2017 年末，国家电网与巴西国家电力公司联合实施的 ±800 千伏美丽山特高压直流输电一期工程投入运营，能够将美丽山水电站 1/3 电能输送至巴西东南部负荷中心，解决 2200 万人用电需求[①]，优化了当地电网结构，有效缓解能源中心与负荷中心分布不平衡的状况，提高电网安全稳定性和供电可靠性，将巴西电网电压等级推上一个新台阶。

---

① 《中巴合作打通巴西输电"大动脉"》，中国政府网，http：//www.gov.cn，最后访问日期：2018 年 1 月 4 日。

（四）拉动上下游产业发展，创造新的就业机会

国网巴控公司积极融入当地社会，加快本地化运营，雇用当地员工 644 人。国家电网主要参与投资建设的巴西 ±800 千伏美丽山特高压直流输电一期工程于 2016 年 1 月开工并在 2017 年底完工投入运营。工程的投资建设，带动巴西当地电源、原材料、电工装备等上下游产业发展，创造就业岗位 3 万多个。2016 年，巴西深陷经济危机，陷入负增长，通胀率高企，就业机会锐减，失业人数大增，该工程建设创造的就业机会格外珍贵。2017 年 9 月，美丽山二期工程开工，可为巴西创造 1.6 万个就业岗位，缴税 290 亿雷亚尔。[①]

（五）保障大型活动供电，助力展示国际形象

国网巴控公司确保电网资产稳定运行，圆满完成了世界杯、总统大选和奥运会等重大活动的保电任务。

2014 年夏天，巴西承办足球世界杯，吸引超过 60 万的国际游客，引发全球媒体高度关注。国网巴控公司下属 12 家公司拥有 230 千伏及以上输电线路 6748 公里[②]，位于输电走廊关键位置，负责为巴西利亚、圣保罗、里约热内卢、库亚巴 4 座承办比赛的城市供电。这 4 座城市承担了包括半决赛、季军赛、决赛在内的 24 场比赛。为切实服务赛事，国网巴控公司调集 300 人，精心组织、科学调度，确保所属输电设备安全稳定。赛事期间，国网巴控公司成立了电力保障指挥中心，开展指挥、应急抢修、协调供电、后勤保障、安全宣传等工作。专业人员根据负荷变化和极端天气情况，增加临时巡视，运用红外测温等方式，巡查发现缺陷，运用超声波等检测手段，排查隐患，杜绝事故。[③]

[①] 《中巴合作打通巴西输电"大动脉"》，中国政府网，http：//www.gov.cn，最后访问日期：2018 年 1 月 4 日。

[②] 刘艳丽：《国网巴西公司 A、B、C 三级巡视　完成世界杯保电》，《国家电网报》2014 年 7 月 15 日。

[③] 刘艳丽：《国网巴西公司 A、B、C 三级巡视　完成世界杯保电》，《国家电网报》2014 年 7 月 15 日。

2016 年 8 月，第 31 届奥林匹克运动会在巴西里约热内卢开幕，国家电网所属的国网巴控公司为本届奥运会提供电力保障。为优化电力供应管理，早在 2012 年，国网巴控公司就在开幕式场馆马拉卡纳体育场大约 5 公里处建设了集控中心，整合系统资源，将分设在不同地区的变电运行中心数据传输到里约，与巴西国家电力调度部门进行数据分享，接受各个变电所信息，实施全方位监控。2017 年 5 月，国网巴控公司进入奥运临战状态，成立奥运保电领导小组和工作小组，制订了针对性的巡视计划，完成奥运线路走廊清障工作和输变电设备的红外热成像检测任务，在开赛前完成了所有涉奥设备的检查维护工作。国网巴控公司还制定了应急预案，加强重点变电站人员配置，组成值班队伍，确保比赛期间变电站内均有人值班；组织了线路巡视队伍，对重要路段线路实施不间断巡视；集控调度中心组织了集控操作队伍，执行保电任务。奥运会开幕当天，应急抢修队伍也在场馆不远处严阵以待，配备工具、车辆、通信器材、抢修物资、备品配件，并尽可能靠近现场，确保故障出现时应急队伍可以及时响应，迅速到位。依托其在巴西 7000 公里的输电线路和输变电站，国网巴控公司也为巴西利亚、圣保罗等其他比赛城市的可靠供电提供了保障。

（六）积极履行社会责任，践行共赢发展理念

推动本地化运营，履行企业社会责任，赞助国际青少年乒乓球里约巡回赛、文化之旅－贫民窟马累交响乐团、里约四季长跑等文化体育交流和巴西贫困青少年教育项目。

作为疟疾高发国家，巴西高度重视疟疾防治，制定了公共政策，联合各种力量对抗疟疾。为保障工程建设平稳开展、避免疟疾疫情蔓延，国网巴控公司制定了内部疟疾防控方案。此外，公司还向巴西疾控部门捐赠了包括办公用品、计算机设备、摩托车、听诊器等在内的 760 项物资，为加强工程沿线地区疟疾防控发挥了重要作用。

2017 年，国网巴控公司旗下 CPFL 公司在巴西 96 个城市开展了 136 项文化活动，包括承办圣保罗国际电影节，举办中国文化主题音乐会、讲座、

艺术展览等活动，超过 8 万人参与。该公司利用监管基金为低收入居民配置节能电器，在 15 个城市扶助医疗机构，在 43 个城市的福利机构开展志愿活动，吸引 923 名志愿者，惠及 13 万人。[①] CPFL 公司与各类公益机构开展帮扶合作，赞助支持了多项青少年、老年及医疗项目，其中赞助过的体育学校 Oracamp Institute 中的 Thiago Braz 在 2016 年里约奥运会中取得了跳高金牌。在外部机构 2017 年对全球 867 家企业开展的道琼斯可持续发展指数评估中，CPFL 获得铜牌，是巴西能源行业唯一获此殊荣的企业。[②]

在巴西积极履行社会责任、践行共赢发展的行动在国际上获得高度认可，国网巴控公司两次被评为"巴西电力行业最佳公司"，并获得全球契约组织"社会责任管理最佳实践奖"，得到了巴西政府和社会各界的广泛好评，为中国企业在巴西赢得了良好声誉。

三　国家电网在葡语国家投资建设的主要经验

（一）坚持可持续、和谐发展

以"本土化"长期发展为战略目标，认真履行社会责任，严格遵循当地法律和监管规定，提倡环境保护，尊重当地宗教习俗与民族文化，坚持以人为本，致力于建设中巴员工相互融合、相互补充、相互促进的国际化工作团队。在首次接管 7 家输电特许权公司时，以高度的责任心，保留了全部 237 名原巴西籍员工，在业内产生了极大的积极影响，树立了良好声誉；国家电网高度重视中巴员工文化交流，传播价值理念，加大对当地业务骨干培养力度，派巴西员工到中国进行文化交流和技能培训，使巴西员工切身体会到自己能与企业共同成长，形成了相互尊重、理解和信任的文化氛围。五年来，国家电网通过不断的沟通、磨合、适应、求同存异，有

---

① 数据来源：国家电网。
② 数据来源：国家电网。

目的地吸纳对方优良文化成果和经验，达成文化共识，中巴双方逐渐形成合力，获得共赢。

（二）积极推动利益相关方合作

国家电网注重加强与巴西矿能部、电监局、国家电力调度中心、电力规划院等机构的高层互访，增进与当地电力同行的技术交流和合作，推行长期持续发展战略，积极参与输电绿地项目的竞标与建设，坚持扎根巴西、长期发展。国家电网与巴西当地企业合作，投资建设巴西美丽山水电特高压直流送出特许权一期、特里斯皮尔斯水电送出特许权一期项目等绿地输电特许权项目，实现双方互利互惠、合作共赢。

国家电网与葡萄牙 REN 公司及葡萄牙政府各个层面开展了广泛而深入的交流，中葡双方互访频繁。在 REN 的监管重置和传输系统运营商（TSO）资格认证等重大经营问题上，国家电网多次与葡萄牙政府相关部门和监管机构进行沟通，为 REN 争取权益。葡萄牙政府每三年进行电力和天然气的监管重置，在国网公司的大力协调和推动配合下，REN 争取到了有利的监管政策，为 REN 稳定的监管收益打下了良好基础；同时，葡萄牙政府部门和监管机构批准了对 REN 的 TSO 资格认证，为 REN 未来的稳定经营和发展营造了良好的外部环境。

（三）积极参与社会公益

国网巴控公司通过利用"税收激励"政策，赞助文化之旅－贫民窟马累交响乐团项目、国际青少年乒乓球里约巡回赛、中巴文化月、里约四季长跑等中巴文化体育、社会公益项目，获得中国使领馆、巴西当地政府和媒体好评，有效提升公司企业形象，促进中巴文化交流，收获良好的社会效益，并获得联合国全球契约组织"社会责任管理最佳实践奖"，以及中国扶贫基金会"中资企业海外履行社会责任最佳实践案例"。

（四）投资带动，合作共赢

国家电网响应和践行国家"一带一路"建设倡议，积极促进国际产能合作，实现互利共赢。通过实施美丽山特高压一、二期等大型特许权项目，充分展现国家电网在高端技术开发、整合、输出，大型电力工程投资、建设和运营，标准和规范推广应用等方面的能力和优势。国网巴控公司积极将中国装备、技术和服务带入巴西，先后采购南瑞集团、西电集团等国产电力装备约 20 亿雷亚尔；采购中电装备、山东电建等国内企业技术、施工服务约 30 亿雷亚尔。[①] 同时，积极带动巴西当地能源、电工装备、原材料等上下游产业，为当地创造 4.5 万个就业岗位，实现了中巴双方互利互惠、合作共赢。

（五）积极拓展业务，打造再投资平台

作为高度受监管的能源网公司，葡萄牙 REN 的收入受到严格监管，其固定资产投资及监管资产规模也受到一定限制，且近年来欧洲能源监管政策整体趋紧，直接影响了 REN 以资产为基数的回报收入增速。因此，近年来 REN 积极开拓市场，寻找新的利润增长点。在这一过程中，国家电网不仅积极支持 REN 进行业务拓展，而且与其分享海外投资并购的经验，并从商务、法律、技术等方面给予诸多建议。2017 年，REN 完成了智利 Electrogas 输气资产项目 42.5% 股权并购交割和葡萄牙 EDPG 配气资产项目 100% 股权并购交割。[②] 上述两个项目标志着 REN 的国际化战略和市场开拓工作取得重要突破，其合理回报也将有效增加 REN 的投资收益。

四　国家电网在葡语国家投资合作中的问题与建议

（一）国家电网在葡语国家投资合作中存在的主要问题

1. 投资政策的延续性和稳定性有待加强

葡语国家多为多党制政体，政府的更替相对频繁，对投资政策的延续性

---

① 数据来源：国家电网。
② 数据来源：国家电网。

和稳定性影响较大。巴西等国政府对本国企业和劳工保护力度大，严格限制外来劳工签证，通过税收、清关手续等方式抬高进口设备成本，对投资项目的效益和效率提升形成了一定限制。

2. 葡语国家投资环境有待进一步改善

葡语国家大部分是发展中国家，配套资源和设施还不是特别完善，营商环境质量有较大改善空间。巴西当地施工市场竞争不充分，建设施工劳动力和其他资源供给不足，当地施工企业成本和债务持续上升，破产倒闭等现象时有发生。巴西政府对引进外国劳工进行了严格限制，要求优先使用本国劳工，但本国合乎要求劳工的匮乏给绿地项目建设带来较大困难，对工程的按时、高质量完成提出了挑战。此外，巴西制定了投资项目建设的国产化率要求，要求部分主关键设备必须在巴西生产，但是巴西工厂在保证设备生产的质量上存在不确定性。

3. 建设项目审批流程复杂、自然环境较为艰苦

在葡萄牙、巴西等高度重视环保、文化保护的葡语国家开展项目投资建设，审批程序较为复杂，办理建设许可手续的难度大。部分葡语国家政府行政效率较低，工程审批流程复杂，要求大型工程环评必须经联邦环保署和文物考古局双头批准，程序烦琐。在当地建设输电项目普遍存在工程延误的状况，平均延期超过 19 个月，由此，国家电网尽量聘用经验丰富、熟悉当地法律法规的工程人员开展工作。部分建设项目施工现场环境比较恶劣，巴西热带雨林地区雨季时间长、森林茂密、沼泽密布、地下水丰富、地表松软，国家电网在这一区域开展特高压输变电线路建设面临工作量加大、有效工期短等问题，要竭尽全力确保工程如期完成，还要克服雨林地区生活物资供应短缺、合适施工营地难寻等困难，投入更多资源为工程完成提供保障。此外，施工人员还要面临潜在的野生动物攻击、病毒疫情传播等风险。

（二）国家电网完善和提升葡语国家投资建设的建议

一是建议相关政府部门进一步加大对央企"走出去"和推进"一带一路"建设的支持，完善境外投资协调服务机制，加强各相关部门之间在对

外投资审批方面的协调，优化业务指导和管理方式，进一步简化对外投资项目审批手续，提高中央企业对外投资决策效率。

二是建议充分发挥中央企业综合优势，鼓励优势重点行业"走出去"。电网投资建设是"一带一路"建设的重要载体，而特高压输电装备和技术同高铁一样，是我国"走出去"的"金色名片"。建议政府部门将特高压电网建设列为"一带一路"建设和基础设施互联互通的重点领域，完善相关支持政策，进一步提升中国输变电技术和装备的国际影响力。

三是建议进一步加强同葡语国家当地重点企业以及知名国际企业的合作，增强对当地法律、行业管制制度、劳工管理法规以及社会文化的理解，共同防范和化解当地政策变化、经济波动等带来的风险。

作为中国"走出去"的标杆企业，国家电网依托其掌握的先进输变电技术和输变电设施管理能力稳步开拓葡语国际市场，将特高压输电打造成中国高端制造的"国家名片"。在实施国际化进程中，国家电网公司秉持互利共赢原则，致力于加强与当地商业伙伴的优势互补和战略协同，稳步推进海外本土化经营，深度融入当地经济社会发展，为加快当地经济发展、提升民众福祉做出了积极贡献，为践行"人类命运共同体"理念做出了示范。国家电网在葡语国家的经营战略，将进一步强化中国与相关国家互利共赢的发展关系，也将为中国企业创新对外投资方式、实现对外投资的高质量发展提供有益的经验借鉴。

B.19
中国中铁在葡语国家投资
经营状况、面临的挑战及对策

闫实强*

摘　要：　多年来，中国中铁积极响应国家战略，与葡语国家的市场需
求积极对接，建立了紧密的合作关系。本报告介绍了中国中
铁在葡语国家投资经营状况及对当地的主要贡献，总结中铁
在葡语国家投资经营的主要心得体会，分析中国中铁在葡语
国家投资经营面临的主要风险与挑战，建议中国政府相关部
门在政策平台支持、利益争端解决、行业统筹协调等方面统
筹规划，为中资企业在葡语国家投资发展营造良好环境，同
时建议中资企业自身加强风险防范和行业自律，实现合作
共赢。

关键词：　中国中铁　葡语国家　投资经营　挑战　对策

中国中铁股份有限公司（以下简称中国中铁）由国务院国资委管理的
中国铁路工程总公司独家发起设立，并于 2007 年 12 月 3 日和 12 月 7 日，
分别在上海证券交易所和香港联合交易所上市。作为全球最大建筑工程承包
商之一，中国中铁连续 12 年进入世界企业 500 强，2017 年在《财富》世界
500 强企业排名第 55 位，在中国企业 500 强中列第 8 位。

---

* 闫实强，经济学博士，商务部国际贸易经济合作研究院副研究员。

多年来，中国中铁积极响应国家战略，与葡语国家的市场需求积极对接，建立了紧密的合作关系，秉承多元化发展思路，通过多种模式为当地政府提供切合实际需要的产品服务。与此同时，中国中铁在当地积极履行企业社会责任，展现了中国央企的责任担当，树立了中资企业负责任的企业形象。

一　在葡语国家投资经营状况及成效

截至 2017 年 12 月，中国中铁主要在安哥拉、莫桑比克、东帝汶、巴西等葡语国家拥有机构并开展业务，共设立各级机构 20 多个，中方员工近 635 人，已完工及在建项目 49 个，共完成营业额超过 30 亿美元；在建项目 17 个，涉及合同额近 12 亿美元①。

（一）在葡语国家经营状况

目前中国中铁在莫桑比克、巴西处于市场开发和项目追踪阶段，在此重点介绍中国中铁在安哥拉、东帝汶和中国澳门的业务经营情况。

1. 安哥拉市场经营情况

自 2008 年进入安哥拉市场以来，中国中铁通过旗下的中铁四局，累计在安哥拉区域中标承揽项目 27 个，完成新签合同额 31.83 亿美元，完成营业额 22.49 亿美元，业务遍及安哥拉全国 18 个省份中的 11 个，涉及房建、水务、道路、电力等领域，设立了驻地医院，于 2010 年在当地依法注册成立了属地化公司。截至目前，共有在建项目 10 个，合同总额约 5.29 亿美元②。

主要项目如下。

（1）安哥拉 NCC 一期社会住房项目（见图 1）。该项目位于安哥拉罗安

---

① 相关数据由中国中铁股份有限公司提供。

② 相关数据由中国中铁股份有限公司提供。

达省罗安达市 Cacuaco-Dande 区，项目合同总额约 14.06 亿美元，是安哥拉政府主导推进的社会住房安居工程。房建及公共建筑配套工程设计规划为 12 个区，共 439 栋 10108 套住宅楼和 20 栋配套学校、医院等公共建筑，总建筑面积约 172 万平方米。2014 年 5 月 16 日，与业主单位签署了工程移交证书，解决了 7 万余名居民的住房问题①。

图 1　安哥拉 NCC 一期社会住房项目航拍实景图

注：图片由中国中铁股份有限公司提供。

（2）援罗安达总医院项目（见图 2）。该项目是中国政府无偿援建项目，总建筑面积 2.2 万平方米，床位 301 张。2011 年 12 月 31 日破土动工，2015 年 2 月 26 日中安两国政府正式签署项目交接证书，同年 6 月 8 日举行开院仪式。截至目前，罗安达总医院仍是安哥拉最好的综合型医院，每天可容纳 1500～2000 人同时就医，有效缓解了当地医疗资源紧张局面。

（3）中安一揽子融资项目。该批次项目是安哥拉政府主导实施推进的民生项目，合同总额约 5.29 亿美元，由中安两国政府签订协议、国内金融机构提供融资资金支持，自 2016 年启动。中铁四局承揽的该批次项目主要包括位

---

① 相关数据由中国中铁股份有限公司提供。

图 2　援罗安达总医院项目俯瞰图

注：图片由中国中铁股份有限公司提供。

于北宽扎省、威热省和罗安达省的 3 条国道、省道和城市干道的改造项目，位于威拉省和本格拉省的 2 个城市电力入户项目；位于罗安达省、比耶省和扎伊尔省的 5 个城市供水入户项目①。目前，项目正在稳步有序推进中。

2. 东帝汶市场经营情况

截至 2017 年底，东帝汶联营体公司②在东帝汶所属单位拥有员工 1447 人，其中中方人员 306 人，当地员工 1137 人，第三国员工 4 人，拥有各类机械设备 522 台（套）。2014 年 12 月，联营体中标东帝汶苏艾高速公路一期项目，合同金额 2.98 亿美元，总长 155.68 公里，是东帝汶首条高速公路，同时也是东帝汶建国以来最大的交通基础设施建设项目。目前施工的为第一标段，全长 30.355 公里。该项目已带动国内设备物资出口 4 亿元人民币，累计完成产值 2.3 亿美元，占合同总额的 77.4%③。

---

① 相关数据由中国中铁股份有限公司提供。

② 中海外 – 中铁一局东帝汶联营体公司是由中铁国际集团和中铁一局集团在东帝汶当地注册成立的，已成为当地最大的中资企业和建筑公司。

③ 相关数据由中国中铁股份有限公司提供。

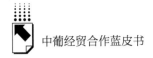
3. 中国澳门市场经营情况

目前中国中铁在澳门已经完成项目 18 个，主要包括路环发电厂温排水水道及附近航道保养疏浚服务 2015 项目、往内港航道及附近水域应急打捞清障服务 2014~2015 工程等。在建项目 1 个，即澳门轻轨一期设备及西湾大桥土建改造工程项目，原合同工期为 25 个月，但因业主未能移交大桥箱梁内场地，后协商取消了剩余工作内容，并进行了最终工程决算。

（二）在葡语国家投资情况

中国中铁在葡语国家投资主要是中铁四局在安哥拉投资，投资领域主要包括土地购置、医疗产业开发和 PPP 项目。在土地购置方面，已于 2016 年完成面积约 129.41 公顷（约 1941.12 亩）的两块土地的购置合法手续办理工作，投资额为 1787.48 万元人民币[1]。在医疗产业开发方面，已组织专业团队调研论证在购置土地新建医院和建设安哥拉医疗产业园的可行性，正在编制项目可研报告。安哥拉医疗产业园项目位于首都罗安达 Cacuaco 市区，项目规划占地面积 84 亩，规划建筑面积 15000 平方米，项目计划总投资 3725.98 万美元[2]。在 PPP 项目方面，尝试以 PPP 模式开发安哥拉 Cabo-ledo 旅游区项目，项目总投资估算为 35 亿美元[3]，总体初步规划方案已完成，正在推动安哥拉国家旅游部对合同进行审批。

（三）对当地主要贡献

中国中铁在葡语国家开展投资经营，带动了当地经济发展，改善了当地基础设施条件，为当地人员提供了大量就业岗位。同时，中国中铁还持续开展社会公益活动，较好地履行了企业的社会责任，在当地树立了负责任的中资企业形象。

---

① 相关数据由中国中铁股份有限公司提供。
② 相关数据由中国中铁股份有限公司提供。
③ 相关数据由中国中铁股份有限公司提供。

1. 促进当地经济发展

以安哥拉 NCC 一期社会住房项目为例，该项目在原始丛林区域建设了一座现代化新城，为扩大罗安达省人口容量、将首都打造成为国际化大都市创造了条件。在项目实施过程中，大量物资机械设备通过海运方式运送，增加了罗安达港货运吞吐量，促进了港口贸易繁荣；采购的沙场、石场等资源，带动并加速了当地建筑资源开发进程。

2. 改善当地基础设施条件

在安哥拉，中安一揽子融资项目对部分省道、国道和城市道路进行修复，在部分城市修建供水供电网络，实现供水供电入户。项目建成后，将解决近 30 万人生活饮用水和照明用电问题。在东帝汶，2014 年以来，中铁联营体先后修通了中断多年的 SuaiLoro 村便桥，极大方便了当地居民出行；对苏艾－祖玛莱沿路 15 公里既有道路进行免费维护，使附近路面交通状况得到大幅改善。

3. 提供大量就业岗位

在安哥拉，中铁各项目在当地累计招聘近 1000 人，为当地大量富余劳动力提供了就业岗位，并在用人过程中，累计开设各类技能培训班 12 个，实现了当地员工培训全覆盖。在东帝汶，中铁联营体积极招聘当地员工，为女性提供就业机会，先后提供就业岗位 1500 多个，并对当地雇员进行岗位技能培训。

4. 开展社会公益活动

在安哥拉，中铁四局持续开展"情系安哥拉"社会公益活动，累计投入约 150 万美元至文体教育、医疗卫生、市政建设等领域，累计开展社会公益活动近百次①。在东帝汶，中铁联营体公司积极赞助各类公益活动。2017年 5 月，中铁联营体公司成为东帝汶国家摩托赛车锦标赛赞助商，与壳牌石油、喜力啤酒、印度尼西亚国家石油公司等共同赞助该项重大体育赛事。

---

① 相关数据由中国中铁股份有限公司提供。

二 在葡语国家投资经营主要经验和风险挑战

近年来中国中铁在葡语国家积极开展投资合作，收获了弥足珍贵的经验，同时也面临诸多风险与挑战。

（一）主要经验

多年来，中国中铁在安哥拉、东帝汶等葡语国家实现了产业从无到有、由小到大、由弱到强的发展，收获的心得体会值得总结。

1. 依托政府搭建平台，做大区域市场业务

近年来，中国中铁充分运用中国政府搭建的中非合作论坛、中葡论坛、中安投资论坛等富有成效的多边和双边合作平台，主动对接葡语国家的市场需求，及时捕捉抢抓到安哥拉2003年战后重建的十年黄金发展期和中安一揽子融资项目推进实施的机遇期，实现了区域业务的稳步发展。依托中安石油贸易保持高位态势和中安政府间贷款换项目的政策，中铁四局分别于2008年和2016年承揽了安哥拉NCC一期社会住房项目和中安一揽子融资项目。

2. 聚焦拓展主营业务，形成比较规模优势

中国中铁坚持以施工总承包为主营业务，以做好在建项目为依托，稳步推进实施生产营销一体化战略，逐步实现企业主营业务由点向片地扩张发展，以形成规模优势和品牌效应。2008年以来，依托安哥拉NCC一期社会住房项目，逐步在安哥拉市场站稳脚跟，积极向罗安达省以外省份扩张，累计中标承揽项目27个，完成营业额22.49亿美元[1]，逐步将安哥拉市场打造成为较成熟的海外市场之一，并已将其建设成为中铁四局开拓中南部非洲的总部基地。

---

[1] 相关数据由中国中铁股份有限公司提供。

3.积极参加国际论坛，集聚营销网络资源

中国中铁高度重视中非合作论坛、中葡论坛等国际论坛的平台纽带作用，参加了 2017 年 5 月 30 ~ 31 日在澳门的"央企支持澳门中葡平台建设高峰会"，与安哥拉旅游部、MMVM 公司进行了深度接触，签署了项目谅解备忘录并达成了框架协议。

4.秉承合作共赢理念，强强联合开拓市场

中国中铁在找准自身定位和明确自身优势与短板的基础上，有针对性地引入优质合作伙伴，通过构建战略合作伙伴关系，打造分工明确、链条清晰、优势互补、关系稳固的发展联合体，不断巩固核心竞争优势。在营销领域，中铁四局筛选了具有丰富属地资源和强大技术实力的安哥拉当地咨询设计单位进行合作，拓宽了区域市场开发渠道。在生产领域，有意识地同当地施工企业在合法合规的基础上就工程分包展开深度合作，兼顾实现经济效益与社会效益，为生产营销一体化提供了有力支撑。

5.实施属地发展战略，提高市场竞争能力

中铁四局在系统研究安哥拉法律法规的基础上，对企业管理体系进行属地化改造，确保企业生产经营活动合法合规。与当地法律事务所和会计事务所建立了长期合作关系，为企业生产经营活动提供咨询服务，从源头上避免法律风险和税务风险。积极引进使用当地劳务人员，通过培训提升其专业技能，依托当地劳工价格优势，扩大了企业利润空间，进一步提高了企业市场竞争力。

6.履行企业社会责任，赢得当地社会认可

在安哥拉，中铁四局注重和当地社会分享企业发展成果，积极履行社会责任，为当地社会经济民生发展做出了应有的贡献，获得了《安哥拉日报》、Sequele 新城区政府、驻安哥拉中资企业商会等多个机构单位的来函来信赞扬，赢得了尊重与信任。在东帝汶，2016 年 7 月以来，东帝汶最大的报纸《帝汶邮报》先后三次报道了联营体公司履行企业社会责任、回馈当地民众的事迹，成为近三年来当地主流媒体重点报道过的中资企业，赢得了当地社会各界的好评和赞誉。

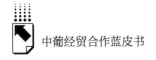

（二）风险与挑战

近年来，在中国中铁与葡语国家投资合作前景总体看好的同时，也面临诸多问题和挑战，需要正视与解决。下面分宏观层面和行业与企业层面分别介绍。

1. 宏观层面

在宏观层面，中国中铁在葡语国家主要面临安全形势、行政效率、外汇和汇率、签证及当地劳工等方面的问题与挑战。

第一，安全形势不容乐观。以安哥拉为例，内战期间大量枪支散落民间给社会治安管理埋下了较大隐患。尤其是2014年国际油价从高位下行至历史低谷，使过于依赖石油收入的安哥拉面临极为严峻的发展困境，区域安全形势急转直下。尽管当地政府已投入了大量警力、物力集中整治，但抢劫、盗窃事件仍时有发生，对中资企业实施大规模投资的意愿产生了消极影响。

第二，行政效率低下。在安哥拉，当地政府办事程序复杂，中下层官员办事效率普遍低下，严重影响了办事进度。以中铁四局购置土地为例，自2014年11月启动该项工作直至2016年6月，历时近20个月才完成5项手续办理工作。在东帝汶，政府部门多、审批慢、耗时长的问题也是投资者最大的障碍。政府部门很多管理权限划分不够明确，部门之间沟通不畅，政府办事人员对相关规定的理解水平也参差不齐，办事效率低下。

第三，法律政策落实不力。东帝汶专门设立有贸易投资促进机构，从属政府部门，对投资政策程序方面提供相应的支持，在一定程度上帮助了投资者对相关法律、相关程序的了解，加快了投资的进程。但是，政府部门人员变更推翻之前投资方案的情况时有发生，对投资者来讲是巨大的损失，反映出当地政府对投资领域的支持和政策落实力度仍然不够。

第四，外汇管制严格和汇率风险较高。一些葡语国家由于外汇储备有限，金融管理能力弱，限制外资将本币资产兑换为外币转移回母国，使得中资企业面临"赚钱拿不回"的困境。以安哥拉为例，该国实行极其严格的外汇管制措施，导致外资企业利润回流渠道收窄乃至受阻，甚至企业或个人已难以正常提取和使用在当地商业银行的美元资金，对企业资金周转带来了较大影响。此外，当前经济不景气造成了黑市的繁荣，出现了官方汇率与市场汇率严重倒挂现象，使项目面临巨大汇率风险。

第五，签证申请不便利。东帝汶工作签证程序是抵达东帝汶之后才能办理。申请工作签证材料的周期长、程序繁多且不能同步进行，涉及了中国的公证处及外交部领事司和东帝汶劳工部、外交部等多个部门。从目前各中资企业办理的情况来看，花费周期在4~6个月，而且在工作签手续办理完成后需要出境再入境才能完成工作签的最终办理。

第六，当地劳工问题复杂。劳工问题是在葡语国家投资合作及项目执行过程中经常遇到的普遍性问题，主要是劳工纠纷及属地化管理的相关问题。以东帝汶为例，东帝汶教育水平低，各行业人才资源都极为匮乏，企业招聘当地行政管理人员和技术工人都十分困难，只能从国内输入大量劳工以确保项目顺利开展，这对企业进行属地化管理非常不利。东帝汶地方保护主义非常严重，异地劳工经常受到本地劳工排挤，容易引发矛盾，对企业安全生产产生了负面影响。

2. 行业与企业层面

在行业与企业层面，中国中铁在葡语国家面临工程款拖欠，业主违规干预，项目竣工后无法顺利移交以及中资企业之间无序竞争等问题。

第一，工程款拖欠情况较为严重。在安哥拉，由于经济不景气，政府财政较为困难，前期由在安中资企业承建的工程项目竣工多年后，工程尾款支付问题仍久拖未决。2016年启动实施的中安一揽子融资项目，因业主融资额度问题和计价程序烦琐，大量工程款无法拨付到位，严重影响了企业资金周转，也影响了安哥拉政府或业主的市场信誉。在东帝汶，随着东帝汶国家石油基金的缩水，政府对于基础设施建设的资金投入陷入困境。除政府配套资金不足之外，在项目开展过程中提交付款申请后支付进程也比较慢，延期支付的情况时有发生。

第二，业主违规干预现象普遍。业主和施工单位均应严格执行合同文本，但在具体实施过程中仍存在业主违规指定设计分包单位、指定大宗材料品牌、摊派相关费用等问题，严重影响了项目进程、增加了企业成本支出，降低了合理利润空间，导致项目亏损风险剧增。

第三，项目竣工后面临无法顺利移交的困境。在安哥拉，中资企业在实现项目竣工后普遍面临无法移交的困境，为了维护企业品牌形象，中资企业持续投入大量资金承担项目运营。安哥拉 NCC 一期社会住房项目于 2014 年6 月竣工落成并同原业主 SONIP 公司签署了临时移交证书，至今仍无法同新业主 Imogestin 公司签订正式移交证书。自 2014 年小区正式投入使用后，中铁四局一直承担着本应由业主或小区住户承担的物业管理责任。此外，同期竣工完成的 NCC 一期配套工程加压泵站、污水处理厂，因业主方缺乏运营维护人员，至今仍无法顺利移交，中铁四局承担了合同范围外的巨额维保和运营费用。

第四，中资企业之间无序竞争有抬头之势。从中资企业进入安哥拉发展的历史脉络来看，总体呈现和谐共处、公平竞争、合作共赢的良好局面，但也出现了一些无序竞争、恶性竞争的案例。尤其是在面临市场容量缩减、企业发展压力较大的形势下，无序竞争更有抬头之势，严重破坏了市场规则，损坏了中资企业在安哥拉的整体利益。

三　对相关政府部门和中资企业的几点建议

中国政府部门可在政策平台支持、利益争端解决、行业统筹协调等方面统筹规划，为中资企业在葡语国家投资发展营造良好环境；同时中资企业自身应加强风险防范、行业自律，争取合作共赢。

（一）强化政策平台支持

1. 搭建新的合作平台

需要在政府层面加强理念沟通，搭建合作平台，更好地将"一带一路"

建设与葡语国家战略发展规划衔接，在企业层面加强具体项目的对接。目前，中国与相关方共同搭建了中非合作论坛、中葡论坛、中安投资论坛等多边和双边合作论坛，取得了较好成效，但仍较难满足中资企业在安哥拉投资发展的需求。建议国家有关部门与安哥拉有关政府部门牵头搭建更多新的合作平台，及时了解安哥拉中远期投资规划、近期建设项目情况，充分挖掘双方在投资合作方面的需求，为中资企业在安哥拉发展牵线搭桥。

2. 推动改善东道国投资环境

国家相关部门可牵头与葡语国家政府有关部门协商，改善中资企业在当地投资环境，为中资企业提供相关政策支持。一是改善当地社会治安环境。建议通过多种渠道，推动安哥拉政府持续加大对抢劫盗窃中资企业犯罪分子的打击力度，并在刑侦案件方面提供技术指导及相关设备支持，改善当地社会治安环境，为中资企业在安投资兴业提供安全基础保障。二是加强双边政策协调。建议协商为中资企业在签证办理、人员出入境、资金流动、税收等方面提供优惠政策。推动两国政府尽快签订货币互换协议，从根本上解决官方汇率与市场汇率倒挂、中资企业资金回流受阻难题；推动中安两国政府签订投资保护协议和避免双重征税协议，为中国企业在安哥拉投资合作提供制度保障；推动简化审批程序、提高办事效率，降低企业运行成本。

3. 提供融资资金支持

当前，安哥拉等多数葡语国家经济困难，政府财政资金紧缺，融资项目将逐步成为基础设施市场主流。建议国家有关部门进一步加大对安哥拉等葡语国家资金缺口巨大的基础设施项目投融资的支持力度。建议有关部门牵头搭建国内金融机构、建筑设计施工企业联合出海平台，打造利益共同体，确保国内金融机构从源头了解项目，对建筑设计施工企业进行指导，加快融资资金到位进度。

（二）建立和完善利益争端解决机制

目前，中资企业在安哥拉等葡语国家投资利益争端主要集中在工程款拖欠严重、已完工工程迟迟无法移交、业主违规干预等方面。针对拖欠工程款问题，建议国家有关部门与葡语国家方面共同探讨以融资支付、资源置换等方式支付工程尾款的可能性，推动其尽快确定解决方案，以保证在葡语国家的企业的合法利益。针对已完工工程无法移交问题，建议与业主方联系，推动业主尽快对已完工项目进行验交接收，并提前培训专业运营维修技术人员。针对业主违规干预问题，建议与葡语国家有关部门协商，要求业主严格执行项目合同，严禁插手干预施工总承包单位选择设计分包单位、指定大宗物资材料品牌，不得随意摊派相关费用等。

（三）加强行业统筹协调

国家有关部门可加强顶层设计，规范市场竞争秩序，应对规范中资企业在葡语国家区域市场竞争提出指导实施意见，要求在当地的各中资企业执行落实。要强化实施意见文件的刚性，对于无序竞争、恶性竞争的中资企业，要将其列入黑名单，严禁其进入中国和所在国家政府间合作项目，并不再为其提供政策、资金等方面支持，引导区域市场竞争逐步重回良性发展轨道。

（四）企业自身加强风险防范与合作共赢

1. 强化安保管理，确保投资安全

在安哥拉社会治安形势中、短期内难以取得根本好转的情况下，中资企业要加强自身安保管理。高度重视驻地安保建设，提高内部安保体系的立体化、标准化、声像化建设水平，打造坚实可靠的安保防线。同时，加强外出安保措施，避免抢劫意外事件发生。定期对本单位治安防控体系及安保措施进行排查，及时梳理安保工作中的漏洞及薄弱环节，并安排专人跟踪销号，确保企业安保体系正常有序运转。充分利用内外部资源，构建安保联防联动机制，根据基地、项目、人员等关键要素分布情况，分类建立联防群防平台，提升安保成效。

2. 综合分析形势，控制投资风险

中资企业要全方位掌握安哥拉政治经济形势，充分调研了解包括金融环境在内的营商环境对投资合作项目的影响，在确保项目风险可控的基础上，审慎推进项目运作实施。同时，加快推进企业依法合规体系建设，提前主动适应日渐趋严的市场监管形势，将企业经营风险降至最低；建筑施工企业要尽量避免承接当地币种支付占比较高的现汇项目，防止出现项目亏损。

3. 加强行业自律，规范市场竞争

中资企业要积极主动加强行业自律意识，严格遵守商会章程条款，履行商会会员义务，不参与无序竞争、恶性竞争等扰乱区域市场秩序的活动。建议驻安哥拉中资企业商会建立商会会员诚信评价机制，定期通报各会员单位诚信指数，对于诚信指数较低且不符合要求的单位要将其逐步清除出商会，以净化区域市场竞争空气。

4. 抱团出海，实现共享共赢

中资企业应加强与国内相关专业领域公司、金融机构等单位的合作，形成抱团出海之势，充分发挥技术、资金、管理经验等优势，在做好前期市场调研并锁定政治经济双重风险的基础上，积极主动介入相关领域开发，以逐步扩大市场份额，培育新兴市场增长点。

B.20
中国交建在安哥拉的投资建设与管理

肖凯聪*

摘　要： 中国交通建设股份有限公司（简称中国交建）在安哥拉的投资建设，主要面向公路、桥梁、港口等基础设施建设，同时涉足工业园区建设，探索出了主动适应当地市场、提升属地化经营管理能力的新路子。中国交建积极践行全方位承担社会责任，以央企的姿态在促进当地经济发展的同时，以各种方式努力回报社会，为推动安哥拉社会公益事业的发展做出了应有的贡献。同时，主要受政治经济因素影响，中国交建在安哥拉面临投资难、建设难、管理难的考验，未来应加强风险管理，提高企业综合管理水平。

关键词： 中国交建　安哥拉　投资　建设　管理

中国交通建设股份有限公司拥有60多家全资、控股子公司，产品和服务遍及150多个国家，是全球领先的大型基础设施综合服务商。2018年，中国交建在世界500强中居第91位，国务院国资委经营业绩考核为"13连A"（连续13年被评为A级企业）。公司具有营利性与价值创造力，在港口、公路、桥梁、疏浚、集装箱等设计、制造、建设方面实力较强。

---

* 肖凯聪，澳门科技大学社会和文化研究所国际关系专业博士研究生。

一 中国交建在安哥拉的发展现状

中国交建于 2004 年进入安哥拉市场，以中国路桥和中国港湾两个品牌在安哥拉市场投资开发建设。中国交建坚持以"让世界更畅通、让城市更宜居、让生活更美好"为愿景，秉承"固基修道、履方致远"的企业使命，在安哥拉持续推进"三网一化"（高速铁路网、高速公路网、区域航空网、工业化），投资建设卓有成效。

（一）项目的投资建设与管理

中国交建在安哥拉投资建设主要采用四种模式：一是政府之间的能源还贷或一揽子框架 EPC 项目；二是政府投资项目；三是世界银行等国际金融组织的贷款项目；四是 BOT 项目。2017 年，中国交建在安哥拉承揽项目超过 100 个，累计完成合同额超过 70 亿美元，施工高峰期间在安哥拉共有中方员工 1800 余人，当地员工 3600 余人。[①]

1. 重点完工项目

安哥拉洛比托集装箱码头扩建项目（见图 1）。该项目合同额为 67343 万美元。集装箱码头前沿底标高为 - 12.7 米，可供 3 万吨级集装箱船靠泊，年吞吐能量 20 万标箱。随着发展，未来可以疏浚至 - 14.7 米，可供 7 万吨级集装箱船靠泊，年吞吐量可达 30 万标箱。

安哥拉洛比托矿石码头扩建项目（见图 2）。该项目合同额为 52191 万美元。经过对洛比托港的条件以及世界船舶的发展情况的分析确定，矿石码头前沿水深为 - 14 米，可停靠 5 万吨级散货船，年吞吐量 305 万吨。码头结构按 10 万吨级预留，码头前沿水深可挖至 - 15.5 米，远期规划年吞吐量 420 万吨。

2. 重点在建项目

卡宾达卡约新港口项目（见图 3）。2016 年 1 月 27 日，中国交建同安哥

---

① 资料来源：中国交建国际部。

图 1　安哥拉洛比托集装箱码头

注：图片由中国交建国际部提供。

图 2　安哥拉洛比托矿石码头

注：图片由中国交建国际部提供。

拉 Caioporto S. A. 公司在罗安达签署了安哥拉卡宾达卡约新港口项目合同，合同额约 8.32 亿美元，工期 4 年，项目实施主要为卡约新港、ZEE 经济特区、Fútila 工业园以及配套的港机设备。卡约新港口建成后将实现集装箱、木材、磷矿等货物的吞吐，将成为卡宾达省的第一大深水港口，为当地人创造约 2000 个就业机会。

图 3　安哥拉卡宾达卡约新港口项目效果图

图片由中国交建国际部提供

罗安达科林巴海岸综合改造项目（滨海路项目）。2016 年 5 月 24 日，中国交建与罗安达省穆苏鲁及贝拉福通古旅游发展管理局签署了滨海路项目合同。项目建成后，将极大改善罗安达科林巴滨海城区脏乱落后的现状及拥堵的交通状况，为以后该地区的进一步开发奠定坚实的基础。同时，新建的渔港码头也将为当地渔民带来极大的便利，为当地经济发展做出巨大贡献。

3. 重点新签项目

在深耕细作原有市场的基础上，中国交建积极探索区域联动机制，整合资源，审时度势，结合实际，大力开发新的政府项目，并探索在新领域、新行业的业务投资及建设，积极推进企业转型升级与企业健康发展。中国交建 2017 年在安哥拉的投资建设开发情况见表 1。

表 1　2017 年中国交建在安哥拉新签项目情况一览

序号	项目名称	项目业主	合同额（万美元）
1	卡宾达综合市政项目	安哥拉建设部	8859.15
2	威热市 CANDOMBE NOVO 区道路修复项目	威热省政府	602.60
3	威热市 KIMPA VITA 道路修复项目	威热省政府	295.08
4	威热市 RUAS DA CIDADE 道路修复项目	威热省政府	602.59
5	扎伊尔省市政道路修复项目	扎伊尔省政府	852.31

资料来源：中国交建国际部。

2018 年，中国交建在安哥拉预计新签合同额为 71000 万美元，其中新签现汇项目合同额 2000 万美元，框架项目资金落实 69000 万美元，预计营业收入 20000 万美元，利润总额 4000 万美元。① 目前中国交建在安哥拉正在跟进项目的进展情况见表 2。

表 2　中国交建在安哥拉重点跟进项目情况一览

序号	项目名称	项目类型	项目业主	项目金额	项目进展情况
1	姆班扎刚果医院二期项目	现汇投标	扎伊尔省政府	预计 9417 万美元	初步递交报价,等待下一步谈判
2	安哥拉罗安达高科技塔项目	现汇投标	TOME 公司	预计 10000 万美元	处于投标阶段

资料来源：中国交建国际部。

（二）积极履行社会责任

中国交建在安哥拉不仅参与投资建设，而且全方位承担在东道国的社会责任，履行"重诺守信、感恩图报"的企业精神，承接"感知责任、优质回报、合作共赢"的企业价值观，用"理解"和"沟通"来弘扬企业文化。

1. 资助优秀青年赴中国留学

近年来，中国交建资助安哥拉多位优秀青年赴长沙理工大学和河海大学接受港口水运专业的本科教育，为安哥拉港口未来发展建设培养人才。中国交建还充分利用学生暑假时间，安排被资助的留学生到所属区域公司实习，增强实操能力（见图 4）。

2. 组织人员技能培训

中国交建一向重视员工的培养，中国交建女员工陈章英曾将 35 位毫无电焊基础的当地劳工培养成"焊接工程师"。同时中国交建出资组织洛比托港高层管

---

① 资料来源：中国交建国际部。

图4 留学生在项目部合影

注：图片由中国交建国际部提供。

理人员赴上海港学习港口运营知识（见图5），培养出会中文、懂技术的复合型人才。洛比托港务局局长称赞道："中国交建使我们认识到了什么叫作世界领先的港口运营工作，为我们未来的发展打开了一扇光明之窗。"

3. 捐赠孤儿院

自2008年以来，中国交建驻安哥拉洛比托项目部一直关注并支持本格拉孤儿院的建设，专门看望孤儿院的孩子们，定期给孤儿院出资捐赠生活、学习用品。2018年将继续帮助孤儿院建设新的教室和宿舍，用来改善孩子们的生活条件以及学习环境。

4. 捐建希望学校

卡通贝拉中学坐落于本格拉省卡通贝拉市，由中国交建当地项目部捐建，占地近2万平方米，建筑面积约2000平方米，拥有教室、图书室、礼堂、操场、食堂等基础设施。学校在2016年底移交启用，移交当日吸引了安哥拉政府官员、当地民众、学生家长及中小学生代表上百人前来参观。

中国交建在安哥拉热衷于社会公益事业，履行必要的社会责任，积极开展造福于当地的社会活动，帮助需要帮助的人。中国交建长期将一部分资金用于安哥拉的公益事业（见图6、图7），如捐赠物资、捐建基础设施、资

图5 安哥拉代表团考察上海洋山深水港

注：图片由中国交建国际部提供。

图6 在当地孤儿院开展慈善活动

注：图片由中国交建国际部提供。

图7　卡通贝拉希望学校效果图

注：效果图由中国交建国际部提供。

助贫困儿童、参与慈善活动等。安哥拉是疟疾、霍乱等传染病高发区，中国交建定期向安哥拉人民提供学习预防疾病的条件。通过讲解PPT、播放视频、派发宣传册等有效方式向安哥拉人民普及疟疾、霍乱及常见传染病的相关知识，如介绍传染病是如何产生的，如何预防疾病等，为增进安哥拉对中国交建的了解与支持，以及增进中国与安哥拉两国之间的友好关系做出了贡献。

二　中国交建在安哥拉投资的特征与趋势

（一）投资建设与管理的特征

根据"五商中交"发展战略，中国交建本着共同发展、集约发展、绿色发展、安全发展、开放发展五大合作发展理念，坚持以项目经济社会效益和可持续发展为导向，与安哥拉共同构建更富活力、更具深度的投资建设合作关系。

中国交建在安哥拉投资建设中积极探索并采用先进的模式，在投资建设前期会做大量的调查和论证工作，尤其是在策划与方案、银行与融资、法律与税务、财务模型搭建、合作方的遴选、项目公司的组建方面，会针对不同类别的项目和规模，尽早孕育不同种类的项目公司及融资模式，快速适应当地市场，并会根据自身能力和发展需求寻找适合自身发展规划的项目，既增加了项目中标的概率，也可以保证资金持续流入，有利于项目施工和运营期的管理。

安哥拉市场项目大型化、复杂化趋势明显，许多大型基建项目集设计、融资、建造、运营于一体，同一项目涉及多个专业领域，项目投资建设过程中要与当地政府或有关部门等多方对接。只有把上下游产业有机地整合起来，才能产生良好的经济效益。譬如，中国交建在安哥拉港口投资项目中，整合了各个行业中的优秀企业，包括港口建设方、运营方、能源供应商、设备出口商、物流运输及房地产开发商等，构建全方位的合作伙伴关系。

中国交建在国内外几十年的基础设施建设中，积累了大量丰富的施工管理经验，并在设备制造、施工技术领域拥有独特的优势，逐渐形成了一套自己的技术标准和施工规范。安哥拉采用欧美标准和规范，这对中国先进工程技术的使用造成了一定的困难。通过多方努力，中国交建使安哥拉在一些新兴基建领域使用中国标准和规范，将中国成熟的技术和工艺运用到安哥拉基础设施建设中。

构建"以属地管理人员管理属地劳务工人"的管理模式，探索出具有中国交建特色的海外项目用工管理机制。中国交建积极培养安哥拉工程技术人才，注重对当地雇员专业技能的传授。每当新的建设项目开始，中方员工都会手把手地传帮带和操作示范，通过集中学习、培训以及考核上岗等有效方式使新招聘来的安哥拉员工迅速融入中国交建的工作氛围及环境中。中国交建还建立了奖励机制，在当地雇员中颁发优秀员工奖、忠诚奖以及特殊贡献奖等，使安哥拉员工有了认同感与归属感。

中国交建以国际化视野部署人才队伍，强化熟悉国际市场规则，建立了通语言、精技术、懂管理、善经营的复合型人才培养机制。首先，在人才招聘中，中国交建不拘一格，为年轻人提供更多的就业机会。其次，重视建立人才培训基地，形成专业化的复合型人才高地和人才"蓄水池"，全方位打造精英团队。最后，在实践中，如在安哥拉的市场开拓中，对涉足 BT、BOT、PPP 等新模式的项目非常支持，重视对一线指挥人员和项目经理的培养及锻炼，提高安哥拉投资建设方面的管理、运营及施工水平。

（二）投资建设与管理的趋势

2018 年安哥拉 GDP 预计可达 1300 亿美元左右。中国交建将在坚持紧抓传统市场的基础上，努力开拓新地区、新领域、新行业，坚持项目投资建设多元化，主动调整产业结构，加大对安哥拉机场、铁路、港口和市政工程项目的跟踪和开发。

基础设施建设稳步发展。2017 年 8 月 23 日，若昂·洛伦索当选安哥拉新总统。新总统与新的政府部门重视基础设施建设，在新政府 29 个部委中，有 7 个部委主管基础设施建设，由这些部委管理的项目占安哥拉工程市场总额 90% 以上。因此，中国交建会继续发展在安哥拉的基础设施建设。目前安哥拉的经济还处在恢复期，回升速度相对缓慢，中国交建也会根据市场情况对安哥拉的基础设施建设进行适当调整，预计 2018 年，中国交建在安哥拉新签常规工程项目合同额比 2017 年会有所下降（不含炼油项目），工程市场的项目金额跌幅为 20%，控制在 40 亿美元左右。根据安哥拉 GDP 总额及 2012～2017 年经济规模计算，安哥拉每年基础设施建设市场在 40 亿美元左右是合理的（含已执行的项目的支付和新签项目融资额度），这也是安哥拉维持 2018 年经济增长率 2.9% 的重要支撑。

合同数量严格把控。2017 年末，安哥拉新一届政府对 LCC 项目进行了梳理和调整。以建设部为例，2016 年新签约 29 个项目，2017 年仅对 13 个项目支付了预付款和进度款，16 个项目尚未落实资金。2017 年，中国企业在安哥拉签订的合同总数超过 100 个，中国交建签订的合同数量为 36 个。根据以往建设工程款未能及时落实与跟进的经验，预计 2018 年中国交建新签约合同数量会减少，并且控制在 20 个以内。

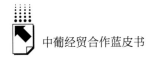
市场份额扩大。当前,中国交建确立了"三步走"中长期发展目标:第一步,在"十三五"末部分领域和核心业务率先达到世界一流企业水平;第二步,在"十四五"末率先全面建成世界一流企业;第三步,在2035年前后,建立起全球产业链和全球化治理的体制机制,跨国指数超过50%,基本完成由一流跨国公司向一流全球公司的转型。为此,中国交建在安哥拉积极实施全方位强强联合措施,将下属一航局、二公局、四公局、中交路建在安哥拉的项目进行内部整合,以保证市场开发份额,集中做大做强安哥拉市场。

投资力度与融资能力加强。安哥拉新政府将修改对促进投资建设造成困扰的签证政策,创造更好的营商环境,扩大招商引资,并提倡尊重市场经济规律,推行经济多样化战略。在城市建设方面,安哥拉新政府希望外国企业多参与项目的直接投资,促进经济发展,减少国家外债,并希望多推进PPP、BOT等融资模式。2018年,企业投资力度与融资能力会成为企业核心竞争力的重要组成部分。预计,安哥拉中资企业的LCC融资框架项目、商贷-主权担保项目等,会在未来的市场发展与竞争中逐渐减少,而PPP与BOT等融资模式逐渐增多。截至2017年底,在安哥拉经营的中资企业有200多家(国企及有国资背景的企业68家),主要集中在建筑、地产、商贸和制造业等领域。随着投资建设的市场竞争力加大,在安哥拉的中资企业将面临新的"洗牌"。

三　中国交建在安哥拉面临的挑战及建议

(一)投资建设与管理方面的挑战

近几年,受安哥拉政治、经济因素影响,中国交建在安哥拉的投资建设与管理方面面临多种挑战。

第一,市场开发难。石油是安哥拉国民经济的支柱,石油出口占其GDP的比重超过50%,占商品出口收入近90%。由于近几年国际油价持续走低，安哥拉的经济受到一定打击，产生的经济风险直接导致安哥拉货币贬值，造成政府资金紧张，使得业主支付困难。因此中国交建在安哥拉建设的多个项目停工以及新签约项目工期延后。目前安哥拉政府已逐步偿还了中国交建部分建设款项，但由于安哥拉政府公共支付能力削弱，即使安哥拉的经济有所好转，安国财政部仍在对各领域的投资进行缩减。另外，人民币汇率一直保持在升值状态，使得企业成本增加，利润下降。而中国交建还要按照安哥拉政府的规定，购买一定比例的安国国债，整个市场的开发难度加大。

第二，融资难。根据业务范畴，融资的方式有多种，并涉及多轮，但都存在融资时间过长的问题，特别是一些大型高精尖项目，所需的融资时间会更长。中国企业在安哥拉当地银行融资是不受限制的，并且享受安哥拉本国企业同等的融资待遇，但需要将企业的资产作为信用担保。不少安哥拉业主在支付预付款，合同生效，启动项目建设后，未能及时支付后续的工程款，导致项目成本增加或者停工，对之后企业信用担保有影响。

第三，签证办理难。受安哥拉政治因素影响，政府部门的变动及调整对中国人员办理安哥拉签证有极大的阻碍。2015年，安哥拉移民局向各个部级单位下达指令，控制、限制工签邀请函的签发，使来安哥拉工作的人员在办理签证时遇到很大困难。尽管已采取积极措施，签证工作也在逐步恢复，但由于需要办理工作签证的人员较多，加上2017年安哥拉总统换届，政府部门变动较大，多名中国劳工赴安哥拉受阻，预计在一定时间内人员签证问题依然面临较人压力。

第四，建设过程难。首先，在安哥拉投资的企业需要遵守当地劳务法，如企业在安哥拉招聘需要遵循70%的员工为东道国员工、员工每周工作时长不得超过44小时等规定。其次，要遵守环境保护法，安哥拉对工业噪音以及工业污染都有严格的限制与规定。中国员工不但要突破语言障碍学习这些法律并熟记于心，而且要在工作和实践中应用这些法律。这增加了员工的困难。而企业招聘的安国劳工也存在技能培训完上岗后，辞职、跳槽的现象，员工流动不利于企业内部的稳定，不利于企业的经营与管理。同时安哥拉业主及各技术部门管理人员专业技术力量薄弱，部分人员缺少时间观念，且工作效率与处理问题的意识淡薄。因此中国交建在项目建设过程中遇到的困难与阻力，以及投入的时间与金钱都在增加。

第五，项目验收难。安哥拉法律规定，所有建设项目的初验、终验都需要经过安哥拉国家实验室检验合格后，再由业主方给建设方出具相应证书。但安哥拉国家实验室人员配备参差不齐，工作效率较低，检验的过程十分缓慢，致使中国交建在安哥拉境内的多个已完工项目无法及时获取初验与终验的证书。以 Caxito-N'Zeto 道路修复项目为例，中国交建 2015 年 5 月申请终验，2016 年 1 月底安哥拉国家实验室工作人员才到现场取样，至 2017 年 6 月 1 日才完成项目终验。

（二）投资建设与管理方面的建议

面对整个市场的困境，中国交建必须调整思路，积极应对，多方突围。

一是进行土地储备。发掘安哥拉新的土地，以投资土地的方式为经济做储备。充分利用经济全球化的背景，寻找安哥拉有潜力的城市与乡镇，在城市中心地段或有升值空间的乡镇进行土地收储，并结合企业在当地的投资建设以及发展规划，将其作为企业未来发展的综合用地，进行大规模、高质量、低成本的土地储备，既可以满足企业生产、办公、投资的需要，又可以作为固定资产进行增值与保值，涉足安哥拉的房地产业，通过出售土地或者房地产开发的形式获得收益。

二是加大资金融通。资金融通是"一带一路"倡议提出的五通之一，国家要加大对企业的金融支持力度，可以通过丝路基金来拉动企业对外直接投资，也可以通过国家开发银行、中国进出口银行、中国出口信用担保公司等金融机构对企业进行及时有效的金融帮助，通过商业保险公司提高企业相关金融类的风险管理水平。同时，建议国家建立国资委系统中央企业和中央金融系统企业的整体协作机制，支持国有、民间资本和金融机构参与国际投资，并且有序引导资本流入所需的投资领域。

三是进行有重点的投资建设。首先选择政府框架项目下的市场份额，在

"一带一路""三网一化""互联互通""中非产能合作""中葡经贸合作"等指引下，紧跟国家政策，提前布局，灵活掌握及应用国家政策，投资建设市场上的政府项目。其次选择有重大影响力的项目。安哥拉市场是非洲的核心市场，要深度挖掘安哥拉市场，进一步强化与巩固市场竞争力与地位，推动具有重大意义的大型项目开发。最后选择多元化项目。例如参与安哥拉铁路、轻轨、城市综合体、水利设施、电力设施、能源类、农产品加工开发等不同项目的投资建设，实现企业在多个领域中的业务优化与结构升级。

四是以合作共赢谋发展。大到中国与安哥拉两国之间的外交关系，小到中国交建与安哥拉批发商之间的利益关系，对于走出国门的中国企业来说，都要秉持和平、交流、理解、包容、合作、共赢的精神态度与他国建立起良好的投资合作关系，树立利益共同体与命运共同体的认知意识，消除安哥拉人对中国企业在安哥拉投资建设的顾虑。倘若产生了矛盾，中方员工有必要为了国家形象与企业利益与安国当事人积极沟通交流，消除安哥拉人的误会，提高中国品牌的国际认知度及收获国际合作好伙伴的美誉。同时，中国交建在海外经营中也要注重与中国同类企业的工作协同，围绕产业链一体化，整合优势产能，打造联合舰队，实现海外业务共同繁荣。

五是加强企业管理。首先，加强自律意识，从企业层面来看，"走出去"的中国企业多为大型集团公司，拥有对外经营权的主体众多，因此对企业本身要有所要求，应对市场有清晰认识，避免产生内耗。从国家层面考虑，要进一步发挥协调的作用，组织好以大型央企为主的优势产能布局，减少"走出去"企业之间的恶性竞争，提高海外经营效率。其次，加强规范引导。随着商业模式的转型，通过恶意低价竞标获得项目的时代早已远去，中国企业要自觉遵守行业准则，积极参与、承担所在国别或地区的行业规划，掌握制定技术标准的话语权，大力推广中国标准和行业规范，要在价格优势的基础上提供附加值的服务和运营支持，实现管理模式经营。最后，加大项目开发，适当推进经济效益型投资项目，并找准时机收购或并购企业，扩大集团规模，提高市场份额。同时要紧跟国际产能合作步伐，发挥海外市场的开发优势。

B.21
澳门旅游娱乐股份有限公司
在葡萄牙的投资与发展

严鸿基*

摘　要： 澳门旅游娱乐股份有限公司（以下简称澳娱）由何鸿燊及其他合伙人创立和管理，垄断澳门博彩业达四十年之久。在此期间，何氏对澳门的经济发展和社会有着举足轻重的影响。除了在澳门经营各类与博彩相关业务外，澳娱早在20世纪80年代就对葡萄牙和其他海外市场投资，除了博彩业外，还包括金融、能源、电信、房地产和交通运输行业。澳娱能够适应葡萄牙市场环境并抓住政策机遇，灵活发掘潜在客源并发挥连接中国与欧洲的桥梁作用。同时，澳娱逐渐把葡萄牙相关资产业务转让（中资企业为主要买家），在管理海外投资方面起了示范作用，并给不少国内企业提供了宝贵的海外投资经验。

关键词： 澳门旅游娱乐股份有限公司　何鸿燊　葡萄牙　海外投资

　　澳门旅游娱乐股份有限公司（葡语：Sociedade de Turismo e Diversões de Macau，缩写STDM，简称澳娱）于1962年由何鸿燊和其他合伙人创立，当年获得澳门博彩的专营权并一直主宰本地的博彩业至2002年。在这段时间里，何鸿燊及其家族在澳门大力发展旅游住宿、海空航运、购物商场、地产投资和基建

---

　　* 严鸿基，哲学博士，澳门科技大学商学院助理教授。

工程以及金融业务，在文化体育和教育慈善福利方面也对澳门社会贡献良多。

1997 年，澳娱与澳葡政府签署新修订博彩专营合约，横跨澳门 1999 年回归直接踏入 21 世纪。这个打破博彩行业垄断的事件促使澳娱加快探索海外的博彩市场。澳娱对葡萄牙的投资首先就是博彩娱乐场，之后发展其他擅长的如金融（1995）和房地产业务，对能源和交通运输领域也有染指。澳娱开展葡萄牙的博彩业务主要是并购和成立新的娱乐场，并开拓网上的博彩业务。何氏对葡国的金融投资也经历过低迷的经济环境，这促使其改变投资组合，包括资产转让和通过不同的业务支持其销售产品和服务，如其控制的银行对其开发的房地产提供按揭服务。在"一带一路"和发展中国与葡语系国家关系方面，何氏家族起了中介作用，推介中国企业投资海外所需资产并利用其人脉为中国企业提供方便。

一 澳娱在葡萄牙的投资与发展现状

澳娱在葡萄牙有 20 多年投资与开发经验，与葡萄牙政府建立了非常密切的关系，和当地的华人社区也有深厚的友谊。由澳娱投资与管理的里斯本娱乐城是目前欧洲最大的娱乐场，也是集娱乐、休闲、饮食、购物于一体的大型娱乐中心。

何氏家族通过私募基金 Geocapital 对海外非博彩行业进行间接投资。Geocapital 是由澳娱两名高层人员（何鸿燊和苏树辉）与一名葡萄牙商人发起的投资公司，起初是为了管理澳娱在葡语系国家（特别是非洲）的投资。其网站资料显示[①]，Geocapital 自 2006 年在澳门开业以来一直以私募基金的形式运作，到目前为止已经在非洲、澳门和葡萄牙建立了多种投资渠道，包括直接投资和与当地政府及私人机构合伙开发投资项目。而澳娱对葡萄牙的直接投资主要是房地产项目和娱乐场，由于私募基金对投资者身份的保护，我们难以得知 Geocapital 对葡语国家的投资有多少来自创始股东，也不清楚其他投资者的身份，但根据 Geocapital

---

① 参见官方网站：www. geocapital. com. mo。

推广的对象和信息可以推断，这些投资者主要来自国内。图 1 列出了 2017 年澳娱和何氏家族对葡萄牙投资的项目，同时我们假设各类的投资都有澳娱的参与，股权变动也日新月异，但这并不妨碍对投资趋势的描述和总结。

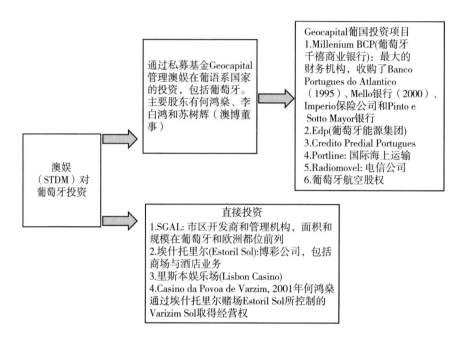

图 1　2017 年澳娱和何氏家族对葡萄牙投资的项目

资料来源：Geocapital 网站和作者整理。

（一）博彩业务

从图 2 可以看出，自 2015 年以来，澳娱在葡萄牙的博彩业务在赌博毛收平稳的情况下纯利一直有攀升的态势，2017 年有 2000 万欧元的纯利。这表明博彩业和葡萄牙经济有复苏的迹象，并且有分析预测，2020 年将是该国财政预算 25 年来首次转亏为盈[1]。

---

[1]　Amaro, Silvia, "Portugal Is Set to Break away from 25 – year Long Budget Deficit", https://www.cnbc.com/2018/04/11/portugal-is-set-to-break-away-from-a – 25 – year-long-deficit.html.

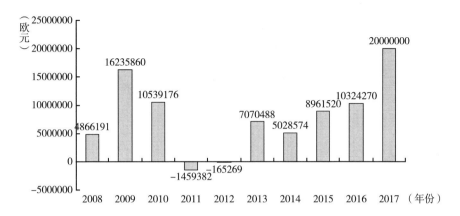

图 2　澳娱在葡萄牙的娱乐场营运利润

数据来源：Estoril-solsgps 网上报告。

博彩业原本就是澳娱的核心业务，其在葡萄牙的博彩子公司业绩的好环主要取决于其看家本领的高低。澳娱成立了葡萄牙最大的博彩运营商埃什托里尔博彩公司（Estoril Sol），旗下经营三个赌场。该公司于 2016 年 7 月成功申请葡萄牙第一个网上博彩牌照，其网上赌场[1]在 2016 年前五个月内的网上博彩毛利（Gross Gaming Revenue，GGR）为 630 万欧元，税息折旧及摊销前利润（EBITDA）180 万欧元[2]。这显示澳娱积极发展非传统的博彩业务并有利可图。根据埃什托里尔的设计，台式电脑和手机都可以上网参与博彩游戏，起初共有 18 种游戏可供玩乐，包括电子角子机、轮盘和二十一点等[3]。2017 年 8 月，埃什托里尔博彩公司取得三年网上体育博彩经营权[4]，使该公司在网上的博彩业务可以顺利扩展，潜力巨大。

① https：//www. estorilsolcasinos. pt/en/.

② Daniel Stone，"Data Suggests Positive Start For Portugal's Online Casinos Gambling Compliance"，https：//gamblingcompliance. com/premium-content/insights _ analysis/estoril-sol-data-suggests-positive-start-portugal％E2％80％99s-online-casino.

③ Newsdesk，"Stanley Ho Firm Launches Portugal's First Online Casino Ggrasia"，http：//www. ggrasia. com/stanley-ho-firm-launches-portugals-first-online-casino/.

④ Reuters，"Estoril Sol Obtains License to Explore Online Sports Betting in Portugal"，https：//www. reuters. com/finance/stocks/ESON. LS/key-developments/article/3645411.

澳娱通过成立一个私人非金融控股有限公司（Finansol-Sociedade de Controlo）进行博彩业活动。该公司控制了一个博彩控股公司 Estoril Sol，用来对下属三个娱乐场进行监督管理，而网上娱乐场也属于 Estoril Sol 控制的范围。在澳门也是采用这种私人控股公司的形式，确保其商业利益不会被分薄。

在经历了 2008 年至 2014 年六年的低迷期后，葡萄牙博彩市场开始复苏。2014~2017 年，增长幅度为 3.6%~8.1%，相对于其他行业，博彩的收益前景无疑是乐观的。微观来看，澳娱旗下三个娱乐场的业绩也表现出众：除了 2011 年和 2012 年披露微不足道的赤字外一直都保持盈利。

葡萄牙博彩环境相对稳定，该国公民是博彩客的主体。近三年来尽管葡萄牙的博彩毛利增幅微小，但总体呈现有规律稳步上升的趋势（见图 3），2017 年第三季毛收入达 8600 万欧元。澳娱与葡萄牙政府的关系并不像与澳门特区关系那么紧密，葡政府影响博彩政策和税收的能力也不大，而葡萄牙的企业税制又极具争议性。2014 年澳娱在葡萄牙的业务亏损 174 万欧元，被归因于赌业收益的减少和税务增加的影响[1]。2014 年澳娱称旗下三个赌场的税率高达 50%~65%，指责政府纵容非法网上赌博，称政府单方面剥夺了专属博企探索博彩方向的权利。报告指出政府在不利于赌场的经济情况下要求"赌收越低，要交的税反而更高"[2]。究其原因，这与葡萄牙税务政策有关。葡萄牙对亏损的企业实施一种自主税收（Autonomous Tax）的政策：对不同的开支实施不同的递进税率，所以在亏损的情况下企业反而要交更多的税项，间接印证了澳娱的说法[3]。这种税制确保在经济不景气的情况下政府的税收能平稳以免造成公共开支锐减。但对于在经济不景气中挣扎的博彩企业来说，这种税制就变得难以理解。

---

[1] Estoril-Sol, SGPS, S. A., "Management Report and Accounts", http://www.estoril-solsgps.com/wp-content/uploads/2014/11/SGPS-Management-Report-and-Accounts_ 2014. pdf.

[2] Filipe, Joao Santos, "STDM Portuguese Casino Operations Lose MOP18. 5 mln. Macau Business.", http://www.macaubusiness.com/stdm-portuguese-casino-operations-lose-mop18 - 5 - mln - 3/.

[3] "Dinis, Ana; Martins, Antonio; Lopes, Cidalia Maria. (2017)", *International Journal of Law & Management*, Vol. 59（4）, p 489 - 503.

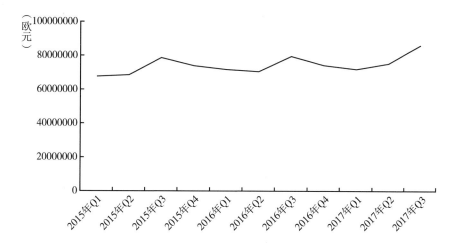

图3　2015～2017年葡萄牙博彩毛收入

数据来源：Gambling Inspection and Regulation Services，Portugal。

（二）金融业投资

自2006年何鸿燊旗下的诚兴银行在里斯本开业以来[1]，澳娱对葡萄牙金融方面的投资遇到不少的挫折。在某些国家脱欧的过程中，欧元经历贬值的考验，澳娱的金融保险公司面临倒闭的危机。

自澳娱1989年收购了澳门诚兴银行后，该银行一直积极为澳娱开展业务扮演重要的角色，特别是澳门房地产的融资和与娱乐场的财务交易。自2007年起，何氏因发展大型娱乐场和酒店业务，最终把诚兴银行转让给中国工商银行（包括诚兴银行在葡萄牙的资产，见表1），使后者在欧洲的业务发展与资产布局更具战略地位。何鸿燊透露此举使中国工商银行通过在葡萄牙的诚兴银行进军欧洲和非洲市场[2]。

---

[1] Macau Hub，"Macau's SengHeng Bank Opens Office in Lisbon"，https：//macauhub. com. mo/ 2006/06/20/1213/.

[2] Macauhub，"Chinese Bank Wants to Enter European and African Markets through Portugal"，https：//macauhub. com. mo/2007/09/20/3773/.

表1　诚兴银行发展葡萄牙业务

时间	银行业务事件
2006 年	诚兴银行在里斯本设立代办处,计划开展零售银行业务
2001 年 1 月	中国工商银行收购澳门诚兴银行 80% 的股份
2009 年	中国工商银行与两家葡萄牙银行(BancoEspírito Santo & Millennium BCP,由何鸿燊控制)订立合作关系参与中国与葡语国家的投资
2009 年 7 月	诚兴银行正式改名为中国工商银行(澳门)股份有限公司
2012 年 1 月	中国工商银行向葡国银行(Bank of Portugal)申请在葡国成立子公司。报道称此举只是正名而已,因为诚兴银行早在 2006 年已经进入葡国

资料来源：Macauhub。

此外，澳娱出售资产也是出于本身意识到风险或亏损而做出的策略，国内的资金则乘机补上。澳娱对葡萄牙千禧商业银行（Millennium BCP）的控制在经历股市大跌后一直受到坏账和资产问题的困扰。中资集团在全球金融危机以来一直对葡萄牙的电力电网、保险业、医院和水资源等行业投入大量资金。2016 年，葡萄牙商业银行的股价暴跌 2/3，而在关键时刻复星集团前后注资了 13.3 亿欧元才稳住股价并清还了关键的债务①。2016 年千禧商业银行的股权分配见表2。

表2　2016 年葡萄牙千禧商业银行（BCP）股份分配

股东(财团/机构)	占股比例	股东(财团/机构)	占股比例
Fosun(复星集团)	30%	Sabadell(西班牙银行)	5.07%.
Sonangol(安哥拉国家石油公司,2015)	14.9%	Black Rock	2%

资料来源：FT 中文网。

澳娱对金融机构的投资同时也是策略性的投资，以配合其他投资发展。澳博设立在里斯本市区的开发商和管理机构 SGAL（Alta de Lisboa），在里斯本可开发的面积有 300 公顷，预计吸引 6 万人入住，包括各种公寓和超市等

---

① Wise，Peter，"Fosun to Increase Its Stake in Millennium BCP to 30%"，https：//www.ft.com/content/c94e969e-d725-11e6-944b-e7eb37a6aa8e。

项目。在 2013 年 SGAL 推出里斯本上城区的全新豪华公寓发展项目——葡京濠珀，不但向中国居民提供一站式的置业和移民服务，而且由其控股的葡萄牙千禧商业银行进行贷款融资。2017 年，SGAL 推出的 172 个小面积公寓在短短三个月内几乎售罄①，这说明澳娱结合不同投资项目赢利，而且在欧洲人购买潜力不足的环境下开拓国内有潜力的优质客源，这不失为积极进取的变通举措。在葡萄牙国内购买力不足和整个欧洲经济不振的背景下，若能在海外开发一些吸引国内投资者的项目，本身就是一个有创意的投资概念，值得模仿和进行更多类似的探索。同时对葡萄牙而言，无论在税收还是在投资拉动经济增长的模式方面，都为其注入了新动力。

（三）房地产投资

为吸引外来投资振兴经济和改善就业，葡萄牙政府决定给予外国投资者居民身份，这被称为黄金签证计划②。该计划规定，投资创业 35 万欧元（至少创造 5 个工作岗位）；或投资房地产 50 万欧元。据葡萄牙外国人和边境事务局（SEF）官方数字，自 2012 年 10 月起，中国公民在葡萄牙的投资活动授权居住计划（黄金签证计划）下，投资了 19 亿欧元。

葡萄牙已吸引约 30 亿欧元资金，其中 27 亿欧元用于购买房地产，3056 万欧元则是资产转移。中国是"黄金签证"公民人数最多的国家（见图 5），截至 2017 年 4 月底，共有 3376 人办理了"黄金签证"；其次是巴西，403 人；南非，180 人；俄罗斯，173 人和黎巴嫩，99 人③。

---

① 玛丽莎·安图斯：《Alta de Lisboa 在两周内出售了 120 套住房》，http：//expresso. sapo. pt/economia/2017 – 06 – 04 – Alta-de-Lisboa-vende – 120 – casas-em-duas-semanas，最后访问日期：2018 年 2 月 18 日。

② 根据目前的法律规定，获得黄金居留许可的人士可在葡萄牙享有居住、就业、经商的权利，无须签证即可自由出入法国、德国、意大利等 26 个申根区国家，与葡萄牙公民拥有同等的就业、医疗、教育等保障福利，更可以为其家人申请家庭团聚。而投资者持有葡萄牙护照之后更能畅游世界 184 个国家。

③ 《中国公民在葡萄牙"黄金签证"计划下投资 19 亿欧元》，中国 – 葡语国家经贸合作及人才信息网，http：//sc. platformchinaplp. mo/econ/eclim_ detail/type/1/country/8/id/124135？l = cn，最后访问日期：2018 年 2 月 15 日。

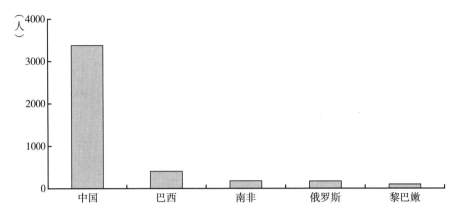

图4 葡萄牙黄金签证公民人数（2012~2017）

资料来源：Macauhub。

澳娱对葡萄牙的房地产开发主要是抓住其移民政策和中国投资者的需求，大力发挥其中介作用。从在国内对里斯本的房地产项目宣传到提供按揭融资服务都方便了国内投资者，澳娱大大缩短了投资国外取得公民资格的漫长申请时间，是一种新的尝试并取得满意的效果。在把脉政策和搭建投资桥梁方面，澳娱有敏锐的触角，并懂得发挥自身的优势，值得其他企业效仿。

（四）能源与交通投资

与中国对能源行业的外资持股比例有严格的限制相比，葡萄牙显然没有对外资持股过高的忧虑。澳娱通过 Geocapital 对葡萄牙能源集团（EDP-Energias de Portugal，SA）的投资，显示出其对能源行业的发展前景抱有信心。EDP 同时在葡萄牙和西班牙经营电力，是欧洲的主要电力公司之一，在拉美、非洲和澳门也有电力生产和输送的业务。

EDP 官网的资料显示，中国三峡和国新国际投资有限公司（CNIC）加起来占了其超过25%的股权，这使中国政府对这个葡萄牙最大的能源公司掌握了控制权（见表3）。从股东的信息可以看出，Geocapital 在穿针引线吸引中国资金投资外国方面发挥了积极作用，并且可以看到已有越来越多的主权基金和私募基金参与对欧洲的投资，正逐渐取代澳娱的股权和影响力。

表 3　葡萄牙能源集团（EDP）主要股东

股东	股票数量	占股比例
中国三峡	850777024	23.27%
国新国际投资有限公司（CNIC）	110435491	3.02%
Capital Group Companies, Inc.	438903945	12%
Oppidum Capital, S. L.	263046616	7.19%
Black Rock	182733180	5%

资料来源：EDP 官网（2018 年 2 月）。

能源的策略方面，掌握 EDP 的清洁能源和技术有助于中国企业开发更多的能源产品，同时也为中企的海外发展铺平了道路。因此，可以把中国投资者对外国能源企业的投资视为国家能源政策的一部分：既可以掌握国外的能源技术，也可以通过这类的股本投资去投资其他国家地区的项目。这既能够规避外国的监管，也能间接获得其他国家地区的能源资源。

交通行业方面，何鸿燊曾投资葡萄牙航空公司（TAP），但未果。事后的演变显示出，他为国内的财团有计划地收购国外资产提供了必要的协助。中国海航集团（HNA）于 2016 年购买 Azul 的债券，显示出国内航空资本希望通过购买债券获得对某外国航空公司的控制权，进而配合自身的业务发展。2018 年 1 月，海航推广其从海口至马德里和其他西欧的航线。澳娱除了照顾自身的权益外，也通过其关系网积极协助国内企业投资海外，争取收购具有吸引力和策略性的资产。

二　澳娱在葡萄牙投资与发展的特点

澳娱无疑是华资投资欧洲的先锋，带动了华资投资葡语国家。例如，澳门励骏创建有限公司（Macau Legend）于 2016 年投资位于维德角（Cape Verde Islands）的项目，还于同一年在葡萄牙投资兴建博彩综合娱乐中心和

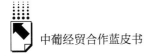

收购娱乐场①。励骏也是来自澳门，其投资项目与澳娱的投资极为相似，可见澳娱对同行起到效应和先行者的作用。

尽管澳娱投资葡国的初衷是看中其法律的支持和周边的欧洲客源，然而有研究表明，葡国的博彩收益与葡萄牙的国内生产总值（GDP）有显著的相关性，与游客无关②。欧洲人钟爱角子机（Slot Machine），而在葡的华人较为偏好赌台游戏（Table Games），如21点，加上法律对博彩有时间限制（通常是下午至凌晨），所以其收益与澳门比，有小巫见大巫之别。葡萄牙的赌场并不是吸引游客的主要场所，所以投资预测与市场真实的情况存在偏差。有一定海外投资经验的企业才能避免产生这种过分乐观的想法，而Geocapital作为私募基金的投资企业，在人脉和投资管理上以经验取胜并以此得到个别投资者和机构投资者的信任。

作为华资投资海外的先锋，澳娱在葡萄牙的投资为国内企业提供了给宝贵的经验，其适应投资市场和优化投资组合的举措也预示这是中国企业"走出去"的必经之路：在经济全球化的大趋势下，挫折误判与机遇优势并存，把握先机和政策动向并探索新的经营模式成了企业屹立不倒的唯一生存方式。

澳娱投资和管理海外的资产有规可循，其经验可以总结为以下几点。

第一，对外投资遵循经济的原则。从广义经济和政治层面来看，澳娱对葡萄牙的投资是结合资源利用互补、比较优势和抓住发展机遇的结果。从博彩业在全球的发展来看，在适当的机遇下以自身的人脉和资源扩展海外市场是博彩企业必须做的事情。

第二，折射现代华人海外投资的特点和形式。澳娱的核心业务是博彩业，极具竞争力。澳娱开展娱乐场业务都是以私人集团的形式申请牌照和经

---

① Martin J. Williams, "Macau Legend Inks Dual Gaming Deals in Portugal", https：//gamblingcompliance. com/premium-content/news ＿ analysis/macau-legend-inks-dual-gaming-deals-portugal.

② Matias, Álvaro, Costa, Carlos M. G., Gil-Alana, Luis, "The Economics of Casino Gambling：Evidence for Portugal", https：//www. ua. pt/ReadObject. aspx？obj＝30430.

营的，不会与其他同业竞争者合作。这一点澳娱在澳门和其他地方都一样。可是，在金融、能源与交通行业，澳娱表现出极大的灵活性，寻找战略合作伙伴，争取更大的利益，而且在必要时将经营权和资产出售。

第三，澳娱将投资的项目让路给国内的投资者。这主要是欧洲近十年来的经济环境引起的：尽管葡萄牙有吸引外资的优惠政策，但金融和保险行业受到金融海啸的重创后不良资产和债务问题相继涌现，使澳娱放弃其资产并要另觅买主，而这些买主都是看准偏低的欧洲资产价格和潜力。此外，随着网上博彩解禁，澳娱看到有网上发展博彩业务和客源的机遇，而这可以与其在东亚地区网上博彩没有解禁互补，在外寻找到一个可以发挥其核心竞争力的业务。澳娱和何氏家族让路给国内投资者并提供策略性辅助。例如，澳娱对葡萄牙金融领域的投资渐渐易手，给予中资金融机构机会，成功地搭建了一个海外的平台方便国内资金对葡语国家和"一带一路"国家投资。这在何氏对葡萄牙的交通和能源行业的资产配置上表现得很清楚。

第四，私募基金发挥推动经贸合作的作用。私募基金具有资金雄厚和隐秘性的特点，投资者的身份得到适当的保护可以使投资项目容易获得投资地的批准。

总的来说，在葡萄牙发展博彩业有法律和文化基础，特别是网上博彩方兴未艾，潜力巨大。在葡萄牙发展博彩业不利的因素主要是较高的博彩税（一般超过 50%，而澳门基本税率是 35%），并且国民收入与博彩收益呈正比关系，意味着葡萄牙的经济状况与博彩企业的收益息息相关。葡萄牙的经济自 2008 年金融海啸后经历几年萧条的现象，也解释了博彩业在同期不振的原因。在全球赌场遍地开花和竞争激烈的环境下，像澳娱这样的亚洲博彩公司势必要开拓更多外国市场并要与全球和本地的博彩企业竞争。葡萄牙是个试金石，哪怕只有微薄的利润也是值得投资的。同时，澳娱开拓客源的方式有更灵活的手段，这是适应新市场和微调业务的表现。

广义的投资诱因方面，中国与葡语系国家的经贸关系需要有发展战略，该策略要以历史和投资经验为基础。在具体推动投机贸易方面，要视个别的投资者的动机和投资项目的综合因素而定，如投资地的人脉和政策。投资者本身的优势和潜力也是企业投资的基础。葡萄牙在欧洲经济格局中较为落后，失业率高居不下，所以特别注重吸引外来投资，在法律和移民政策方面松绑。因此，除了核心竞争力和人脉外，相关国家积极地创造投资环境和配套的硬软件设施，也是开展投资和经贸合作的条件，能够产生多国经贸合作的协同效应。

澳娱投资葡国（1984年）早于"一带一路"的倡议，但受到"一带一路"的号召并影响其资产布局。以往的投资方式如下：内地企业—澳门"中介人"—葡语系国家投资—葡萄牙（电力、电信、银行、保险和食品）。见证这种模式和之后执行这个发展策略的澳娱累积了丰富的投资和引资的经验，是"一带一路"可行性的最有力证明。然而，对澳娱进行微观的分析后我们看到，国际投资实际是以目的地的吸引力为基础，以企业的优势和需要为出发点的复杂决策行为。也就是说，若没有特殊创造的投资环境和产业开放政策，真正大规模的对外投资是不可能的。中国企业要摸索前面走的路，必须要经历试验和修正的历程。

三　澳娱对葡萄牙的社会贡献和发展趋势

作为投资葡萄牙和欧洲的领头羊，澳娱的核心竞争力和人脉为投资葡萄牙打下良好的基础。由于其早期的投资在"一带一路"倡议提出之前就存在，所以我们可以将其作为华资在欧洲的一个试点投资案例来研究。澳娱在投资项目中当然有判断正确之处，也有失误之处，从中我们可以归纳出其对中资企业的贡献和探索更多投资的路向。

第一，澳娱私企的性质具有国企不可替代的优势。企业股权结构决定其投资的重点和限制。中资国企具有一定的公共性，即其投资重点难以偏离政府所订立的方针政策，其业务范围也不可能太广泛以至于难以兼顾。澳娱是一间私人控股公司，其投资没有限于狭窄的范围，并且在葡萄牙的投资与何氏其他的商业利益高度整合协调。对澳娱的研究不能只限于该公司的具体业务，为了全面了解其策略还需要探索何氏的其他投资与澳娱的商业关系和协调方式。当然，国企对外投资所拥有的许多优势是私企不能相比的，如对其资金和政策的支持。但是，现在许多国企有通过成立子公司或控股公司投资海外的趋势，而且现在中国对外投资的主体以民企私企占优，这就使澳娱的经历具有代表私企的性质并成为国企参考的对象。总之，何氏家族和澳娱的投资组合极具弹性，并任用了解投资目的地的外国高管，这是值得中资企业学习的。

第二，澳娱的投资经验有助于国内资金对欧洲的投资，特别是Geocapital 能带动私募基金对葡语系和"一带一路"沿线国家的一系列投资。这也是澳娱在适应国家经济发展的大潮流下做出的贡献。值得一提的是，私募基金的优势不言而喻：既可以保护背后的投资者，也可避开监管的限制，使资金能相对自由地进出。何鸿燊也提过其投资贡献："我支持Geocapital（对葡国的投资），因为这不但对葡萄牙有利，对国内也有好处。"①

第三，对外投资不是一蹴而就而是长期的合作关系，经营业务比投资更考验忍耐性和变通能力。何氏家族（包括澳娱和 Geocapital）在葡萄牙处于一个出售资产和优化投资组合的阶段，其在外投资的发展历程也可以给投资"一带一路"的企业提供借鉴。尽管投资地有极大的吸引力和潜力，但一般中国企业都要经过学习的阶段。投资企业在必要时须调整投资策略，与其他合伙人整合业务以达到最优组合。

第四，何氏家族的投资减弱了国外对中资企业所谓的"新殖民经济"指控，特别是赌场资本主义（Casino Capitalism）的行径：在外国"财大气粗"地掠夺资源和短期的投机行为，造成当地人的反感和撤资时的经济不稳。这些对中国对外投资的指控在最近的新闻报道中时有出现。例如在展开拉美访问前，美国国务卿泰勒森警告说，拉美不应该依赖中国。拉美地区不需要新的帝国主义势力，中国正在踏入拉美的门槛，利用经济的治国手腕把

---

① Macauhub, "ChineseBank Wants to Enter European and African Markets through Portugal", https：//macauhub. com. mo/2007/09/20/3773/.

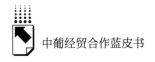

拉美地区拉入其势力范围。[①] 何氏的投资项目具有长期性和范围广的特点，对促进当地的就业和内需有积极的作用。当地的居民和政府也肯定何鸿燊所做的贡献。为了改变一些负面的国际形象，带有国家色彩的中资大财团（例如主权基金）不应该限于主流的投资方式，采用私募资金的形式和组成子公司都是较好的选择。同时，融入社区和让本地人参与管理工作的企业运作模式会大大减少当地的阻力和东道国不必要的监察。

第五，何氏家族的投资也预示着私企的将来。何氏比较全面深入了解投资目的地的情况，在优化其投资组合时能够当机立断和占尽先机，使其娱乐场在全球竞争日益白热化的博彩业中屹立不倒。这代表了华资私企在全球化中挣扎求存的历程，也预示了众多私企仍然有生存和发展的空间。

---

① David Brunnstrom, Matt Spetalnick and Jon Herskovitz, "Latin America Should Not Rely on China: U. S. Secretary of State Tillerson", https://www.reuters.com/article/us-usa-diplomacy-latam-china/latin-america-should-not-rely-on-china-u-s-secretary-of-state-tillerson-idUSKBN1FL6D5.

附　　录

Appendix

B.22

中国与葡语国家经贸合作数据
（2016～2017）

表1　2016年葡语国家主要经济指标

葡语国家 经济指标	安哥拉	巴西	佛得角	几内亚 比绍	莫桑比克	葡萄牙	东帝汶	圣多美和 普林西比
面积 （平方 公里）	1246700.00	8515770.00	4030.00	36130.00	799380.00	92225.00	14870.00	199910.00
人口（百万）	28.81	207.65	0.54	1.82	28.83	10.33	1.27	0.20
GDP总量 （百万美元）	95335.11	1796186.00	1617.47	1164.94	11014.86	205184.48	1782.97	342.78

---

* 杜妍，中山大学港澳珠三角研究中心区域经济专业博士研究生；刘轶，澳门科技大学社会和文化研究所国际关系专业博士研究生。

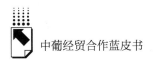

续表

葡语国家 经济指标	安哥拉	巴西	佛得角	几内亚比绍	莫桑比克	葡萄牙	东帝汶	圣多美和普林西比
GDP 实际增长率(%)	-0.67	-3.59	3.92	5.76	3.85	1.62	5.67	4.14
人均 GDP(美元)	3308.75	8650.07	2997.75	641.60	382.07	19871.72	1405.39	1714.68
通货膨胀率(%)	27.42	8.33	-0.87	6.59	3.85	1.52	5.03	4.48
工业增加值(2010 年不变价美元,百万)	—	481649.05	326.12	137.86	2720.92	44275.13	—	44.56
工业增加值占 GDP 的百分比(%)	—	21.24	19.43	13.54	21.64	22.28	—	17.21
农业增加值(2010 年不变价美元,百万)	—	100359.78	149.36	441.54	3297.47	4530.66	—	25.18
农业增加值占 GDP 的百分比(%)	—	5.45	9.96	49.13	24.77	2.18	—	11.83

资料来源：世界银行世界发展指标数据库。

表2 2016年中国与葡语国家进出口商品总值

序号	国家	2016年			同比增长率（%）			2015年
		进出口额（万美元）	出口额（万美元）	进口额（万美元）	进出口	出口	进口	进出口额（万美元）
1	安哥拉	1557985.77	176113.04	1381872.73	-20.94	-52.69	-13.54	1970548.18
2	巴西	6755701.15	2216239.66	4540461.49	-5.91	-19.20	2.31	7180883.53
3	佛得角	4942.35	4934.08	8.27	9.96	9.83	265.99	4494.61
4	几内亚比绍	2146.06	2129.96	16.10	-42.41	9.50	-99.10	3726.36
5	莫桑比克	185972.40	137985.64	47986.76	-22.29	-28.91	6.17	239300.65
6	葡萄牙	561779.76	403769.58	158010.18	28.54	39.30	7.36	437049.53
7	东帝汶	17217.27	17188.29	28.97	61.39	62.22	-60.03	10667.92
8	圣多美和普林西比	664.94	663.17	1.77	-15.88	-15.75	-46.82	790.45
	中国与葡语国家进出口合计	9087409.70	2959023.42	6128386.28	-7.72	-18.19	-1.64	9847461.22

资料来源：中国海关总署统计数据。

表 3 2017 年中国与葡语国家进出口商品总值

序号	国家	2017 年			同比增长率（%）			2016 年
		进出口额（万美元）	出口额（万美元）	进口额（万美元）	进出口	出口	进口	进出口额（万美元）
1	安哥拉	2234530.02	229732.85	2004797.16	43.42	30.45	45.08	1557985.77
2	巴西	8753441.20	2923322.01	5830119.18	29.55	31.90	28.40	6756701.15
3	佛得角	6914.66	6914.18	0.48	39.91	40.13	-94.18	4942.35
4	几内亚比绍	3405.74	3365.52	40.22	58.70	58.01	149.78	2146.06
5	莫桑比克	185442.63	132612.64	52829.98	-0.28	-3.89	10.09	185972.40
6	葡萄牙	560850.23	348022.16	212828.07	-0.17	-13.81	34.69	561779.76
7	东帝汶	13483.57	13327.37	156.21	-21.69	-22.46	439.12	17217.27
8	圣多美和普林西比	687.79	687.75	0.04	3.44	3.71	-97.74	664.94
	中国与葡语国家进出口合计	11758755.83	3657984.48	8100771.35	29.40	23.62	32.18	9087409.70

资料来源：中国海关总署统计数据。

表4　澳门主要经济指标（2016～2017）

经济指标	2016	2017
土地面积(平方公里)	30.3	30.8
人口(千人)	644.9	653.1
GDP(亿澳门元)	3582.00	4041.99
GDP 增长率(%)	-2.1	9.1
按 GDP 平减指数衡量的通货膨胀率(%)	2.40	1.69
工业增加值(千澳门元)	5637975	—

数据来源：澳门特别行政区政府统计暨普查局（DSEC）。

表5　2016 年澳门－葡语国家进出口商品总值

单位：澳门元

国家	进出口额	出口额	进口额
安哥拉	—	—	—
巴西	390094365	101706	389992659
佛得角	—	—	—
几内亚比绍	—	—	—
莫桑比克	—	73505	—
葡萄牙	281762212	5615439	276146773
东帝汶	—	—	—
圣多美和普林西比	—	—	—

数据来源：澳门特别行政区政府统计暨普查局（DSEC）。

表6　2017 年澳门－葡语国家进出口商品总值

单位：澳门元

国家	进出口额	出口额	进口额
安哥拉	—	31872	—
巴西	380995005	99260	380895745
佛得角	—	—	—
几内亚比绍	—	—	—
莫桑比克	—	273042	—
葡萄牙	267543145	413329	267129816
东帝汶	—	—	—
圣多美和普林西比	—	—	—

数据来源：澳门特别行政区政府统计暨普查局（DSEC）。

B.23
中国与葡语国家经贸合作
大事记（2017）

梁舜欣　刘　轶*

1月

6日　受澳门特区政府委派，陈敬红担任中葡论坛（澳门）常设秘书处副秘书长职务。

4日　葡新社报道，葡萄牙咨询公司 Sociedade Portuguesa de Inovação（SPI）将牵头在中国建设欧洲研究及创新中心，支持研究人员、企业家、欧洲初创企业和中小企打入中国市场。该中心将建于北京，预计于2019年落成。

9日　澳门大学人文学院将于2017/2018学年开设"文学硕士学位（第二语言习得）课程"，该课程创新地融合了中、葡、英三语作为第二语言教学的理念，旨在为大专院校培育语言教师，并配合澳门政府构建双语人才的培训基地。

10日　中国复星集团宣布，增持在葡萄牙商业银行（BCP）的股权。增持完成后，复星在葡萄牙商业银行的股权上升至30%。

16日　澳门特区行政法务司司长陈海帆在澳门与巴西众议院巴中议员友好小组主席帕索斯会晤，表示希望继续与巴西开展多方面的交流和合作，尤其是司法领域方面。

---

* 梁舜欣，澳门大学澳门研究专业硕士研究生；刘轶，澳门科技大学社会和文化研究所国际关系专业博士研究生。

2月

20日 中国进出口银行优惠贷款部副总经理朱瑛和佛得角驻中国大使罗穆阿尔多分别代表中国进出口银行、佛得角财政部签署佛得角电子政务网二期项目优惠贷款协议。佛得角电子政务网项目主要包括为佛政府、医疗、教育和部分商务机构提供数据传输网络、语音视频会议和数据服务。

2月26日~3月1日 中葡论坛（澳门）常设秘书处秘书长徐迎真率团访问北京，分别拜会安哥拉、巴西、佛得角、几内亚比绍、莫桑比克、葡萄牙和东帝汶驻华大使，并相继走访国家商务部及中国国际贸易促进委员会等部门。徐迎真表示，新签署的《经贸合作行动纲领》以"一带一路"为引领，进一步拓宽合作领域，提升合作水平。新签署的《推进产能合作的谅解备忘录》确定了中国与论坛葡语国家产能合作的总体目标，开启合作新模式。下一步，将与葡语国家携手合作，秉持"共商合作、共建平台、共享发展"理念，按照中方新举措、《经贸合作行动纲领》等文件确定的方向和内容，在中葡论坛框架下积极推动各项会议成果的落实，不断提升澳门的平台作用，继续深化多双边经贸关系，推动中国与葡语国家交流合作迈上新台阶。

3月

1日 中方承建的221MW光伏电站在葡萄牙开工。该项目是也是迄今为止整个欧洲已开发的单体装机容量最大的光伏电站项目。该项目的开工，标志着中葡新能源合作进入新阶段。

7日 佛得角文化部长到访中葡论坛（澳门）常设秘书处。

23日 东帝汶加入亚洲基础设施投资银行。

29日 中国－葡语国家经贸合作论坛（澳门）常设秘书处第十二次例会在澳门举行。中国商务部、中联办经济部和澳门特区政府代表，以及各葡语国家驻华大使、葡语国家联络员、圣普特邀代表和中葡论坛（澳门）常设秘书处成员等应邀出席。此次例会对2016年的工作进行了总结并通过

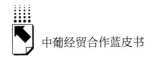

2017 年工作计划，各代表团就中葡论坛第五届部长级会议成果落实进展等交换意见。

圣多美和普林西比正式加入中国 – 葡语国家经贸合作论坛（澳门）。

31 日 驻圣多美和普林西比使馆临时代办王卫与圣普卫生部长多斯桑托斯分别代表两国政府签署《中华人民共和国政府与圣多美和普林西比民主共和国政府关于派遣中国医疗队赴圣多美和普林西比工作的议定书》。圣普卫生部相关司局和圣普中心医院负责人、当地新闻媒体以及我医疗队全体队员参加签字仪式。

4月

12 日 圣多美和普林西比总理特罗瓦达对中国进行正式访问。李克强总理与特罗瓦达举行会谈。会谈后，两国总理共同见证了双方经济技术、人员往来、基础设施、旅游等领域多份双边合作文件的签署。

14 日 由中国贸促会主办的中国 – 圣多美和普林西比投资推介会在京召开，共 100 余家中国企业代表参加推介会。中国贸促会会长姜增伟致欢迎辞，并代表中国贸促会与圣普贸易投资促进局签署合作协议。会上，中国贸促会会长姜增伟与圣普财政、贸易和海洋经济部长拉莫斯分别代表中国贸促会和圣普贸易投资促进局签署合作协议。

15 日 圣多美和普林西比总理特罗瓦达参观访问福建省，与福建省委书记尤权、省长于伟国会谈时表示，圣普与福建可以开展渔业、旅游业和农业领域的合作交流，同时希望圣普能加强与福建在技术人员和官员培训方面的交流。

5月

2 日 在中葡论坛（澳门）常设秘书处秘书长徐迎真、副秘书长陈敬红，葡萄牙驻澳门及香港总领事薛雷诺、商务参赞布思丽的见证下，珠海进出口公共技术服务平台（IETP）与葡萄牙共和国经济和食品安全局（ASAE）在澳门签署战略合作框架协议。双方将在食品监测、监督等共同关心的领域开展技术合作，以便更好地为从事中葡贸易活动的葡萄牙、广东、澳门中小企业提供技术服务，促进贸易便利化，推动珠澳成为我国与葡语系国家进行国际贸易的重要口岸。

5日 由葡语国家驻华使馆倡议的葡语国家共同体语言及文化日庆祝活动首次在北京举行，中葡论坛（澳门）常设秘书处给予支持。各葡语国家驻华使节，中国及澳门企业家、学者，葡语国家奖学金获得者，中国政府主管部门官员及来自商界和银行界等代表近500人出席了庆祝活动。

15日 澳门特区政府旅游局、中国与葡语国家经贸合作论坛（澳门）常设秘书处为葡语国家旅游部门人员开展年度培训。培训计划于5月至9月分三期举行，每期培训两周。安哥拉、佛得角、几内亚比绍、莫桑比克和东帝汶的30位政府旅游部门人员来澳参与培训实习。

北海市与澳门"一带一路"研究会共同签署"北海－澳门葡语系国家产业园"投资合作协议，打造桂澳经贸深度合作平台。产业园落户于北海出口加工区B区，占地600亩，将建成为CEPA项目下的特色产业园、西部沿海对外开放的重要平台。"北海－澳门葡语系国家产业园"成立后，北海市成为葡语系国家产品在中国的一个到达点，将进一步提升北海与葡语系地区和国家的合作交流水平，深化桂澳CEPA领域合作。

20日 中国外交部长王毅访问佛得角，分别会见丰塞卡总统、席尔瓦总理和塔瓦雷斯外长。丰塞卡和席尔瓦表示，欢迎和支持习近平主席提出的"一带一路"倡议，愿意以圣文森特岛经济特区建设为契机积极融入"一带一路"建设，进一步深化双方合作，将佛得角打造成为中国的战略合作伙伴，成为中国在非洲最好的朋友。

22~26日 中葡论坛（澳门）常设秘书处徐迎真秘书长率领主要由葡语国家人员组成的代表团赴江苏考察，落实中葡论坛第五届部长级会议《关于推进产能合作的谅解备忘录》和《经贸合作行动纲领》，进一步发挥江苏－澳门葡语国家工商峰会的平台作用，促进江苏省与葡语国家间的经贸合作。

29日 由中国－葡语国家经贸合作论坛（澳门）常设秘书处和中国银行澳门分行合办的"葡语国家人民币业务研讨会"在澳门中银大厦举行。

中国银行前首席经济学家、中银国际研究公司董事长曹远征表示，澳门建设葡语系国家人民币清算中心有独特优势，通过贸易融资、投融资可推动人民币在葡语国家的使用。

30 日 中国－巴西扩大产能合作基金（简称中巴基金）在巴西圣保罗正式启动。基金将用于支持基础设施、农业、技术创新等多个领域的合作。

31 日 "央企支持澳门中葡平台建设高峰会"在澳门举行，二十四家央企负责人及代表出席。会议上签署了七份合作协议及备忘录，涉及葡语国家包括安哥拉、佛得角、莫桑比克、葡萄牙与央企及本澳企业的合作项目，项目范畴包括电力、铁路、旅游、金融及公路建设等。

6月

1 日 中葡合作发展基金总部落户澳门。中葡基金总规模为 10 亿美元，由国家开发银行和澳门工商业发展基金共同出资设立，中非发展基金受托管理。中葡基金旨在推进中国和葡语国家间的项目合作。

中葡论坛（澳门）产能合作工作组第一次会议在澳门召开。会议目的在于共同研究落实中葡论坛第五届部长级会议期间各方签署的《中葡论坛关于推进产能合作的谅解备忘录》的具体措施，交流和探讨符合各国特点和发展要求的产能合作模式，推动中国与葡语国家产能合作。

2 日 "第八届国际基础设施投资与建设高峰论坛"在澳门圆满闭幕。论坛期间，共举办 14 场主题及平行论坛，组织逾 220 场商务会谈，安排 24 份商务合同、框架协议和谅解备忘录。其中，7 个合作协议项目涉及中国与葡语国家间的合作，充分发挥了澳门作为中葡平台的作用。

"中国与葡语国家产能和金融合作研讨会"在澳门举行。

4 日 中葡论坛（澳门）培训中心主办的"葡语国家金融合作研修班"及"葡语国家产能合作研修班"结业典礼暨证书颁发仪式在澳门举行，近五十名葡语国家金融及产能领域官员、技术人员获颁证书。

9 日 巴西与中国、欧盟、美国、日本及韩国签署 5G 通信技术合作协议。

14 日 "中国 – 葡语国家产能合作对接会"在莫桑比克首都马普托市举行。中国驻莫桑比克大使苏健、经济参赞刘晓光，中葡论坛常设秘书处秘书长徐迎真，莫外交部、工贸部等政府官员，以及中莫两国企业家代表出席对接会。中葡论坛此次访莫，旨在推动落实 2016 年中葡论坛第五届部长级会议相关成果，为中国内地省市与莫桑比克进行优势产能对接创造平台。

16 ~ 17 日 中国与葡语国家企业经贸合作洽谈会在佛得角首都普拉亚召开。佛得角总理席尔瓦、经济部长贡萨尔维斯等出席洽谈会开幕式，中国国际贸易促进委员会张伟副会长、中葡论坛常设秘书处徐迎真秘书长、中国商务部康文副巡视员受邀出席洽谈会开幕式并致辞。本届洽谈会分别以"扩大中国与葡语国家之间的贸易和服务"和"为中国与葡语国家的经济合作拓展商机"为正副主题，吸引超过 150 位中国内地及澳门企业家参会。会议期间，各方就工业化、海洋经济、渔业、佛得角作为中国和葡语国家协作平台等主题展开热烈讨论。

19 日 2017 年中国 – 葡萄牙 – 澳门特别行政区企业商机论坛在葡萄牙里斯本举行。

22 ~ 24 日 中葡论坛在福建省泉州市设立葡语国家馆。

23 日 中葡论坛（澳门）常设秘书处在葡萄牙开展活动推动产能合作与多元化发展。

27 日 中国福建省与圣多美和普林西比签署捕鱼协议。

7月

1 日 巴西与中国首条直航海运线开通。承担首航任务的"天启号"（音译）将从圣埃州维多利亚港 Vila Velha 一号码头起航，载着 3.5 万吨花岗岩，开赴中国珠海高栏港。

6 日 中国驻佛得角大使杜小丛和佛得角外交部对外政策总司长莫赖斯分别代表两国政府签署《中华人民共和国政府和佛得角政府关于提供无偿援助的经济技术合作协定》。根据协定，中方将为中佛两国探讨实施的圣文森特岛海洋经济特区规划等项目提供无偿援助。

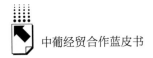
7日 第五届澳门国际旅游（产业）博览会（简称"旅博会"）开幕，来自亚洲、欧洲、美洲、非洲、大洋洲的45个国家及地区的300多家企业参加展出。

中国·葡萄牙旅游推介洽谈会在澳门举行，来自中国内地、中国香港、葡萄牙以及多个国家和地区的旅游业者约120人出席。洽谈会发挥了澳门的中葡平台优势，为中葡旅游合作注入了新动力。

11日 葡萄牙和中国首条直航航线——"杭州－北京－里斯本航线"启动仪式在葡萄牙首都里斯本举行。全国人大常委会委员长张德江、葡萄牙总理科斯塔、海航集团董事局主席陈峰与里斯本机场CEO拉塞尔达共同为中葡首条直飞航线通航揭幕。

13日 中国驻东帝汶大使刘洪洋与东帝汶外长科埃略在帝力分别代表各自政府签署经济技术合作协定，以支持中东双方在医疗和教育领域开展合作。

中国海航集团完成收购里约热内卢机场股份。

24日 中国国家电网公司成功收购巴西CPFL公司54.64%的股权。CPFL公司是巴西最大的配电企业，全资拥有9个配电特许权公司，业务主要包括配电和新能源发电等，服务区域面积30.4万平方公里，在巴西配电市场份额为14.3%。此次交易完成后，国家电网公司将在巴西市场实现输电、配电、新能源发电、售电等业务领域的全面覆盖。

25日 由北京首都航空公司执飞的中国与葡萄牙之间的首条直飞航线——"杭州－北京－里斯本"航线正式起航。该航线的开通将成为中国与葡萄牙、南美国家以及全球葡语系国家和"一带一路"沿线国家经贸往来便捷的空中通道。

中国捐资2600万美元资助几内亚比绍建设Alto Bandim渔港。

28日 巴西总统府机构安全办公室主任埃切戈延来华出席第七次金砖国家安全事务高级代表会议。

8月

1日 金砖国家第七次经贸部长会议期间，中国与巴西在上海签署了

《中华人民共和国商务部与巴西工业外贸和服务部关于服务贸易合作的谅解备忘录（两年行动计划）》。根据行动计划，双方将致力于加强、推动和发展两国在建筑、工程咨询、工程建设、信息技术、电子商务和银行自动化、旅游、文化、中医药等领域的服务贸易合作。

中葡论坛（澳门）常设秘书处佛得角、圣多美和普林西比派驻代表正式履新。佛得角政府任命前国民议会议长外交顾问 Nuno Miguel Melo Furtado 先生为新任佛得角驻中葡论坛（澳门）常设秘书处代表；圣多美和普林西比政府任命前财政、贸易和海洋经济部长顾问 Gualter Sousa Pontes da Vera Cruz 先生为圣普驻中葡论坛（澳门）常设秘书处代表。

14 日 青岛市与中国－葡语国家经贸合作论坛（澳门）常设秘书处在澳门签署《关于欧亚经贸合作产业园区"一带一路"国际产能合作的备忘录》。

22 日 中国－巴西高层协调与合作委员会经贸分委会第六次全体会议在北京举行，会议为两国元首即将举行的会晤做好了经贸方面的准备工作。

9月

1 日 巴西总统特梅尔对华进行国事访问并出席金砖国家领导人厦门会晤。

1 日 经济学家罗德高（Rodrigo Brum）出任中国－葡语国家经贸合作论坛常设秘书处副秘书长（葡语国家委派）。

4 日 中国招商局港口控股有限公司宣布收购巴西第二大集装箱码头巴拉那瓜港口营运商 TCP 公司 90% 的股权。

5 日 中国及巴西在巴西利亚签署了生物燃料生产技术协议，协议规定，由巴西使用中国研发的新技术搞生产。

27 日 中国国家电力投资集团拍得巴西圣西蒙水力发电厂运营权。

10月

17 日 第九届"中国－葡语国家文化周"在澳门开幕。

18 日 第三届"中国－葡语国家青年企业家论坛"在澳门举行。论坛就"世界互连－中国及葡语国家""从澳门走向世界－初创企业的重要性"等主题进行了专题讨论。论坛期间，举行了"中葡青年创新创业交流中心"揭牌仪式。

19 日 第二十二届澳门国际贸易投资展览会（MIF）及 2017 年葡语国家产品及服务展（PLPEX）开幕。同时举行"安哥拉－广东省－澳门贸易投资论坛""第七届江苏－澳门－葡语国家工商峰会""福建－澳门－葡语国家经贸交流会"。

20 日 由中国－葡语国家经贸合作论坛（澳门）常设秘书处主办的"中国－葡语国家省市长圆桌会"在澳门举行。圆桌会以"建设智慧城市，提升核心竞争力"为主题，旨在发挥澳门作为中葡商贸合作服务平台功能，落实《中葡论坛第五届部长级会议经贸合作行动纲领》关于推动省市间友好交流合作的要求，为论坛与会各方提供交流的机会，促进互学互鉴，携手推进智慧城市建设，为人类社会发展带来新思路。

25 日 中国石油集团与莫桑比克国家石油公司在北京签署多项合作协议，涵盖油气勘探开发、工程技术、工程建设、炼化及后勤支持等多方面，双方同时成立中莫石油工程公司。

11月

17~19 日 由澳门特别行政区政府、中央人民政府驻澳门特别行政区联络办公室作为指导机构，澳门贸易投资促进局作为支持单位，澳门会议展览业协会主办的"活力澳门推广周·海南海口"在海口市举行。活动期间，中葡论坛（澳门）常设秘书处、贸促局、经济局及消费者委员会设置政府展区，推广澳门的中葡平台功能；展会同时设置了"葡语国家食品展示区"。

20 日 "中国－葡萄牙企业经贸洽谈会·中葡论坛框架下贸易投资与产能合作"及商务交流酒会在里斯本举行。洽谈会及商务交流酒会期间，共签署 4 份签约项目及进行 16 场商务配对。

巴西 Caoa 集团以 6000 万美元收购中国奇瑞汽车巴西业务的 50% 权益。

24 日　"中国–巴西企业经贸洽谈会·中葡论坛框架下贸易投资与产能合作"在圣保罗举行。洽谈会期间，进行了约 26 场洽谈配对，涉及食品、医药用品、建材及矿业等领域。

27 日　中国对外经济贸易大学中国葡语国家研究中心、巴西中国亚太研究所和澳门国际研究所联合主办的"葡语国家联合研究年会/2017"在京召开，这是中国与葡语国家和澳门特区的学术研究机构首次举办葡语国家国际性学术年度研讨会。

中国华信控股收购葡萄牙 Montepio 集团保险公司。

28 日　为务实推进"中国与葡语国家商贸合作服务平台"建设，促进中国与葡语国家经贸关系发展，澳门科技大学社会和文化研究所举办"中国与葡语国家商贸合作服务平台建设"学术研讨会。

12月

4 日　中葡论坛产能合作工作组第二次会议在北京召开。

7 日　青岛市政府与中国–葡语国家经贸合作论坛（澳门）常设秘书处联合举办"青岛/葡语国家产能合作对接会"。胶州市政府介绍了欧亚产业园区建设情况，东帝汶、佛得角、几内亚比绍、莫桑比克、葡萄牙、圣多美和普林西比等葡语国家派驻中葡论坛秘书处代表分别介绍了本国情况，青岛市华通集团、新华锦集团介绍了拟与葡语国家开展合作的情况。

Abstract

The Report on the Development of Economic and Trade Cooperation between China and Portuguese-speaking Countries (*2017 – 2018*) (*The Blue Book on Economic and Trade Cooperation between China and Portuguese-speaking Countries*) is a joint study of The Institute of International Trade and Economic Cooperation of the Ministry of Commerce, China, and the Institute for Social and Cultural Research of Macau University of Science and Technology. It is the first specialised report on economic and trade relations between China and Portuguese-speaking countries. *The Blue Book* consists of 23 reports in four chapters: Chapter I is a general report, Chapter II covers Special topics, Chapter III presents studies related to Macau and Chapter IV outlines case studies, with *Data on Economic and Trade Cooperation between China and Portuguese-Speaking countries* (*2016 – 2017*) and *Chronicle of Economic and Trade Cooperation between China and Portuguese-speaking countries* (*2017*) are attached. This book comprehensively analyzes and evaluates the development and problems of economic and trade cooperation between China and Portuguese-speaking countries, the functions of Macau Special Administrative Region as a service platform for the economic and trade cooperation between China and Portuguese-speaking countries, and highlights the trend of economic and trade cooperation between China and Portuguese-speaking countries.

Portuguese-speaking countries, including Brazil, Portugal, Angola, Mozambique, Cape Verde, Guinea-Bissau, Timor-Leste, Sao Tome and Principe, are located in Asia, Africa, Europe and South America, with rich natural resources and great market potential. There is a huge room of complementary cooperation between these countries and the Chinese economy. At present, the overall general scenarios of economic and trade cooperation between China and Portuguese-speaking countries are: the communication mechanism is effective, the cooperation fields are extensive, the development is rapid, the achievements are remarkable, and the prospects are bright. Meanwhile, the cooperation between China and Portuguese-speaking countries has become an important part of China's economic and trade development in respect of import, export or mutual investments. In 2017, the total value of imports and exports between China and Portuguese-speaking countries was $ 117. 588 billion, an increase of 29. 40 percent, comparing to 2016. Of this total, China imported $ 81. 008 billion from Portuguese-speaking countries, a year-on-year rises of 32. 18 percent, and exported $ 36. 58 billion to Portuguese-speaking countries, with an increase of 23. 62 percent. In particular, as a major foreign trade province in China, Canton occupies an important position in trade between China and Portuguese-speaking countries, especially on the export. Between January and October in 2017, the imports and exports between Canton and the eight Portuguese-speaking countries totaled $ 9. 34 billion, surpassing the previous year's annual import and export volume. E-commerce becomes a new momentum of international trade. With the rapid development of cross-border e-commerce activities in the world, Portuguese-speaking countries are gradually developing into an emerging market for e-commerce industries. Based on good cooperation between China and Portuguese-speaking countries, e-commerce will boost the economic and trade cooperation.

The two-way investment between China and Portuguese-speaking countries is on the rise, mainly the Chinese investments in Portuguese-speaking countries. Brazil, Angola and Mozambique are the main financial inflow countries. The investment mainly focuses on infrastructure, finance and manufacturing. In 2016, Brazil, Angola and Mozambique absorbed $ 334 million of Chinese investment, accounting for 83. 20 percent of the total amount of Chinese investment to Portuguese-speaking countries, and China's investment stock was $ 5. 378 billion, accounting for 94. 37 percent of China's total investment stock in Portuguese-speaking countries. In addition, Chinese investment to Timor-Leste has increased in recent years, reached $ 55 million in 2016, surpassed China's investment to Mozambique in that year, but the total investment of $ 147 million was still low. Large state-owned enterprises, such as China Communications Construction Group Co. , Ltd. , State Grid, China Railway and Bank of China, have invested in infrastructure constructions in Brazil, Portugal and Angola, and made significant

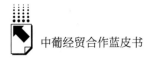

contributions to the economic and social development of the host countries.

Macau is positioned by the central government of China to be the Service Platform for Economic and Trade Cooperation between China and Portuguese-speaking Countries. Over the 15 years since the establishment of the Forum for Economic and Trade Cooperation between China and Portuguese-speaking Countries (Macau), great achievements have been made in promoting economic and trade cooperation between China and Portuguese-speaking countries, especially in the establishment of cooperation, mechanism construction. It becomes an important platform for economic and trade cooperation between China and Portuguese-speaking countries, and especially among Macau, Portuguese-speaking countries, and the provinces and cities in Mainland China. With the support of the central government, relying on the Forum between China and Portuguese-speaking Countries (Macau), Macau has actively strengthened its economic and cultural ties with Portuguese-speaking countries and other provinces and cities in the mainland, and also made great progress in promoting economic and trade cooperations between China and Portuguese-speaking countries. There are problems in trade structure and legal risks between China and Portuguese-speaking countries in economic and trade cooperation , and the role of Macau's platform still needs to be further strengthened. In the process of implementary "the Belt and Road" Initiative and in the construction of Guangdong-Hong Kong-Macau Great Bay Area, the economic and trade cooperations between China and Portuguese-speaking countries will have new opportunities for development, and Macau will play a much more important role in the development.

Keywords: China; Portuguese-speaking Countries; Economy and Trade Cooperation; Mutual Investment; Macau Platform

Contents

I General Report

Abstract：2018 is the 15th anniversary of the establishment of the Forum for Economic and Trade Cooperation between China and Portuguese-speaking Countries（Macau）. At present，the overall trend of economy and trade cooperation between China and Portuguese-speaking countries is that the mechanism is perfect，the fields are extensive，the development is rapid，the achievements are remarkable，and the prospects are bright. Meanwhile，the cooperation between China and Portuguese-speaking countries has become an important part of China's international economic and trade cooperation whether it refers to import trade，export trade or mutual investment. With the support of China，relying on the Forum between China and Portuguese-speaking Countries （Macau），Macau has actively strengthened its economic and cultural ties with Portuguese-speaking countries and other relevant provinces and cities in Mainland China，and also made great progress in promoting economic and trade cooperation between China and Portuguese-speaking countries. Although there are problems in trade structure and legal risks between China and Portuguese-speaking countries in economy and trade，and the role of Macau's platform still needs to be further strengthened，in the process of "the Belt and Road" Initiative and the

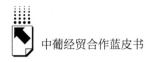

construction of Guangdong-Hong Kong-Macau Greater Bay Area, the economic and trade cooperation between China and Portuguese-speaking countries will face new opportunities for development, and Macau will play a much more important role in it.

Keywords: China; Portuguese-speaking Countries; Economic and Trade Cooperation; Macau

II   Special Topics

B. 2   On Economic and Trade Cooperation between China and
Portuguese-speaking Countries: a Review of
Research, Existing Problems and
Future of Studies   *Yu Huichun* / 016

Abstract: Since the establishment of the Forum for Economic and Trade Cooperation between China and Portuguese-speaking Countries (Macau) in 2003, there has been a rapid growth of academic interest in the economic and trade cooperation between China and Portuguese-speaking countries. While achieving a wide range of outcomes, there still exist inadequate areas in current research, such as the scarcity of specialized research institutions, imbalanced regional attention, insufficient quantitative research, and a lack of theoretic framework. To further improve the related research, more thinking tanks need to be set up, documents and data centers should be created, and in-depth studies on Macau platform should be carried out. Academic research should take into consideration of the changes in world development, policy-making, and corporate practices so as to provide scientific and effective guidance.

Keywords: Economic and Trade Cooperation between China and Portuguese-speaking Countries; Research Review; Existing Problems; Future of Studies

Abstract: Since the establishment of the Forum for Economic and Trade Cooperation between China and Portuguese-speaking Countries (" Sino-Portuguese Forum" for short) in 2003, Sino-Portuguese Forum, in its 15th year, has entered a new era. While greatly promoting the economic and trade exchanges, Sino-Portuguese Forum also became an important stronghold to create a " community of shared future" between China and Portuguese-speaking countries. In this new era, the Sino-Portuguese Forum will continue to face both challenges and opportunities. While challenges of reforms in institutional mechanisms of foreign aid, efficiency of market mechanisms, Macau's service capabilities, reforms in China and Portuguese-speaking countries Cooperation and Development Fund and Portuguese-speaking countries' capacity building truly exist, major opportunities, including the pursuit of opening-up on all fronts, establishment of free tradeport, Guangdong-Hong Kong-Macau Cooperation in the development of the Greater Bay Area, also await. In the context of opening-up on all fronts, the Sino-Portuguese platform needs to find new directions and paths, keep close pace with, integrate into and contribute to the development of China.

In order to strengthen the economic and trade cooperation, give a better play to Macau's role as platform and promote common development between China and Portuguese-speaking countries, market needs to play a decisive role, the content of the forum should be enriched and the China and Portuguese-speaking countries Cooperation and Development Fund must be brought into full play.

Keywords: Sino-Portuguese Forum; New Era; Business Cooperation; Macau Platform

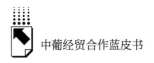

B. 4 The Present and Trend of Sino-Portugal Economic and

　　　Trade Cooperation　　　　　　　*Liu Weihua*, *Zhang Xiujie* / 043

Abstract: By analyzing the statistical data, this paper studies the features, structures, and trends of the economic and trade cooperation between China and Portuguese-speaking Countries in trade in goods and services, direct investment, contracting for construction, etc. . It is found that over the past decade, the Sino-Portugal economic and trade cooperation developed rapidly in general, and their status in both Chinese and Portuguese-speaking Countries international economic relations rose as well. The amounts of economic and trade cooperation between the two countries is not large, but we can see their broad development prospects and great potential in future through the increasing development trend. Although Sino-Portugal economic and trade cooperation is unbalanced, with the help of the "One Belt and One Road" Initiative and the Forum for Economic and Trade Cooperation between China and Portuguese-speaking Countries, by strengthening their communication and collaboration, and taking their respective comparative advantages, China and Portugal may enhance and expand their economic and trade cooperation further.

Keywords: Sino-Portugal; Economic and Trade Cooperation International Trade; Direct Investments

B. 5 Characteristics and Prospect of Relations in Economy and

　　　Trade Between China and Brazil　　　　　　　*Jiang Shixue* / 063

Abstract: The relations in economy and trade between China and Brazil are characterized by the rapid development of bilateral trade, the important role played by top-level design, the acceleration of cooperation in the field of investment, the continuous improvement of the dialogue mechanism in the field of economy and trade, and the bearing fruit of the third party cooperation. In order to enhance the economy and trade relations between the two countries, it is necessary to understand adequately the comparative advantages and complementarities of the two countries, strive to promote the two-way investment, and seek the best balance between reality and the desire for cooperation.

Keywords: China; Brazil; Relations in Economy and Trade; Sino-Latin American Relations

B. 6   Sino-Angola's Economic's Cooperation:

Progress and Prospect   *Zhou Xiaoguo, Liu Haifang* / 078

Summary: Angola is the third main resource partner for China's oil import, and China is the biggest trade partner of Angola. Sino-Angolan economic trade relation has focused on oil import, while the economic-technologic cooperation has been infrastructure-oriented; the foreign direct investment from China to Angola is yet to be blossoming, though it has been penetrating into manufacturing, agriculture, construction material and other production sectors. A strategic partnership was announced in 2010, and in 2015 the bilateral cooperation reached the highest peak. At this thirty-five years' anniversary celebration moment, to review and look forward the Sino-Angola cooperation is important. It is predictable that the Sino-Angola economic cooperation is heralding brand-new opportunity, as both China and Angola are transforming and upgrading their economies and it is important to carry forward the win-win spirit and forge ahead in term of the bilateral cooperation.

Keywords: China; Angola; Economic-technologic Cooperation; Infrastructure; Angola Model

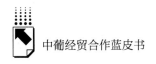

中葡经贸合作蓝皮书

B. 7   Issues and Prospects of Economic and Trade

Cooperation Between China and East Timor   *Liu Peng* / 097

Abstract: Economic and trade relations between China and East Timor have made significant progress since the independence of East Timor in 2002. China is the second largest trade partner of East Timor so far and FDI in East Timor from China grows quickly too since the One Belt and One Road Initiative. China is the sixth largest ODA donor and also the largest donor of developing country for East Timor with a total assistance of is 63. 25 million USD. Given the limited economic scale, the potential for trade and investment growth between China and East Timor will be limited too. The stability of politics in East Timor, economic sustainability and possibility of joining ASEAN will be the major factors for the future bilateral economic relations between the two countries.

Keywords: Peacekeeping in East Timor; Trade and Investment; China's ODA; ASEAN

B. 8   Current Situation, Characteristics and Trend of

Two-Way Investment Between China and

Portuguese-speaking Countries   *Shen Mengxi* / 113

Abstract: The investment between China and Portuguese-speaking countries is dominated by Chinese investment in Portuguese-speaking countries while the stock and flow of Portuguese-speaking countries' investment in China is relatively small. According to *The Foreign Direct Investment Statistics Bulletin 2016* published by China's Ministry of Commerce and *The China Statistical Yearbook 2016* published by the China Statistics Bureau, China's investment stock in Portuguese-speaking countries is mainly located in Brazil, Portugal, Angola and Mozambique. The Portuguese-speaking countries that invest in China mainly include Brazil, Portugal and Angola, while the other Portuguese-speaking countries have relatively little direct investment with China. In terms of industry distribution, Chinese investment in Portuguese-speaking countries is mainly in the fields of infrastructure, finance and manufacturing, while that of Portuguese-speaking countries in China is mainly concentrated on manufacturing industries. The two-way investment between China and Portuguese-speaking countries has shown an overall upward trend in the past decade.

Keywords: China; Portuguese-speaking Countries; Direct Investment; Two-way Investment

B. 9　The Position and Function of Portuguese-speaking Countries in China's Global Energy Strategy

Zhang Siyao / 132

Abstract: Portuguese-speaking countries have diverse energy resources, abundant resource reserve, insistent demands of capital and technology, as well as wide market potential. With the opening-up process of China's global energy strategy, Portuguese-speaking countries, especially Brazil, Angola, Mozambique, and Portugal, have been deepening their energy cooperation with China. Based on complementary advantages, although the business environment of energy market in some Portuguese-speaking countries remain to be improved, the energy cooperation between China and Portuguese-speaking countries is mutual beneficial. The two parties will deepen cooperation in the next phase, in terms of platform building, mechanism innovation, situation analysis, and people's livelihood improvement, to ensure energy security, strengthen industry foundation, promote green development and expand international influence.

Keywords: China; Portuguese-speaking Countries; Energy Strategy

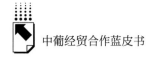

B. 10   E-commerce: Economy and Trade Cooperation between
China and Portuguese-speaking Countries from the
Perspective of Internet   *Xu Yingming*, *Xing Lizhi* / 146

Abstract: The differences in E-commerce development between China and Portuguese-speaking countries are obvious. Brazil, a South American Portuguese-speaking country, ranks first in South America in terms of E-commerce strength. Portugal, a European Portuguese-speaking country, has achieved a high level of fixed and mobile network infrastructure. Its Internet access is widespread, and the potential for E-commerce market development is great. The overall environment of E-commerce in African Portuguese-speaking countries is relatively backward. East Timor, a Portuguese-speaking country in Asia is in the stage of economic reconstruction and its E-commerce infrastructure needs to be strengthened. Macau has great potential in China-Portuguese online trade cooperation. It can not only seek opportunities in existing trade cooperation, but also seek new opportunities in "the Belt and Road Initiative". Furthermore, it can also seek opportunities for cooperation in optimizing the structure of trade commodities. The cross-border E-commerce market of Portuguese-speaking countries has its own typical characteristics, which are mainly reflected in the market, products, mobility, platform and payment, etc. Based on the good relations in economy and trade cooperation between China and Portugal, E-commerce will give a full boost to economy and trade cooperation between China and Portugal.

Keywords: International Trade; Cross-border E-commerce; Macau Platform; Economy and Trade Cooperation between China and Portuguese-speaking Countries

B. 11 The Opportunities and Challenges to the China-Portugal Mutual Investment Brought by EU GDPR

Yang Chongwei / 161

Abstract: With the General Data Protection Regulation (GDPR) coming into effect in May 2018, the European Union (EU) will raise the levels of compliance requirement, punishment and cross-border regulation on the current base of its personal data protection regime. It can increase demand on foreign companies to invest directly in the EU and to comply with EU standards in their daily business, and then undoubtedly bring both opportunities and challenges to the China-Portugal mutual investment. A SWOT analysis shows that Chinese companies may have relatively better competitiveness due to lesser differences on data protection compliance levels between western companies and them, may get more benefits by merger and acquisition in Portugal, but at the same time may face stricter regulation and possibly enforcement penalties. For Portugal, it can try to attract Chinese companies to invest and set up their EU subsidiaries in Portugal, it can invest in China to set up firms to provide consulting and legal services, but it also faces competition from other EU countries. Macau has some advantages in its broker role due to its experiences in personal data protection, but it must be motivated to be more energetic to do so.

Keywords: Personal Data; Foreign Investment; European Union; Portugal; Macau

B. 12 Legal Regulations and Risk Evasion of Investment and Economic Cooperation Between China and Portuguese-speaking Countries

Yi Zaicheng, Zhu Yi / 175

Abstract: The global economy is still in a deep adjustment period with weak demand and economic growth, and the rise of trade protectionism has increased

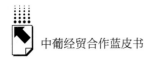

the uncertainties in regional economic and trade cooperation. In recent years, the Chinese government has committed to building up a high-level openness to the outside world and strengthening the trade and economic cooperation with countries along the Belt and Road. In view of this, the identification of laws and regulations and risk aversion in the investment field is of great importance. The Portuguese-speaking countries are a crucial destination for China to go abroad in the investment and trade cooperation. First of all, it is necessary to correctly understand, analyze, sort out and evaluate the domestic investment environment and related laws and regulations of the Portuguese-speaking countries based on host country's domestic investment legislations, so as to avoid risks in advance. Secondly, it is required to review the legal risks existing in the bilateral investment protection agreements of China and the Portuguese-speaking countries. Finally, the investment dispute settlement mechanism is one of the core links in investment risk remedy. Hence, commercial arbitration rules should be incorporated into the investment dispute settlement system to provide more dispute settlement options to investors. It is of great necessity to form a systemic risk prevention mechanism that combines the mechanisms of three stages, the before and during the prevention, as well as afterward risk remedy.

Keywords: Portuguese-speaking Countries; Economic and Trade Cooperation; Investment; Laws and Regulations; Risk Avoidance

Ⅲ Macau

B. 13 Macau as a Commercial and Trade Cooperation Service
Platform between China and Portuguese-speaking
Countries: Cultural Foundations and
People-to-people Interactions   *Liu Yi* / 187

Abstract: In the course of China's opening-up on all fronts, Macau has an important position. All sectors of the Macau community have reached a consensus that they Must actively integrate into the overall development of China. As an important stronghold of "the Belt and Road Initiative", Macau has unique advantages from its culture, openness, and location. Macau must take the initiative to connect with China's development strategy. To lay a high-level foundation and add to the prosperity of cultural exchanges, non-governmental interactions, trade and investment cooperation and regional cooperation between China and Portuguese-speaking countries, and to promote the role of Macau as a platform, enhance its sustainable development, raise its status and advance its function in China's economic development and all-round opening-up progress, it is of great necessity to analyze Macau's history and culture, examine the achievements in its people-to-people interactions with Portuguese-speaking countries, reflect on the trade exchanges of among business associations, and better understand the Macanese community.

Keywords: Macau; Platform Between China and Portuguese-speaking Countries; Cultural Foundations; People-to-people Interactions

Abstract: The construction of "the Belt and Road" is one of the major development strategies of the mainland China, and it has abundant theoretical and practical implications. As a fulcrum of "the Belt and Road", Macau has a distinctive feature of coexistence of multiple cultures. Macau also is a service platform for the economic and trade cooperation between China and Portuguese-speaking countries. This paper mainly discusses how to combine Macau's platform and "the Belt and Road" construction and explores a feasible way of superposition effect.

Keywords: "the Belt and Road"; the Service Platform for Economic and Trade Cooperation between China and Portuguese-speaking Countries; Macau

B. 15　Macau's Specialized Financial Industry: Developments and
　　　Outlook of Financial Services Platform Between
　　　China and Portuguese-speaking Countries　　*Wang Yao* / 211

Abstract: Establishing a financial services platform between China and Portuguese-speaking countries (PSCs) is the focal point and essential part of Macau's specialized financial industry. The platform not only serves the needs of "One Platform", i. e. the trade and economic cooperation services platform between China and PSCs, but also promotes the adequate economic diversification of Macau. With the support from both the central government and MSAR, the platform has made steady progress. The RMB clearing and settlement center for trade between China and PSCs came into operation. Both Chinese and Portuguese banks in Macau play more active roles. The intermediary for FDI and corporate financing between China and PSCs has entered a new stage and will become a vital part of the financial services platform in future. Macau needs to be more proactive and fine-tune the related policies to adapt to such changes. Some measures are suggested to implement, such as reviewing and improving the legal system regarding financial services, cultivating more professionals by training locals and attracting talented people abroad, and fully utilizing the existing platforms.

Keywords: Macau; Specialized Financial Industry; Forum for Economic and Trade Cooperation between China and Portuguese-speaking Countries; Financial Services Platform between China and Portuguese-speaking Countries

B. 16　Macau International Trade & Investment Fair Status Quo,
　　　Characteristics and Trends　　*Chen Qing, Chen Ziying* / 224

Abstract: The Macau International Trade and Investment Fair (MIF) has been held for 22 sessions so far. Thanks to the hard work of the Macau Trade and

Investment Promotion Institute, MIF has become a multi-faceted international fair where economic and trade cooperation can be found at every level. As a showcase of Macau's advantages both home and abroad, MIF contributes greatly in the diversification of industries in Macau. In order to promote the construction of the "China and Portuguese-speaking Countries Platform", the Portuguese elements continues to be injected into the fair, and various Sino-Portuguese featured forums are held. MIF is truly a "golden bridge" linking economic and trade cooperation between China and the Portuguese-speaking countries.

Keywords: Macau; Meeting Exhibition; Platform between China and Portuguese-speaking Countries; MIF

B. 17 Present Situation and Characteristics of Language Talent Training in Portuguese in Higher Education Institutions in China (Macau) *Li Changsen* / 236

Abstract: China has always attached great importance to the training of Portuguese-speaking talents and has set up Portuguese-speaking majors in higher education institutions since the 1960s. Although the Portuguese language course was offered relatively late in Macau's higher education institutions, Macau has always attached great importance to the training of bilingual talents in China and Portugal, and it has a long history of translation teaching of China and Portugal due to its special historical environment. At the same time, public institutions of higher education have taken Portuguese as a key subject of development as soon as it was established because of the superior cultural environment. They have not only trained a large number of local bilingual talents, but also become an important supplement to mainland Chinese and Portuguese bilingual talents and play an irreplaceable role in supporting the cultivation of Portuguese talents in the mainland.

Keywords: China; Macau; Portuguese-speaking Talents; Portuguese Language Teaching

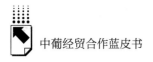

IV   Case Studies

B. 18   The Deep Involvement of State Grid into the Electricity
         Transmission & Transformation Infrastructure in
         Portuguese-speaking Countries

Wang Shiye / 248

Abstract: With the position as a long-term & stable strategic investor in local
electricity industry, State Grid invested and constructed electricity transmission
projects, purchased and operated licensing electricity transmission asset, acquired
the stake of power enterprises in Brazil and Portugal. During the operation in these
fields, State Grid fully exploited the competences in technology & management and
improved the level of internationalization while contributing significantly in
ameliorating the running of local firms, elevating the technical standard of
electricity infrastructure, enhancing the power supplying capacity, and poverty
reduction. Committed to a sustainable development, State Grid has promoted the
operation localization, emphasized technical communication and collaboration,
and fulfilled the corporate social responsibility, creating enormous value in
economy, society and environment for community in host countries. At the
meanwhile, the investment and operation of State Grid is still restrained by
instability of government policy, the need-to-improve business environment and
the harsh natural environment.

Keywords: State Grid; Cross Boarder Investment & Construction;
Corporate Social Responsibility

Abstract: In recent years China Railway Group has responded positively to national strategies, madepositive connection with the market demand of Portuguese-speaking countries (regions) , and established a close cooperative relationship with them. This report describes the overall situation of China Railway Group's investmentand operation in Portuguese-speaking countries (regions) and its major contribution to the host countries (regions) , summarizes its main experience and analyzes the risks and challenges faced by China Railway Group in the Portuguese-speaking countries (regions) . In the end, the report suggests that the relevant departments of the Chinese government should carry out a comprehensive planning, including enhancing policy platform support, establishing and perfecting the mechanism of dispute settlement, strengthening the overall co-ordination within the industries, to create a better environment for Chinese enterprises in the Portuguese-speaking countries (regions) ; and that Chinese enterprises strengthen risks prevention and industries self-discipline, to achieve a mutual win cooperation.

Keywords: China Railway Group; Portuguese-speaking Countries; Investment and Operation; Challenges; Countermeasures

Abstract: China Communications Construction (CCC) has invested and built in Angola, primarily targeted towards infrastructure construction such as

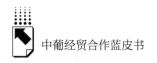
roads, bridges and ports. Meanwhile, CCC involved in the construction of industrial parks, and explored new ways to adapt to the local market and enhance localized operation and management capabilities. CCC actively implements all-round social responsibility. While promoting the development of the local economy with the attitude of the major state-owned enterprises, it strives to return to the society in various ways and has made due contributions to the development of social welfare undertakings in Angola. Nonetheless, CCC is mainly affected by political and economic factors, and is facing with severe tests in terms of investment, construction, management. In the future, it is necessary to strengthen risk management and improve the overall management of the enterprise.

Keywords: China Communications Construction; Angola; Investment; Construction; Management

B. 21   The Investments and Business Development of

STDM in Portugal   *Hong Kei Im* / 290

Abstract: Sociedade de Turismo e Diversões de Macau, S. A. (STDM) has dominated Macau's gaming business for 40 years. During this period Dr. Stanly Ho and his family members have contributed to Macau's economic development with significant societal impact. STDM began investment activities in Portugal in early 1980s, ranging from finance, energy, telecommunication, property and transport sectors besides its main focus on gaming. It adapted the Portuguese market conditions and seized on policy and business opportunities, actively discovering potential customers and playing an active role in connecting China and Europe. STDM steadily transferred its assets and business to investors mainly from China, setting a good example as an investment pioneer showcasing sound overseas management practices and valuable knowhow.

Keywords: STDM; Stanley Ho; República Portuguesa; Overseas Investments

V   Appendix

权威报告·一手数据·特色资源

皮书数据库
ANNUAL REPORT(YEARBOOK)
DATABASE

当代中国经济与社会发展高端智库平台

所获荣誉

- 2016年，入选"'十三五'国家重点电子出版物出版规划骨干工程"
- 2015年，荣获"搜索中国正能量 点赞2015""创新中国科技创新奖"
- 2013年，荣获"中国出版政府奖·网络出版物奖"提名奖
- 连续多年荣获中国数字出版博览会"数字出版·优秀品牌"奖

成为会员

通过网址www.pishu.com.cn访问皮书数据库网站或下载皮书数据库APP，进行手机号码验证或邮箱验证即可成为皮书数据库会员。

会员福利

- 使用手机号码首次注册的会员，账号自动充值100元体验金，可直接购买和查看数据库内容（仅限PC端）。
- 已注册用户购书后可免费获赠100元皮书数据库充值卡。刮开充值卡涂层获取充值密码，登录并进入"会员中心"—"在线充值"—"充值卡充值"，充值成功后即可购买和查看数据库内容（仅限PC端）。
- 会员福利最终解释权归社会科学文献出版社所有。

社会科学文献出版社 皮书系列
SOCIAL SCIENCES ACADEMIC PRESS (CHINA)
卡号：387199738217
密码：

数据库服务热线：400-008-6695
数据库服务QQ：2475522410
数据库服务邮箱：database@ssap.cn
图书销售热线：010-59367070/7028
图书服务QQ：1265056568
图书服务邮箱：duzhe@ssap.cn

中国社会发展数据库（下设 12 个子库）

全面整合国内外中国社会发展研究成果，汇聚独家统计数据、深度分析报告，涉及社会、人口、政治、教育、法律等 12 个领域，为了解中国社会发展动态、跟踪社会核心热点、分析社会发展趋势提供一站式资源搜索和数据分析与挖掘服务。

中国经济发展数据库（下设 12 个子库）

基于"皮书系列"中涉及中国经济发展的研究资料构建，内容涵盖宏观经济、农业经济、工业经济、产业经济等 12 个重点经济领域，为实时掌控经济运行态势、把握经济发展规律、洞察经济形势、进行经济决策提供参考和依据。

中国行业发展数据库（下设 17 个子库）

以中国国民经济行业分类为依据，覆盖金融业、旅游、医疗卫生、交通运输、能源矿产等 100 多个行业，跟踪分析国民经济相关行业市场运行状况和政策导向，汇集行业发展前沿资讯，为投资、从业及各种经济决策提供理论基础和实践指导。

中国区域发展数据库（下设 6 个子库）

对中国特定区域内的经济、社会、文化等领域现状与发展情况进行深度分析和预测，研究层级至县及县以下行政区，涉及地区、区域经济体、城市、农村等不同维度。为地方经济社会宏观态势研究、发展经验研究、案例分析提供数据服务。

中国文化传媒数据库（下设 18 个子库）

汇聚文化传媒领域专家观点、热点资讯，梳理国内外中国文化发展相关学术研究成果、一手统计数据，涵盖文化产业、新闻传播、电影娱乐、文学艺术、群众文化等 18 个重点研究领域。为文化传媒研究提供相关数据、研究报告和综合分析服务。

世界经济与国际关系数据库（下设 6 个子库）

立足"皮书系列"世界经济、国际关系相关学术资源，整合世界经济、国际政治、世界文化与科技、全球性问题、国际组织与国际法、区域研究 6 大领域研究成果，为世界经济与国际关系研究提供全方位数据分析，为决策和形势研判提供参考。

法律声明

"皮书系列"（含蓝皮书、绿皮书、黄皮书）之品牌由社会科学文献出版社最早使用并持续至今，现已被中国图书市场所熟知。"皮书系列"的相关商标已在中华人民共和国国家工商行政管理总局商标局注册，如LOGO（ ）、皮书、Pishu、经济蓝皮书、社会蓝皮书等。"皮书系列"图书的注册商标专用权及封面设计、版式设计的著作权均为社会科学文献出版社所有。未经社会科学文献出版社书面授权许可，任何使用与"皮书系列"图书注册商标、封面设计、版式设计相同或者近似的文字、图形或其组合的行为均系侵权行为。

经作者授权，本书的专有出版权及信息网络传播权等为社会科学文献出版社享有。未经社会科学文献出版社书面授权许可，任何就本书内容的复制、发行或以数字形式进行网络传播的行为均系侵权行为。

社会科学文献出版社将通过法律途径追究上述侵权行为的法律责任，维护自身合法权益。

欢迎社会各界人士对侵犯社会科学文献出版社上述权利的侵权行为进行举报。电话：010-59367121，电子邮箱：fawubu@ssap.cn。

社会科学文献出版社